KB047973

환자안전을 위한
의료판례 분석

05 신경외과

김소윤 · 이미진 · 김긍년 · 이경석 · 이 원
정지연 · 김상현 · 이세경 · 박병주 · 손명세

박영사

머 리 말

'사람은 누구나 잘못 할 수 있다'. 사람은 누구나 잘못 할 수 있고, 의료인도 사람이므로 잘못 할 수 있다. 그러나 의료인의 잘못은 환자에게 위해로 발생할 수 있다.

환자안전과 관련된 사건이 발생할 때마다 사건 발생과 관련된 의료인의 잘못을 찾고 시정하는 것만으로 환자안전의 향상을 기대할 수 있을까? 2010년 빈크리스틴 투약오류로 백혈병 치료를 받던 아이가 사망한, 일명 종현이 사건이 뉴스에도 보도되고 사회적으로 큰 파장을 일으켰지만 2012년 같은 유형의 투약오류 사건이 발생하여 환자가 또 사망하였다. 이 사건뿐만 아니라 의료분쟁 사례들을 살펴보다 보면 유사한 사건들이 반복되는 것을 알 수 있다. 그렇기 때문에 환자안전의 향상을 위해서는 의료인의 잘못에 집중하는 것이 아니라 다른 차원의 접근이 필요하다.

이처럼 유사한 사건들이 재발하지 않도록 하려면 어떤 노력을 해야 할까라는 고민 속에서 '의료소송 판결문 분석을 통한 원인분석 및 재발방지 대책 제시' 연구가 2014년부터 시작되었다. 대한의사협회의 발주를 받아 의료소송 판결문의 수집 및 분석을 통해 해당 사례의 원인을 분석하고, 원인별 재발방지대책을 주체별로 제시하는 연구를 수행하였다. 당시 내과, 외과, 산부인과, 정형외과, 신경외과 의료소송 판결문을 활용하여 환자안전의 향상을 위한 연구('의료소송 판결문 분석을 통한 재발방지 대책 수립 연구')를 수행하였고, 현재는 의료행위별로 분류하여 원인분석 및 재발방지 대책 제시 연구가 진행되고 있다. 이러한 연구들은 가능한 범위 내에서 종결된 판결문을 대상으로 분석하고자 하였다. 하지만 분석대상 선정 당시 원인 분석 및 재발방지 대책 제시가 필요하다고 판단되는 사건들의 경우에는 환자안전 향상을 위한 정책 제안을 위해 종결여부를 떠나 분석 대상에 포함시켜 진행하였다.

연세대학교 의료법윤리학연구원에서는 그동안 의료의 질 향상 및 환자안전을 위해 다양한 노력을 기울여왔다. 1999년 '산부인과 관련 판례 분석 연구'를 시작으로 '의료분쟁조정제도 실행방안 연구', '의료사고 피해구제 및 의료분쟁 조정 등에 관한 법률 실행방안 연구', '의료사고 예방체계 구축방안 연구' 등을 수행하였고, 이를 통해 의료사고 및 의료소송과 관련된 문제들을 다각도로 바라보았다. 이와 같이 의료 분쟁의 해결에서 머무는 것이 아니라 이러한 사례들을 통해 의료체계의 개선이 이루 어질 수 있도록 정책적 제안에도 힘써왔다. 연구뿐만 아니라 연세대학교 대학원 및 보건대학원에서 의료소송 판례 분석과 관련된 강의들을 개설하여 교육을 통해 학생 들의 관심을 촉구하였다. 환자안전법 제정 및 환자안전 체계 구축을 위해서도 노력 하였다.

2015년 1월 환자안전법이 제정되었고 2016년 7월 29일부터 시행되고 있다. 환 자안전법에 따라 환자안전 보고학습시스템도 현재 운영되고 있지만 아직은 초기 단 계이다. 의료기관 내에서 발생한 환자안전사건을 외부에 공개하고 보고하기 어려운 사회적 분위기 등을 고려하였을 때 의미있는 분석 및 연구가 가능하기에는 시간이 다소 걸릴 것으로 예상된다. 이에 이미 수집되어 있는 의료분쟁 및 의료소송 자료를 활용하여 분석한 해당 연구들이 환자안전법 및 보고학습시스템의 원활한 시행에 도 움이 될 것으로 생각된다.

이 책에서 제시된 다양한 신경외과 사례들을 통해 관련 분야 보건의료인 및 보 건의료계열 학생들은 의료현장에서 발생 가능한 환자안전사건들을 간접적으로 체험 할 수 있고, 예방을 위해 지켜야 할 사항들을 숙지할 수 있을 것이다.

의료소송 판결문 분석 연구를 수행할 수 있도록 연구비를 지원해 준 대한의사협 회 의료정책연구소와 진료 등으로 바쁘신 와중에도 적극적으로 참여해 주신 자문위 원분들께 감사를 표한다. 또한 본 저서가 출판될 수 있도록 지원해 준 박영사에 감사 드린다.

이 책들이 우리나라 환자안전 향상에 조금이나마 기여할 수 있기를 간절히 바라 며, 제도의 개선을 통해 환자와 의료인 모두가 안전한 의료환경이 조성되기를 진심으 로 기원한다.

2017년 6월
저자 일동

차 례

제1장

서 론

제1장 서 론

　　1980년대 중반부터 본격적으로 제기되기 시작한 의료분쟁은 꾸준히 증가하고 있으며, 이로 인한 폐해는 사회적으로 중요한 문제가 되고 있다(민혜영, 1997). 의료사고의 예방을 위해서는 의료사고 및 의료분쟁 해결 기전의 변화만으로는 의미 있는 진전을 기대하기 어려우며(Institute of Medicine, 2000), 현재 우리나라 상황을 고려하였을 때 의료사고 예방대책을 수립하기 위한 노력의 일환으로 의료분쟁에 관한 연구가 요망된다. 의료분쟁은 진료과목별로 분쟁의 양상과 해결양상이 다르며, 유사한 의료분쟁이 반복하여 발생하는 경향이 있다(신은하, 2007). 또한 의료사고의 경우 의료소송 판결문의 분석을 통해 사고 원인의 유형별 분류 및 의료사고로 가장 많이 연결되는 의료행위의 파악이 가능하다(민혜영, 1997). 따라서 진료과목별 특성과 원인을 분석해 예방이 가능한 부분은 효과적인 예방대책을 세워, 같은 일이 반복되지 않도록 대비하여야 한다.

　　2011년 의료분쟁조정법이 국회에서 통과되고, 한국의료분쟁조정중재원이 설립된 후 의료분쟁을 소송이 아닌 조정으로 해결할 수 있는 기반이 마련되었다. 한국의료분쟁조정중재원이 발간한 『2015년 의료분쟁 조정·중재 통계연보』에 의하면, 진료과목별 의료분쟁 조정신청에서 신경외과의 경우 정형외과(374건), 내과(253건)에 이어 당해 160건이 신청되어 의료분쟁이 세 번째로 많았고, 평균 합의 및 조정 성립금액에서도 외과(17,064,000원)에 이어 두 번째로 높은 16,410,000원으로 나타났다(한국의료분쟁조정중재원, 2015). 이는 신경외과의 경우 환자에게는 환자안전을 위협할 수 있는 소지가 많으며, 의료진에게는 의료분쟁 비용이 높다는 것을 의미한다. 이런 의미에서 신경외과 분야의 판례 분석은 환자안전뿐만 아니라 의료분쟁 시 합리적인 합의 및 조정을 위한 근거를 제공하는 선행과제라고 할 수 있기 때문에, 신경외과의 20개 판례를 발생원인과 재발방지대책을 중심으로 종합적으로 분석하였다.

　본 저서는 대한의사협회의 연구용역을 통하여 진행된 연구의 결과를 바탕으로 저술되었다. 연구대상인 판결문은 연세대학교 의료법윤리학연구원에서 보유하고 있는 판결문 10,048건을 활용하였다. 해당 판결문은 2011년 8월부터 의료법윤리학연구원 소속 연구원들이 법원도서관을 방문하여 전문과목별 의료민사 판결로 검색되는 판결문의 사건번호와 법원명을 수집하였으며, 각 법원에 판결서사본 제공을 신청하여 판결문 원본을 확보하였다. 이 중 연구에 사용할 판결문은 전체 진료과목의 사건 발생시기부터 소송 종결시기까지의 평균소요기간인 약 3.38년(연세대학교 의료법윤리학연구원, 2012)과 정형외과 의료소송의 평균소요기간인 약 4.23년(이원, 2013)을 고려하여 사건번호를 기준으로 2005~2010년 사이인 판결문으로 하였다. 다만 2005년 이전 사건번호이더라도 연구대상인 사건과 연결되는 판결문인 경우에는 인과관계 파악에 필요하므로 포함하였고, 이렇게 확인된 판결문은 6,074건이었다.

　확인된 판결문 중 배상금액이 있는 사건의 건수를 기준으로 상위 4개 과목(산부인과, 정형외과, 내과, 신경외과)과 외과 판결문을 추출하였다.[1] 이 과정을 통해 확인된 신경외과 판결문은 130건이었다. 판결문 확인작업을 완료한 후 계량분석 준비 단계, 계량분석 단계, 질적분석 준비 단계, 질적분석 단계로 진행하였다.

　각 과목별로 분류된 판결문을 대상으로 사건 발생일시, 소송 진행 현황, 소송의 원인이 된 주요 과정, 사건결과, 과오분류, 최종심 판단 등을 파악하고, 엑셀을 활용하여 기술통계가 가능한 자료로 변환하였다. 변환된 자료를 활용하여 기술통계분석을 실시하였고, 계량분석 결과를 참고하여 전문가 자문회의를 거쳐 질적분석 대상인 20건의 판결문을 선정하였다. 자문단은 연세대학교 의료법윤리학연구원의 겸임교수진 등을 활용하여 구성하였다. 자문회의를 시행한 결과, 소송기간이 길어지고 상고심까지 진행된 사건의 경우 그 이유가 있을 것으로 보고, 상고심 또는 항소심까지 진행

---

1) 배상금액이 있는 사건의 건수를 기준으로 5위는 성형외과, 6위는 외과였다. 연구의 목적 및 상위 4개 과목 등을 고려하였을 때, 6위인 외과가 더 적합하다고 판단되어 연구대상 과목으로 외과를 선정하였다.

된 판결문 중에서 다빈도 발생사건 유형을 감안하여 질적분석 대상 판결문을 선정하였다. 뇌 분야 10건, 척추 분야 10건을 선정하였으며, 선정기준은 수술, 처치 및 시술, 진단(수술 전 검사, 수술 전 투여 중단 약물, 기왕증 등)이다.

　질적 분석은 사건의 발생원인 및 사건의 재발을 방지하기 위하여 판결문에 제시된 내용을 토대로 여러 방향에서의 사건 발생 가능성을 추정하고 이를 방지하기 위한 사항을 제안하였다. 이를 위하여 판결문의 내용을 시간순서대로 재구성하였으며, 원고(환자)가 주장하는 사항과 피고(의료진 및 의료기관)가 주장하는 사항 그리고 이에 대한 법원의 판단을 구분하여 제시하였으며, 손해배상의 범위 등에 관하여 제시하였다. 이를 토대로 문제가 된 진료과정을 다시 한 번 분류하였으며, 이와 관련된 인적 요인(환자측 요인, 의료인측 요인)과 시스템적 요인(의료기관 내 요인, 법제도적 요인)으로 나누어 분석하였다. 다음으로 인과관계도를 활용하여 사건의 원인과 원인별 재발방지책을 제시하였으며, 마지막으로 주체별(환자, 의료인, 의료기관, 학회 및 직능단체, 국가 및 지방자치단체)로 재발방지를 위한 사항을 제안하였다. 분석된 자료는 자문단의 검토과정을 통하여 부족한 부분을 보완하였다.

　이 책에서는 부주의한 수술 관련 판례, 진단 관련 판례, 후유증 관련 판례, 환자관리 관련 판례, 수술 지연 등의 판례, 전원 및 기타 판례로 분류하여 사건의 개요, 법원의 판단, 손해배상범위, 사건원인분석과 재발방지대책을 소개하고 있다.

▌ 참고문헌 ▌

민혜영. (1997). 의료분쟁소송결과에 영향을 미치는 요인에 관한 연구. 연세대학교 학위논문.

Institute of Medicine Committee on Quality of Health Care in America; Kohn, L. T., Corrigan, J. M., Donaldson, M. S. editors (2000). To err is human: building a safer health system. Washington, DC: National Academies Press, 이상일 역(2010), 사람은 누구나 잘못 할 수 있다: 보다 안전한 의료 시스템의 구축, 이퍼블릭.

신은하. (2007). 의료분쟁 발생 현황 및 진료과목별 분쟁 특성 분석. 연세대학교 학위논문.

연세대학교 의료법윤리학연구원. (2012). 위험도 상대가치 개선을 위한 의료사고 비용조사 연구.

이 원. (2013). 정형외과 의료소송 판결문 분석을 통한 경향 파악과 원인 분석. 연세대학교 학위논문.

한국의료분쟁조정중재원. (2016). 2015년 의료분쟁조정·중재 통계연보.

제2장

부주의한 수술 관련 판례

 제**2**장 부주의한 수술 관련 판례

판례 1. 도관술 중 유착분리수술 임의시행 및 부주의로 인해 양하지
　　　　 마비와 배뇨장애를 입은 사건_대법원 2007. 4. 12. 선고
　　　　 2007다10375 판결

1. 사건의 개요

　도관술 시행 중 계획에 없던 유착박리술을 시행하였다. 그 과정에서 부주의 또
는 필요한 정도의 범위를 초과하여 유착박리술을 시행하였고 그로 인해 환자는 양하
지 마비와 배뇨장애를 입게 된 사건이다[서울서부지방법원 2004. 9. 17. 선고 2000가합
5619 판결, 서울고등법원 2007. 1. 11. 선고 2004나75496 판결, 대법원 2007. 4. 12. 선고
2007다10375 판결]. 이 사건의 자세한 경과는 다음과 같다.

날짜	시간	사건 개요
1993.경부터	·	• 가끔 다리에 쥐가 나고 강직되자 A병원 방문(환자 1964. 7. 28. 생, 사고당시 34세 8개월 17일, 남자)
1993. 5. 26 ~ 1993. 6. 8.		• A대 병원에서 입원, 진료 = 당시 문진상 배뇨장애가 의심되고 검진상 좌측 하지의 건반사 증 　 가 및 연축이 있었으며, 흉수 7번 이하에서 통각의 감소 및 이상 　 감각이 경미하게 있었고, 흉수 6번 이하에서 발한이 감소하였음 • 척수공동증 진단 = 증상이 비교적 경미하므로 증상 악화 시 수술 고려하기로 함

날짜	시간	사건 개요
1995. 3. 15.경까지		• 증상의 변화가 없어 수술을 고려하지 않음
수술 받기 2년 전부터		• 요통증, 양하지 통증 및 양하지의 진행성 근력약화로 인한 보행 장애(계단 오르기와 등산 어려움)와 배뇨장애 증상 있음
1998. 10.		• 피고 병원 방문하여 MRI 촬영함 = MRI 촬영 사진상 척수공동증이 요추부에서 시작하여 제4흉추 부까지 진행되어 있었으며, 척수원추부와 그 아래의 마미신경 총에 심한 유착이 있는 것이 발견됨
		• 의료진은 환자의 증상을 척수 및 마미신경총의 지주막염에서 합병된 척수공동증으로 진단 • 환자에게 유착된 신경을 박리하는 것이 근본적인 치료이기는 하 지만 유착된 부위가 제12흉추부에서 제5요추부까지로 광범위하 기 때문에 유착을 모두 제거하기는 불가능하고 위험성도 높으므 로, 차선책으로 척수에 구멍을 내고 션트 튜브를 넣는 도관술을 선택할 수 있다고 설명하면서 도관술을 권유하였음
1999. 3. 16.경		• 수술 여부를 결정하기 위해 피고 병원 내원 = 의료진으로부터 다시 도관술 권유받은 뒤 그 다음달 수술을 받 기로 결정함
1999. 4. 12.		• 보호자와 함께 걸어와서 피고 병원에 입원함
1999. 4. 13.		• 수술 전 각종 검사 시행 = 신경학적 검진 소견: 제7흉추부 이하에서 감각둔화 및 통각 저 하, 양측 하지 근력 저하(근력 Ⅳ+), 수술 전 검사결과에 따 르면 척수 공동 부위에 도관 삽입 및 척추 지주막하 도관 위치 를 위해 유착박리술이 필요한 상태임
		• 의료진은 환자에게 도관술을 시행할 것이라고 설명함
1999. 4. 14.	오전	• 수술 시작함 = 척수공동증에 대한 도관술을 시행하기 위하여 제12흉추부에 후궁절제술을 시행하여 경막을 절개하였더니 경막과 척수 원추 사이에서 심한 유착이 발견되었고, 이에 의료진은 튜브만 꼽는 것만으로는 시술의 의미가 없다고 생각하여 유착된 부분을 박 리하고 지주막분리를 시행한 뒤 도관술을 시행하였으며 위와 같이 척수신경 주위의 유착을 박리하는데 시간이 걸려 수술은 당초 예정된 시간보다 1시간 30분 정도가 더 소요되었음

날짜	시간	사건 개요
1999. 4. 14.	13 : 40경	• 수술 종료됨
	16 : 00경	• 환자는 오른쪽 다리에 감각이 없고 꼬집는 반응을 못 느낀다고 호소함 = 이후 하반신 감각 둔화 및 마비, 배뇨장애 등의 증상이 나타남
수술 후 3주 경과		• 양하지 마비 및 배뇨장애 등의 증세는 수술 후 3주가 지나도록 별다른 차도 없었음 = 의료진은 마비가 생기는 일은 없을 것이라면서 특별한 약물이나 다른 치료를 받을 것 없이 집에서 요양해도 좋다고 하였음
1999. 5. 7.		• 휠체어 타고 피고 병원에서 퇴원함
현재[1]		• 환자는 MRI 촬영 사진상 척수공동증은 사라졌으나, 양측 요부 및 천추 부위의 다발성 척수신경근과 척수 신경마미총 부위의 신경근이 손상된 상태로 양측 하지에 부전마비증이 있고, 제10흉추 신경근 피부절 이하에서 감각기능이 감소되었으며, 특히 둔부와 항문 부위는 완전 감각마비 수준임 = 지팡이와 보행기를 이용한 보행은 가능하나 원거리 이동시에는 휠체어가 필요함 = 신경인성 방광으로 자가도뇨가 필요한 상태임

2. 사건에 대한 법원의 판단요지

가. 유착박리술 임의 시행 및 수술 시 주의의무 위반: 법원 인정(제1심)

(1) 원고 측 주장

환자의 양하지마비 및 배뇨장애 등의 증세는 의료진이 도관술만을 시행하겠다는 당초의 설명과 달리 마미총 유착부분에 시술하지 않았어야 할 유착박리술을 임의로 시행하고, 유착박리술 시술시 최대한의 주의를 기울여 신경손상이 없도록 하였어야 하는데 그러지 않아 마미총부분의 신경을 손상시켰기 때문에 발생한 것이다.

(2) 의료진 측 주장

환자에게 시행한 유착박리술은 도관술을 시행하기 위해 필수불가결한 부분적인

---

1) 통상 제1심 판결전 촉탁감정시점을 말함.

박리술에 불과했으며, 현재의 의료수준에 비추어 합당한 최선의 치료를 다하였다.

(3) 법원 판단

환자의 경우 척수경막과 척수원추 사이의 유착이 심하였기 때문에 도관술을 시행하기 위하여서는 부분적인 유착박리가 반드시 필요하였던 것으로 여겨지고, 의료진도 도관술을 시행하는 과정에서 유착박리술을 시술한 것으로 보인다. 다만, 환자가 이 사건 수술을 받기 이전에도 계단 오르기나 등산에 어려움을 느끼고 배뇨불편증상은 있었으나, 보호자와 함께 걸어서 피고 병원에 입원할 정도로 일상적인 보행은 가능하였지만, 이 사건 수술을 받은 당일부터 하지 감각 둔화현상을 호소하기 시작하여 이후 양하지 마비 및 배뇨장애 등의 증상이 나타났다. 이 증상들은 척수신경의 손상으로 인한 것이며, 척수신경 손상이 발생 가능한 원인으로는 유착 박리에 의한 척수 손상 또는 척수 혈액순환장해 그리고 척수 절개에 의한 척수 손상을 들 수 있고, 그밖에 환자의 위 증상의 발현과 이 사건 수술 사이에 다른 원인이 개재되었을 가능성은 찾아볼 수 없다. 또한 의료진이 당초 이 사건 수술에 임하기 전에 미리 예상하고 환자에게 이야기하였던 것보다 넓은 범위에 걸쳐 유착박리술을 시행한 점에 비추어 보면 환자의 양하지마비 및 배뇨장애 등의 증세는 의료진이 이 사건 수술 과정에서 도관술을 시행하기 위한 필요최소한의 정도를 넘어선 넓은 범위에 걸쳐 유착박리술을 시행하였고, 그 박리과정에서 부주의로 척수신경에 손상을 입혔거나 그렇지 않으면 척수를 절개하는 과정에서 부주의로 척수신경에 손상을 입힌 것으로 추정할 수밖에 없으므로, 환자들의 주장은 이유있다.

나. 설명의무 위반 여부: 법원 인정(제1심, 항소심)

(1) 원고 측 주장

이 사건 수술과 같이 환자에게 불측의 후유증을 야기시킬 수 있는 의료행위를 할 경우 의사는 환자에게 자신이 행할 치료행위와 그 위험성을 고지하여 환자로 하여금 치료방법에 대한 선택의 기회를 부여하고 환자로부터 동의를 받은 뒤 치료행위를 하여야 하며, 특히 치료행위의 긴급성이 낮은 경우 사소한 합병증과 희소한 위험에 대해서도 포괄적인 설명을 할 필요성이 높은데도 불구하고, 의료진은 환자가 이 사건 수술 여부를 결정할 당시 도관술만 시행할 것이라고 설명하고 동의를 받은 뒤

실제로는 설명과 달리 유착박리술과 함께 도관술을 시행하였으며, 환자에게 이 사건 수술로 인하여 나타날 수 있는 위험에 대하여 전혀 설명을 하지 않았다.

(2) 의료진 측 주장

의료진은 환자에게 위험성이 높은 유착박리술 대신 도관술을 권유하면서, 도관술을 시행하는 경우에도 신경유착이 있는 경우 부분적인 박리를 하여야 하며, 척수에 튜브를 넣기 위하여 척수를 부분 절개하는 과정에서 마비의 위험성이 있다고 충분히 설명한 후 환자로부터 이 사건 수술에 대한 동의를 받았다고 주장한다.

(3) 법원 판단

환자와 보호자는 이 사건 수술을 받기 하루 전인 1999. 4. 13. 오후 1시경 의료진과 면담을 하고 수술신청서를 작성한 사실은 인정되나, 수술신청서에는 부동문자로 "본인은 본인(또는 환자)에 대한 수술, 마취, 검사, 내외과적 처치 및 시술, 응급처치 등에 대한 필요성과 내용 및 예상되는 후유증이나 사망을 초래할 수도 있는 합병증에 대하여 진료를 제공하는 의료진으로부터 충분한 설명을 들었습니다"라고 기재되어 있을 뿐이고, 도관술을 시술하는 과정에서 유착박리를 일부 하여야 한다는 점과 도관술이나 유착박리술의 위험성에 대한 설명은 없으며, 달리 의료진이나 피고 병원의 의료진이 환자에게 이에 관하여 설명하였음을 인정할 아무런 증거가 없으므로, 환자들의 위 주장은 이유가 있다.

다. 유착박리술을 임의로 시행하는 과정에서 부주의로 신경을 손상한 과실 또는 필요한 정도의 범위를 초과한 유착박리술을 시술한 과실: 법원 인정 (항소심)

(1) 원고 측 주장

의료진이 필요한 정도의 범위를 초과한 유착박리술을 시술함으로 인하여 환자에게 양하지마비 및 배뇨장애 등의 증상이 발생되도록 하였다.

(2) 의료인 측 주장

당시 수술부위인 제12흉추부에 국한하여 필요·최소한의 범위 내에서만 시행되었다.

(3) 법원 판단(제1심, 항소심)

○ 유착박리술 시행 범위에서 비록 의료진이 당시 경막을 절개한 이후에 경막, 척수 원추 및 마미신경의 유착된 정도가 심하여 튜브를 삽입하는 것만으로는 시술의 효과가 없을 것이라고 판단하였다고 하더라도 신경손상의 위험성이 높고, 염증성 유착이 심한 경우에는 수술 후에 혈행장해가 심해져 마비가 오는 위험이 예상되는 상황에서 도관술의 시행에 필요한 최소범위 내에서의 유착박리술을 시행할 주의의무가 있을 뿐만 아니라, 당초에도 이 사건 도관술이 그 효과는 미약하지만 위와 같은 위험성이 내포된 유착박리술을 피하기 위하여 차선의 방책으로 선택된 것임에도, 통상의 도관술이 시행되는 과정에서 선행적·부수적으로 필요한 것으로 인정되는 범위를 초과하여 약 1시간 30분 동안 마비신경총 주변의 유착을 모두 박리하였다. 그 과정에서 또는 척수를 절개하는 과정에서 부주의로 척수신경에 손상을 입혔을 것임을 인정할 만한 증거가 없다고 하더라도, 이렇게 필요한 범위를 초과하여 유착박리술을 시행한 행위는 그 자체만으로도 잘못이 있다고 할 것이고, 의료진들이 환자의 증상이 의료진의 과실이 아닌 전혀 다른 원인으로 발생하였음을 입증하지 못하는 이상, 의료진의 위와 같은 과실로 인하여 환자에게 양하지마비 등의 증상이 발생된 것으로 추정되므로, 위와 같은 의료과실로 인하여 환자측이 입은 손해를 배상할 의무가 있다.

○ 상고는 기각되었다.

3. 손해배상범위 및 책임 제한

가. 의료진의 손해배상책임 범위: 30%(1심) → 40%(항소심)

나. 제한 이유

(1) 환자의 양하지마비 및 배뇨장애 등의 증상은 이 사건 수술 후 공동증으로 수년 동안 손상을 받아오던 척수가 기능을 회복하지 못하였던 것도 하나의 원인으로 작용하여 발생한 것으로 보이는 점

(2) 유착에 의한 척수공동증에 대한 수술은 일반적으로 재발이 잦고 합병증이 발생할 가능성이 매우 높으며 수술 후 마비증세가 나타날 수도 있는 매우 위험한 수

술인 점

(3) 척수공동증을 방치할 경우 공동증이 계속 진행되어 사지마비가 되기 때문에 수술이 불가피한 경우가 대부분이며, 유착이 심한 경우에는 수술을 하더라도 증세가 악화되는 것을 방지할 수 있는 경우는 그리 많지 않은 점

(4) 의료진이 환자에게 당초 예상했던 것보다 유착박리를 넓은 범위에 걸쳐 시행한 것은 좀 더 좋은 수술 결과를 얻기 위한 것이었다는 점

(5) 환자에게 이 사건 수술 당시 이미 척수공동증의 진행으로 인한 보행장애, 배뇨불편 등의 증상이 있었던 점

(6) 환자가 이 사건사고 이후에도 금융감독원에 계속 재직하면서 수입을 얻고 있는 점

다. 손해배상책임의 범위

○ 제1심

(1) 청구금액: 911,498,058원

(2) 인용금액: 277,994,978원

  (가) 재산상 손해: 257,994,978원(청구액 859,983,263원의 30%)

    ① 일실수입: 189,564,341원(청구액 631,881,138원의 30%)

    ② 적극적 손해액: 68,430,638원(청구액 228,102,125원의 30%)

      − 후치료비: 20,895,972원(청구액 69,653,240원의 30%)

      − 개호비: 47,030,184원(청구액 156,767,280원의 30%)

      − 보조구 구입비: 504,482원(청구액 1,681,605원의 30%)

  (나) 위자료: 20,000,000원

○ 항소심

(1) 인용금액: 151,814,712원

  (가) 재산상 손해: 139,114,712원

    ① 일실수입: 238,287,931원

    ② 적극적 손해액

      − 향후치료비: 66,248,884원

　　　　　　　- 개호비: 108,331,551원
　　　　　　　- 보조구 구입비: 1,167,300원
　　　　(나) 위자료: 12,700,000원

4. 사건원인분석

　　이 사건은 척수공동증환자에게 도관술을 시행하던 중 심한 유착이 발견되어 척수신경 주위의 유착을 박리하였고 그 과정에서 척수신경에 손상을 입힌 것으로 추정되는 사건이다. 이 사건과 관련된 문제점 및 원인을 분석해본 결과는 다음과 같다.

　　첫째, 도관술 시행 중 유착된 부분에 대해 유착박리술을 임의로 시행한 것이 문제가 되었다. 도관술의 시행에 필요한 최소한의 범위 내에서 유착박리술을 시행해야 했음에도 필요한 것으로 인정되는 범위를 초과하여 유착을 모두 박리하였다. 자문위원의 의견에 따르면 유착박리술 시행 시 필요한 최소한의 범위의 기준을 정하기 어렵고 제한을 두기 어려우며 도관술 시행 중 유착박리술이 필수는 아니고 도관을 삽입하는 부위에 제한적으로 시행할 필요는 있을 수 있다고 한다. 또한 도관삽입 위치선정 시 유착이 있는 곳은 유착이 재발할 가능성이 높기 때문에 되도록 도관을 삽입하지 않지만 이 사건에서는 지주막하에 도관을 위치시켰기 때문에 박리가 많이 필요했을 것으로 생각되며 유착이 또 발생할 수 있는 지주막하에 관을 위치시킨 수술방법 선택 자체에 문제가 있었다고 생각되어 유착 가능성이 낮은 복막이나 흉막에 도관을 위치시키는 것이 적절하였을 것이라고 한다. 이 사건의 질환은 치료가 어려우며 증상이 심해져 운동마비가 진행된 후 수술을 고려하는데, 수술 전에 환자와 의사가 서로 병의 양상과 예상되는 결과, 그리고 일반적 질병의 경과 등에 대하여 정보를 충분히 공유했어야 한다.

　　둘째, 수술 전 '신경을 손상할 위험이 있을 수 있다'라는 것과 유착 박리가 필요함과 위험성을 충분히 설명했어야 한다. 수술신청서에 부동문자로 기재되어 있는 부분은 기본적인 내용일 뿐 설명이 충분하게 이루어졌다고 보기 어려우므로, 추가적인 부분을 수기로 작성하면서 환자에게 설명을 시행했어야 함에도 이러한 유착박리술의 시행, 후유증 등에 대한 설명을 환자와 보호자에게 제대로 시행하지 않았다. 또한 수술 중, 수술 전에 환자와 보호자에게 설명했던 상황과 다른 상황이 생겨서 다른 치료

를 해야 한다면 수술을 중단하고 이를 보호자에게 설명한 후 보호자의 결정에 따라
한다(〈표 1〉 참조).

〈표 1〉 도관술 중 유착분리수술 임의시행 및 부주의로 인해 양하지 마비와
배뇨장애를 입은 사건 – 원인분석

분석의 수준	질문	조사결과
왜 일어났는가? (사건이 일어났을 때의 과정 또는 활동)	전체 과정에서 그 단계는 무엇인가?	– 수술 방법 선택 – 수술 전 설명 단계 – 수술 중 설명 단계
가장 근접한 요인은 무엇이었는가? (인적 요인, 시스템 요인)	어떤 인적 요인이 결과에 관련 있는가?	• 의료인 측 – 수술 방법 선택 오류(도관술 시행 방법 선택 오류) – 수술 전 설명 미흡 – 수술 중 설명 미흡
	시스템은 어떻게 결과에 영향을 끼쳤는가?	• 의료기관 내 – 수술 전, 중 설명 과정 관련 현황 파악 및 교육 미흡 • 법·제도 – 설명 관련 자료 부족

5. 재발방지대책

원인별 재발방지대책 및 각 주체별 재방방지대책은 〈그림 1〉과 같다.

〈그림 1〉 도관술 중 유착분리수술 임의시행 및 부주의로 인해 양하지 마비와
배뇨장애를 입은 사건 – 원인별 재발방지대책

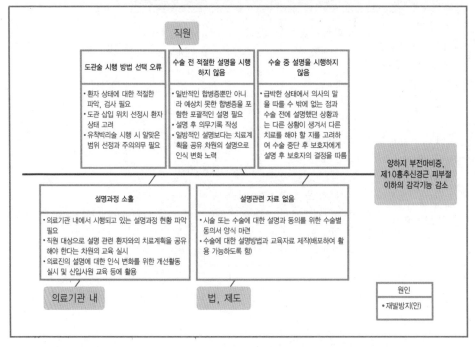

(1) 의료인의 행위에 대한 검토사항

환자에게 적합한 수술방법을 선택하기 위해서는 환자의 상태에 대한 정확한 파악과 이를 위한 검사를 시행하여야 한다. 환자의 상태를 고려하여 도관을 삽입할 위치를 선정하여야 하며 도관 삽입을 위해 필요한 유착박리를 시행할 알맞은 범위를 정하고 주의를 기울여야 한다.

수술 전에는 일반적인 합병증뿐만 아니라 예상치 못한 합병증까지 설명하여야 하며 의료인의 일방적인 설명보다는 치료계획을 환자와 공유한다는 인식을 가질 수 있도록 노력하여야 한다. 또한 수술 중 환자상태의 변화나 예상과는 다른 상황이 발

생하는 등 설명이 필요한 경우가 발생할 수 있음을 미리 환자와 보호자에게 설명한 후 수술을 시행하여야 한다. 만일 수술 중에 예상치 못한 상황이 발생하였을 경우에는 수술을 중단하고 보호자에게 이에 대하여 설명을 한 후 수술에 대한 보호자의 결정을 따라야 한다. 수술을 중단하고 설명을 하는 경우 수술에 대한 집도의의 집중력이 감소할 수 있기 때문에 집도의가 아닌 다른 의료인이 설명할 수 있도록 설명을 시행할 직위를 미리 기관 내에서 지정해야 한다.

(2) 의료기관의 운영체제에 관한 검토사항

의료기관 내 시술 또는 수술에 대한 설명과정이 어떻게 이루어지고 있는지 파악하고, 설명에 대하여 환자와 치료계획을 공유해야 한다는 차원으로 의료인의 인식 변화를 위한 개선활동, 교육 등을 시행하여야 한다.

(3) 학회·직능단체 차원의 검토사항

시술 또는 수술에 대한 설명과 동의를 위한 수술별 동의서의 양식을 마련해야 한다. 이미 수술별 동의서가 있는 의료기관은 부족한 부분이나 보완이 필요한 부분 등을 파악하여 수정한다. 또한 설명 과정에 대한 전반적인 교육과 어떤 표현과 설명 방법을 사용하면 좋을지 등에 대한 교육자료를 제작하여 의료기관에 배포해야 한다. 제작한 동의서 양식과 교육자료 등은 의료기관에서 활용할 수 있도록 홍보하고 배포해야 한다.

판례 2. 수술시행 중 과실로 인해 상지 부전마비 및 하지 완전마비를 입은 사건_서울고등법원 2006. 5. 16. 선고 2005나82422 판결

1. 사건의 개요

수술 후 환자의 상지 부전마비 및 하지 완전마비의 원인을 환자의 특이체질이 아니라 의료진의 시술상 과오로 판단한 사건이다[서울중앙지방법원 2005. 8. 24. 선고 2003가합89446 판결, 서울고등법원 2006. 5. 16. 선고 2005나82422 판결]. 이 사건의 자세한 경과는 다음과 같다.

날짜	시간	사건 개요
피고 병원 내원 전		• 피고 병원 내원 1년 전 종합검진에서 당뇨병 진단 • 약 복용하다 피고 병원 내원 3개월 전부터 복용 중단, 한약 및 민간요법으로 당뇨병을 치료하였음(환자 1952년 6월 17일 생, 사고 당시 49세 11개월 18일, 남자)
2002. 5. 20.		• 보행장애, 우측 상지 통증, 전신쇠약감 및 체중감량(3~4개월 동안 10kg 감량) 등의 증상 호소하며 피고 병원 내분비내과 입원
		• 피고 병원 내분비내과 의료진은 신체검진 및 신경학적 검사 포함한 각종 검사 시행 = 환자의 상지운동신경 손상이 의심되어 2002. 5. 21. 환자를 피고 병원 신경과로 전과
2002. 5. 21.		• 피고 병원 신경과로 전과
2002. 5. 22.		• 경추부 MRI 검사 시행 = 시행 결과 경추 제4~7번에 중등도의 후종인대골화증과 제4~5 경추간에서 제6~7경추간까지 경증의 척추강 협착증 소견 관찰, 제5경추부에서는 압박성 척수병증을 시사하는 국소적인 신호강도의 소견 나타남 = 환자에게 나타난 여러 증상에 비추어 수술적 치료가 필요하다고 판단함
2002. 5. 23.		• 피고 병원 신경외과로 전과

날짜	시간	사건 개요
2002. 5. 24.		• 의료진은 MRI 검사 결과 등을 토대로 환자의 상태 및 후종인대골화증의 경과를 설명하면서 수술적 치료가 최선의 방법이지만, 수술 시행과정에서 신경손상에 의한 사지마비, 감각장애, 배변 및 배뇨장애 등의 문제가 발생할 수 있다고 설명함
2002. 6. 3.		• 신경외과 의료진은 수술 시행 전 신경학적 검사 시행
2002. 6. 4.	12 : 00~ 18 : 00경	• 환자에 대하여 후방접근법에 의한 후궁절제 및 성형술 시행 = (수술 과정) 전신 마취한 다음 중앙피부를 제2경추에서부터 제1 흉추 극상돌기 부위까지 절개하고 양쪽 골막하 근육을 박리하며 후궁과 후관절 연결부위를 따라 양쪽에 홈을 만들었음. 그 후 척추 spreader를 사용하여 척추 후궁이 열리도록 한 다음 후궁이 열려져 있도록 구부러진 miniplate를 사용하였음. 고속드릴을 이용하여 제4, 5, 6경추의 후관절과 척추경 바로 내측에 양쪽으로 홈을 만들고, 오른쪽 꺾이는 쪽에는 외측 피질부위까지만 드릴을 가하였으며, 왼쪽 열리는 쪽에는 제4~6후궁의 외측 피질에 드릴을 가하였음. 그런 다음 Kerrison punch를 이용하여 내측 피질을 아래쪽에서 위쪽 방향으로 제거하였고, 열리는 쪽에는 spreader를 이용하여 부드럽게 후궁을 들어 올렸음. 후궁 개방을 유지하기 위하여 5cm 길이의 miniplate를 구부렸고, 양쪽에 6mm 정도의 나사로 고정하였으며, miniplate를 제4경추에서 제6경추까지 양쪽 후궁에 고정하였음. 이후 전기 소작기구로 지혈을 한 다음 피부 봉합을 하였고 수술창을 멸균 소독하여 수술을 마무리하였음
2002. 6. 4.	22 : 00경 부터	• 마취 회복 중 환자는 팔, 다리에 힘이 들어가지 않고 손을 위로 올린 자세에서 전혀 움직이지 못하며, 신경학적 검사에서 양쪽 손목, 팔꿈치 및 손가락 신전, 하지 근력 평가에서 움직임이 전혀 없고 (G0), 제7경추 피부절 이하에서 감각이 없는 등 사지부전마비 소견 나타남
2002. 6. 5.	00 : 40경	• 경추부 CT 검사 시행 = 척수 신경을 압박할 만한 척수 출혈이나 수술 후 경막외 또는 경막하 혈종 소견이 나타나지 않았음
	17 : 00경	• 근력 평가 결과 상지 팔꿈치 굴곡에서 IV등급을, 팔꿈치 신전에서 II 내지 III등급을, 하지는 양측 모두 완전마비, 제5~6흉추 피부절 이하에서 감각이 없는 상태, 심부건 반사에서도 상지 부위는 저하, 하지 부위는 전혀 반사가 없음

날짜	시간	사건 개요
2002. 6. 7.		• 근력 및 감각 평가에서도 종전과 비슷하게 상지 부위는 부전마비 소견을, 하지 부위는 완전마비 소견을 보임
	18 : 30경	• 경추부 MRI 검사 다시 실시 = 판독 결과 경추 제4~7번에서 보였던 후종인대골화증과 척추강 협착증이 감압되고 별다른 출혈소견은 나타나지 않았으나, 경추 제6~7번 사이의 경추간 협착 소견은 여전히 잔존하고, 척수 부종이 있으며, 경추 제5~6번에서 이 사건 수술시행 전의 국소적인 신호강도보다 더 큰 국소적인 이상신호강도가 나타나게 되었음
		• 환자는 이 사건 수술 이후 발생한 위와 같은 사지마비 증세로 인하여 체위변경이 어렵게 되자 허리부위에 욕창이 발생하여 욕창제거술 받음
이후		• 피고 병원 의료진은 환자의 증상을 척수 쇼으로 진단하고 고용량의 스테로이드 및 날록손, 비스테로이드성 소염제 및 테그레톨 등을 투여하면서 동시에 물리치료를 시행하면서 그 경과를 관찰하였음
현재 상태[2]		• 피고 병원에서는 현재까지도 환자에 대하여 약물치료 및 물리치료를 병행하면서 그 경과를 관찰하고 있는데 환자는 이 사건 수술 이후 상지의 부전마비와 하지의 완전마비로 인하여 혼자서는 거동할 수 없고 운동 및 감각기능 장애, 배변 및 배뇨 장애가 있는 상태임

2. 법원의 판단

가. 수술 시행과정에서 수술부위의 신경을 손상시킨 시술상의 과실 여부: 법원 인정(제1심)

(1) 의료진 측 주장

환자의 상지 부전마비 및 하지 완전마비가 비록 이 사건 수술 직후에 발생하였지만 의료진의 시술상의 과실로 발생한 것이 아니라 환자의 후종인대골화증과 척추강 협착증 등 기왕의 병력이 있어 수술로 인한 합병증의 발생률이 다른 환자에 비하여 높았던 특수한 상황으로 인해 사전에 예방할 수 없었던 불가항력적인 경우에 해당한다. 환자에게 발생한 척수 쇼의 발생원인으로 ① 후궁절제 및 성형술 시행 도중

---

2) 통상 제1심 판결전 촉탁감정시점을 말함.

발생하는 척수손상, ② 마취과정에서 기관삽관을 시행하기 위하여 경추부를 과신전하는 과정에서 발생한 척수손상, ③ 수술을 용이하게 하기 위하여 환자의 체위를 앙와위에서 복와위로 변경할 때 또는 수술 시행 후 다시 환자의 체위를 원상태로 복구하는 과정에서 발생하는 척수손상 등 3가지 경우 중 하나의 이유로 환자에게 척수손상이 발생하였을 가능성을 의심할 수 있고, 환자에게 나타난 현 장애는 의료진의 시술상의 과실에 기인한 것이 아니라 미세한 경추부 손상에도 불구하고 쉽게 척수압박 증상이 나타날 수 있는 후종인대골화증 자체의 특성 때문에 발생한 것이므로 의료진들은 그 책임이 없다.

(2) 법원의 판단

○ 이 사건 수술의 계기가 된 후종인대골화증은 척수의 압박에 의한 신경손상, 신경근손상의 소견이 주된 증상이고, 환자들은 경추부의 통증, 상지의 마비증상, 감각이상, 소변장애, 하지의 마비증세 등의 증상을 보인다. 환자에 대한 상지 부전마비 및 하지 완전마비의 발생원인은 의료진이 이 사건 수술을 시행하는 과정에서 수술부위의 신경을 손상시킨 시술상의 과실로 인한 것으로 추정되며, 구체적인 원인은 다음과 같다.

－ 환자에게는 이 사건 수술 전에 보행장애 및 우측 상지 통증만 있은 점

－ 이 사건 수술 직후 마취에서 회복되는 도중 2002. 6. 4. 22 : 00경부터 팔, 다리에 힘이 들어가지 않고 손을 위로 올린 자세에서 전혀 움직이지 못하며, 신경학적 검사에서 양측 손목, 팔꿈치 및 손가락 신전, 하지 근력평가에서 움직임이 전혀 없고, 제7경추 피부절 이하에서 감각이 없는 등 사지부전 마비소견이 나타난 이후로 줄곧 상지부전 마비 및 하지 완전마비로 인하여 운동 및 감각기능에 장애를 보인 점.

－ 후종인대골화증 수술로 인하여 나타날 수 있는 부작용 중에서 환자에게 나타난 증상은 척수신경 손상 및 척수부종 소견을 들 수 있는데 피고 병원 의료진이 같은 달 5일에 실시한 경추부 CT 검사에서는 척수신경을 압박할만한 출혈이나 혈종소견이 나타나지 않았으나, 같은 달 7일에 실시한 경추부 MRI 검사에서는 경추 제6~7번 사이의 경추간 협착소견은 여전히 잔존하고, 경추 제5~6번에서 이 사건 수술 시행 전의 국소적인 신호강도보다 더 큰 국소적인 이상신호강도가 나타나게 된 점.

－ 위 MRI 검사상 이상소견은 환자에게 적어도 이 사건 수술과 관련하여 신경손

상이 있을 수 있다는 것을 유추하게 할 수 있는 점(2005. 1. 10.자 진료기록 감정촉탁결과).

　　- 이 사건 수술 전에 보행장애 및 우측상지 통증만 있던 환자에게 척수신경 손상으로 인한 상지부전마비와 하지완전마비를 초래할 만한 특별한 원인이나 증상이 관찰되지 아니한 점 등.

　　각 진료기록감정촉탁결과 및 신체감정촉탁결과에 의하면, 환자의 경우 척추강협착증 및 중등도의 후종인대골화증 소견이 관찰되어 후궁절제 및 성형술 시행 이후 합병증의 발생가능성은 다른 환자보다 월등히 높았고, 신체감정의는 환자가 후종인대골화증으로 진단받기 전 환자의 병력상 우측 하지의 위약감이 있었고 방사선 소견상 다발성 수핵 탈출 및 퇴행변성, 골극 등 퇴행성 변화가 존재하는 것으로 보아 수술 후 합병증의 발생률이 다른 환자들보다 다소 높을 것으로 판단한 사실을 인정할 수 있다고 한다. 그러나 이는 환자의 기왕증으로 인하여 이 사건 수술에 따른 합병증의 발생률이 다른 환자에 비하여 다소 높을 수 있다는 가능성을 제시한 것에 불과할 뿐, 이 사실관계만으로 의료진들이 그 책임을 면할 불가항력적인 사유에 해당한다고 볼 수 없다. 의료진들이 주장하는 환자에게 척수손상을 일으킬 수 있는 세 가지 원인은 환자의 잘못에 기인하여 발생하는 것이 아니라 오히려 수술을 시행하는 의료진의 잘못으로 야기되는 척수손상이므로 의료진들의 위 주장은 이유가 없다(제1심).

　　○ 항소심에서는 의료진의 책임비율을 50%에서 60%로 변경하는 것 외에는 제1심 판결 이유와 같다.

3. 손해배상범위 및 책임제한

가. 의료진의 손해배상책임 범위: 50%(제1심) → 60%(항소심)

나. 제한 이유

　　(1) 환자가 보행장애, 우측상지통증 등을 호소하면서 피고 병원에 내원하여 후종인대골화증 및 척추강협착증으로 진단받아 이 사건 수술을 받았고, 수술 후 상지부전마비 및 하지 완전마비 등의 장애가 발생한 한 점(제1심)

　　(2) 환자는 종전부터 우측하지부위에 위약감이 있었고, 다발성 수핵탈출 및 수핵의 퇴행변성, 골극 등의 퇴행성 변화가 존재한 사실은 앞서 본 바와 같으므로 환자

의 위와 같은 신체적 소인은 이 사건 사고를 발생시키거나 환자의 상태를 악화시킨 한 요인이 되었다 할 것이고, 환자의 이러한 신체적 소인과 함께 이 사건 사고 경위 및 후종인대골화증 환자가 후궁절제 및 성형술을 받은 후 2~10% 정도 사지마비의 부작용이 발생할 수 있는 점(제1심)

(3) 제1심의 의사책임 제한이유에 환자의 신체적 소인을 손해배상의 범위를 정함에 있어 노동능력상실에 기여한 기왕증(20%)으로 참작하는 점도 감안하여, 항소심에서는 의료진들의 책임비율을 60%로 제한함

다. 손해배상책임의 범위

○ 제1심

(1) 청구금액: 642,747,235원

(2) 인용금액: 207,585,175원

  (가) 일실수입: 47,938,335원(95,876,671원의 50%)

  (나) 적극적 손해: 141,646,840원(향후치료비 81,577,761원＋보조구 구입비 4,908,536원＋개호비 196,807,384원)×50%)

  (다) 위자료: 18,000,000원

○ 항소심

(1) 인용금액: 알 수 없음3)

4. 사건원인분석

후방접근법에 의한 후궁절제 및 성형술 시행 후 마취회복 중 환자에게 사지부전 마비 소견이 나타나 경추부 CT 검사 등을 시행하였으나 척수신경을 압박할 만한 소견이 나타나지 않았다. 마비소견이 지속돼 경추부 MRI 검사를 시행한 결과 협착소견이 여전히 잔존하고 척수부종이 있으며 수술 전보다 더 큰 국소적인 이상신호강도가 나타나, 척수 손상으로 진단하고 이후 약물치료와 물리치료를 병행하면서 경과를 관찰

---

3) 법원에서 제공받은 판결문에는 금액 부분이 삭제되어 있어 금액 파악이 불가능하였음.

하고 있다. 환자는 상지 부전마비, 하지 완전마비로 인한 장애상태이다.

　이 사건과 관련된 문제점 및 원인을 분석해본 결과는 다음과 같다.

　첫째, 수술을 시행하는 과정에서 신경손상 발생과 관련한 문제이다. 자문위원은 수술과 관련된 신경손상 발생에 대해 두 가지 원인을 생각해 볼 수 있다고 하였다. 첫 번째, 수술 중 신경손상과 두 번째, 경추 제4~7번에 중등도의 후종인대골화증 소견이 있어 신경압박이 많이 되고 있었으므로, 범위를 넘어서서 감압을 해주는 수술이 필요했으나 제6경추까지만 감압을 시행한 수술방법의 문제이다.

　또한 환자의 경우 기왕의 병력으로 인해 수술 시행 후 합병증의 발생률이 다른 환자에 비해 높았던 특수한 상황이었다. 자문위원은 고위험군 환자에 대하여 수술 전에 마비의 진행 여부와 진행 속도, 상태를 파악하고 수술 전에 수술의 위험성이 더 높다는 것을 환자와 보호자에게 충분히 설명하고 인식시켜야 한다는 의견을 주었다. 그러나 이에 대하여 환자가 고위험군으로 분류될수록 병원이나 의사가 환자를 기피할 위험이 커지고, 높은 위험을 감내하겠다는 환자만 수술을 받게 될 것이라는 자문의견도 제시하였다.

　둘째, 수술 후 이상증상이 나타난 이후 처치과정의 적절성 문제이다. CT 검사는 신경상태가 보이지 않고 급성출혈도 잘 보이지 않기 때문에 2002. 6. 5. 00 : 40경에 CT 검사가 아닌 MRI 검사를 즉시 시행했었어야 하며, 2002. 6. 7. 18 : 30경 MRI 시행 결과 제6~7경추부에 협착소견이 잔존하며 척수부종이 있었고 제5~6경추부에 수술 전보다 더 큰 이상신호강도가 나타났을 때 재수술을 시행했었어야 한다는 자문의원의 의견이 있었다.

　수술이 오후 6시까지 진행되고 마비소견이 오후 10시에 나타났으며 CT는 다음날 새벽 12시 40분경 시행했다고 판결문에 기재되어 있어 회복실에서 마비소견이 나타났는지 아니면 병동으로 이송 후 나타났는지에 대해서는 현재 자료만으로는 알 수 없지만, 만약 회복실이었다면 마비상태를 체크하고 이상소견이나 마비증상이 있다면 즉시 검사를 시행했어야 한다. 따라서 환자의 상태로 미루어 보았을 때 이러한 처치가 적절하지 않았다고 생각된다.

　그러나 환자에게 발생한 척수손상은 수술과정에서 불가항력적으로 발생한 것으로 보이며, 즉각적인 MRI 검사와 재수술 등의 처치를 했더라도 이미 발생한 마비가 회복될 가능성은 크지 않을 것으로 보인다는 자문의견도 있었다(〈표 2〉 참조).

〈표 2〉 수술시행 중 과실로 인해 상지 부전마비 및 하지 완전마비를 입은 사건 – 원인분석

분석의 수준	질문	조사결과
왜 일어났는가? (사건이 일어났을 때의 과정 또는 활동)	전체 과정에서 그 단계는 무엇인가?	– 수술 전 환자 관리 단계 – 수술 방법 선택 – 수술 시행 단계 – 수술 후 환자 관리 단계
가장 근접한 요인은 무엇이었는가? (인적 요인, 시스템 요인)	어떤 인적 요인이 결과에 관련 있는가?	• 환자 측 – 기왕력(당뇨) • 의료인 측 – 수술 전 환자 관리 미흡(고위험군에 대한 수술 전 진단 및 예방조치 미흡) – 수술 방법 선택 오류(수술 범위 선정 오류) – 수술 중 과실(수술 중 신경 손상 발생) – 수술 후 환자 관리 소홀(수술 후 처치 지연)
	시스템은 어떻게 결과에 영향을 끼쳤는가?	• 의료기관 내 – 고위험군 환자관리 미흡 • 법·제도 – 고위험군 환자 관리를 위한 지원 미흡

5. 재발방지대책

원인별 재발방지대책 및 각 주체별 재발방지대책은 〈그림 2〉와 같다.

〈그림 2〉 수술시행 중 과실로 인해 상지 부전마비 및 하지 완전마비를
입은 사건 - 원인별 재발방지대책

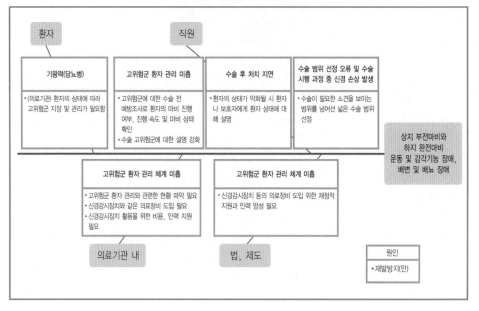

(1) 의료인의 행위에 대한 검토사항

고위험군[4]에 해당하는 환자에 대한 수술 전 관리로, 수술 전에 환자의 마비 진행 여부와 진행 속도 및 상태를 확인하여야 한다. 또한 고위험군 환자인 경우에는 수술의 위험성이 높음을 수술 전과 수술 후에 더욱 광범위하고 상세하게 설명을 하여야 한다. 또한 수술 시에는 환자의 상태를 정확하게 파악하여 수술이 필요한 범위를 알맞게 선정하여 진행하여야 한다.

---

4) 본 사건에 대해 수술 고위험군 기준에 관한 자문위원의 의견은 다음과 같다. ① 마비가 진행되고 있는 환자, ② 신경이 많이 눌러져 있는 환자, ③ 신호강도가 변한 환자.

(2) 의료기관의 운영체제에 관한 검토사항

고위험군의 관리에 대한 의료기관 내 현황을 파악하고 이를 보완할 수 있도록 한다. 환자의 상태에 따라 고위험군을 지정하고 각 고위험군에 필요한 알맞은 관리를 해야 한다. 또한 신경감시장치와 같은 의료장비들을 도입하여 고위험군 수술 시에 이를 활용할 수 있도록 비용, 인력 등을 지원하도록 한다.

(3) 학회·직능단체 차원의 검토사항

신경감시장치 등의 의료장비 활용을 위한 전문인력을 양성·관리하고 전문인력 양성을 위한 교육제도 등을 마련하도록 한다.

(4) 국가·지방자치단체 차원의 검토사항

의료기관에서 신경감시장치 등의 의료장비를 이용할 수 있도록 재정적 지원과 인력 양성을 하도록 한다.

┃참고자료┃ 사건과 관련된 의학적 소견5)

○ 후종인대골화증(Ossification of posterior longitudinal ligament: OPLL)

1) 척추인대골화증은 각 척추를 연결하고 있는 여러 가지 인대 중에서 후종인대, 황색인대가 골화되어 탄력성을 잃고 척추관이 협착되면 신경증상을 유발하는 것으로 전자를 후종인대골화증, 후자를 황색인대골화증이라고 한다. 발생빈도는 후종인대골화증이 높지만 양자가 합병되어 있는 예도 적지 않다. 두 가지 모두 일본인에게서 많이 발생되나 우리나라에서도 점차 발생빈도가 증가하고 있는 질환이며(발병율이 전체 인구의 0.95%) 서양인에서는 드물게 발생한다.

2) 후종인대골화증의 원인은 아직 불명확하나 유전적 소인이 현재까지 알려진 중요한 요인 중의 하나이다. 경추에서 호발하며 흉추에서도 발생하기도 하는데 제2경추에서 제5경추에 걸쳐 보통 2~5개의 추체에 다발성으로 발생한다. 호발연령은 40세 이후이고 남녀 발생비는 4 : 1이며, 방사선학적 소견상 골화형태에 따라 연속형, 분절형, 국소형 그리고 혼합형으로 분류한다.

3) 후종인대골화증의 임상증상은 퇴행성 경추관 협착증 때와 유사하여 상지의 저린감 등의 감각이상, 하지근력 저하, 보행장애 등으로 시작하여 경성운동 부전마비, 건반사 항진, 감각장애, 방광·직장장애 등의 척수손상 증상과 근위축, 건반사 저하 등의 신경근손상 증상이 나타나고, 환자들은 경추부의 통증(42%), 상지의 마비증상(19%), 감각이상(48%), 소변장애(10%), 하지의 마비증세(15%) 등 다양한 증상을 보인다.

4) 치료방법으로는 보존적인 치료로서 침상안정과 국소안정을 위한 경추보조기착용, halo(Halo) 견인술 등을 시행할 수 있지만, 일단 척수증 등 신경증상이 생기면 보존적인 요법으로는 증상이 개선되지 않으므로 척수손상이 불가역적 병변으로 진행되기 전에 척수감압술을 시행해야 한다. 수술은 척수증의 정도, 침범된 척추분절, 수술을 하는 담당의사의 선택에 따라 전방 혹은 후방으로 시행할 수 있다. 경추에서는 원칙적으로 전방접근법으로 추체제거술(corpectomy)을 시행한 후 골화병소를 완전 적출하는 것이 이상적이지만, 3개 척추체 이상에서 발생했거나 수술조작으로 척수를 손상시킬 위험이 있는 경우에는 후방접근법으로 후궁절제술이나 후궁성형술을 시행한다.

5) 후종인대골화증이 있는 환자에게 후궁절제 및 성형술 시행으로 발생할 수 있는 합병증으로는 출혈, 후종인대골화증의 불완전 제거로 인한 부전마비, 신경근 손상, 척수의 손상에 의한

---

5) 해당 내용은 판결문에 수록된 내용임.

신경손상, 기타 호흡기도손상, 식도손상 등이 보고되고 있고, 그 발생빈도와 관련하여서는 신경학적 증상의 악화가 발생하는 빈도는 최대 7.3% 정도로 보고되고 있으며(을 제2호증의 2에서는 6%, 같은 호증의 3에서는 0.23~7%, 같은 호증의 4에서는 5.5% 정도), 가장 중요한 합병증인 수술 후 사지마비의 확률은 대략 2~10%까지 보고되어 있다.

○ 척수쇼(spinal shock)

척수손상의 임상적 분류로는 척수 쇼, 척수진탕, 완전 척수손상, 불완전 척수손상, 척수원추증후군, 마미총증후군 등이 있는데, 이 중 척수쇼은 척수손상 직후에 수상부위 이하에서 척수기능인 운동, 지각 및 반사기능이 완전히 소실된 상태를 의미하며 초기에는 하위운동뉴런(lower motor neuron)의 완전 이완성 마비를 나타낸다. 이러한 척수쇼 상태에서는 말초혈관의 혈액저류로 인하여 혈압이 떨어질 수도 있으며 이때는 하지를 높이 올려주거나 또는 혈관수축제를 투여하면 교정된다. 척수쇼으로부터 회복되는 것을 가장 먼저 알 수 있는 지표는 빈스키반사(Babinski sign) 및 항문반사(anal reflex)와 구해면체반사(bulbocavernous reflex)의 회복이며, 대개 척수쇼이 끝나는 약 3~12주 후부터는 강직성 마비로 변하고 반사작용도 항진되는 경우가 많다.

이론적으로는 척수쇼으로부터 완전히 회복된 후에야 척수손상으로 인한 신경장애가 얼마나 심했는가를 정확히 알 수 있을 뿐 아니라 그것이 중추성 상위운동뉴런 마비인지 아니면 말초성 하위운동뉴런 마비인지 구별할 수 있다.

판례 3. 추간판수핵탈출증 수술과정에서 수술상 과오로 마미증후군을 겪게 된 사건_대법원 2006. 10. 26. 선고 2006다40164 판결

1. 사건의 개요

추간판탈출증 수술 후 이전에 없던 마미증후군을 겪게 된 이유를 수술상 과오로 판단한 사건이다[인천지방법원 2005. 6. 1. 선고 2005가합3683 판결, 서울고등법원 2006. 5. 18. 선고 2005나53127 판결, 대법원 2006. 10. 26. 선고 2006다40164 판결]. 이 사건의 자세한 경과는 다음과 같다.

날짜	사건 개요
2002. 4. 12.	• 요통 및 양측 하지 방사통으로 피고 병원 외래 내원(환자 1959. 1. 21.생, 사고 당시 43세, 남자) = MRI 검사 시행
2002. 4. 15.	• 제3 − 4요추간 요추간판수핵탈출증 진단
2002. 4. 28.	• 입원
2002. 4. 29.	• 의료진로부터 제3 − 4요추간 수핵을 제거하는 수술 받음
수술 후	• (신경외과적) 천추신경 지배 부위의 회음부 감각저하, 해면체반사저하, 팔약근 운동기능저하 현상 보임 • (비뇨기과적) 방광지각마비, 요도괄약근기능부전, 신경인성 발기부전증 보이며 이로 인한 배뇨·배변장애 증상 및 성기능장해 증상(이른바 '마미증후군') 보임

2. 법원의 판단

가. 수술적 요법을 선택한 것이 과실이라는 주장에 대한 판단: 법원 불인정 (제1심)

(1) 원고 측 주장

추간판수핵탈출증의 치료법에는 크게 보존적 요법과 수술적 요법이 있으며, 추간판수핵탈출증이 확진된 경우에도 수술적 요법에는 요배부수술실패증후군(failed back surgery syndrome) 등 부작용이 따를 가능성이 크므로 상당 기간 정도 보존적 요법을 취하되 신경증상이 악화된 경우에만 수술적 요법을 시행하여야 함에도, 의료진은 환자가 병원에 내원한 뒤 17일 만에 바로 수술적 요법을 시행하였으므로 치료법을 잘못 선택한 과실이 있다.

(2) 법원 판단

의사는 환자의 추간판탈출증 증세와 통증이 심하고, 보존적 요법이 효과가 없다고 판단하는 경우에는 수술적 요법을 시행할 수 있는데, 이 사건에서 의료진은 이와 같은 사정이 없는데도 합리적인 재량을 벗어나서 수술적 요법을 선택한 것이라고 단정할 증거가 없으므로 환자의 이 부분 주장은 이유 없다.

나. 설명의무 위반 주장에 대한 판단: 법원 불인정(제1심)

(1) 원고 측 주장

이 사건 수술을 받기 전에 의료진으로부터 수술 후 7일이면 완쾌되어 걸어서 퇴원한다는 말만 들었을 뿐 그 밖에 수술 후 가능한 합병증이나 후유장애에 대한 어떠한 설명도 들은 바가 없어 의료진이 설명의무를 위반하였다.

(2) 법원 판단

의료진이 이 사건 수술을 시행하기 전 설명의무를 위반하였다는 점을 인정할 증거가 없으며, 오히려 이 법원의 S대 부속 B병원장에 대한 진료기록감정 촉탁결과에 의하면 의료진은 이 사건 수술 전 환자에게 진단명, 수술방법, 수술 후 진행사항(재발, 퇴행성 변화), 마취 합병증과 수술 후 창상 염증 등에 대하여 그림과 함께 설명하였음을 인정할 수 있으므로 환자의 이 부분 주장은 이유 없다.

다. 수술과정상의 기술적 과실 주장에 대한 판단: 법원 인정(제1심)

(1) 원고 측 주장

의료진이 환자의 제3-4요추를 압박하고 있던 수핵을 제거하던 중 제4-5요추 혹은 제5요추-제1천추 부위의 신경다발을 잘못 건드림으로 말미암아 환자에게 배뇨·배변장애, 성기능장해 등의 증상이 발생한 것이다.

(2) 법원 판단

○ 1심 판단

법원의 A대 부속 B병원장에 대한 신체감정촉탁결과 및 진료기록감정촉탁결과를 종합하면, 환자가 이 사건 수술을 받기 전 제3−4요추간 요추간판수핵탈출증으로 보인 증상은 요통 및 양측 하지 방사통에 불과하며, 배뇨·배변장애나 성기능장해 등의 증상은 보이지 않았지만, 이 사건 수술을 받은 후에 증상이 발생한 점, 추간판탈출증 수술을 받기 전에 마미증후군 소견이 없던 환자가 수술 후에 마미증후군이 발생한 경우는 수술상 과오와 관련된 경우가 대부분이며, 수술상 과오가 없었다고 한다면 마미증후군을 발생시킨 다른 원인이 밝혀지는 경우가 일반적이라고 인정되는 점 등에 비추어 보면, 환자가 이 사건수술 후에 보인 증상은 의료진이 이 사건 수술 과정상의 과오에 기인한 것으로 추정함이 상당하므로 환자가 입은 손해를 배상할 책임이 있다.

○ 항소심 판단은 제1심 판결의 이유와 같다.

○ 상고는 기각되었다.

3. 손해배상범위 및 책임제한

가. 의료진의 손해배상책임 범위: 90%(제1심) → 40%(항소심)

나. 제한 이유

(1) 환자의 상태와 통증 정도 등에 비추어 의료진이 위험도가 큰 수술적 요법을 선택한 것은 불가피했던 것으로 보이는 점(제1심)

(2) 이 사건과 같은 수술의 난이도 등(제1심)

(3) 요추간판 수핵을 제거하는 수술이 정상적으로 시행되었더라도 규명되지 아니하는 원인에 의하여 수반되는 합병증인 마미증후군이 발생될 가능성이 있는 점(항소심)

(4) 환자의 수술전 상태와 통증의 정도에 의하여 추정할 수 있는 탈출된 추간판의 크기가 작지 아니한 것으로 보이는 점(항소심)

(5) 크기가 큰 중앙의 추간판 탈출은 마미총의 여러 신경근을 압박하거나 마미

총 자체를 압박할 수 있는 것으로 알려져 있는 점(항소심)

　(6) 의료진이 한 수술의 난이도, 환자의 예후(항소심)

다. 손해배상책임의 범위

○ 제1심

(1) 청구금액: 298,030,691원

(2) 인용금액: 103,925,483원

　　일실수입: 34,113,663원(37,904,071원×90%)

　　향후치료비: 61,811,820원(68,679,800원×90%)

　　위자료: 8,000,000원

○ 항소심

　(1) 인용금액: 47,256,124원

4. 사건원인분석

이 사건은 제3－4요추간 수핵 제거수술 후 환자에게 천추신경 지배부위의 회음부 감각저하, 해면체반사저하, 괄약근 운동기능저하 현상, 방광지각마비, 요도괄약근 기능부전, 신경인성 발기부전증의 증상과 배뇨·배변장애 증상 및 성기능장해 증상이 발생한 사건이다. 법원에서는 수술과정상의 기술적 과실에 대해 의료진의 과실을 인정하였다. 이 사건과 관련된 문제점 및 원인을 분석해본 결과는 다음과 같다.

첫째, 이 사건에서는 수술과정 상의 과오가 원인으로 판단되었다. 둘째, 환자는 수술적 요법을 선택한 것이 과실이라고 주장하였으나, 법원은 의사가 환자의 증세와 통증이 심하고 보존적 요법이 효과가 없다고 판단하는 경우 수술적 요법을 시행할 수 있는 것인데, 이 사건에서는 합리적인 재량을 벗어나 수술적 요법을 선택한 것이라고 단정할 증거가 없다고 하였다. 이렇게 환자가 주장한 배경에는 환자상태와 선택 가능한 치료방법, 그리고 그 중에서 의료진이 추천하는 치료방법과 이유, 앞으로의 치료계획 등에 대한 의료진의 설명이 불충분하였을 가능성이 존재한다.

디스크의 수술 전 보존적 치료는 요추부위 최소침습 추간판제거술(내시경하 추간판제거술, 척추수핵용해술, 척추수핵흡인술 등)의 경우, 6주 이상의 적극적인 보존적 치료에도 불구하고 심한 방사통이 지속되는 환자에게 추간판 탈출로 인한 신경근 압박소견이 확인되는 경우에 보험급여가 적용된다. 만일 조기시행이 필요한 경우에는 의사소견서를 첨부하여야 보험급여로 인정받을 수 있다. 경추의 인공디스크를 이용한 추간판 전치환술도 6주 이상의 보존적 치료를 거치도록 하고 있다(2008. 1. 1.부터 시행, 건강보험심사평가원)(〈표 3〉 참조).

〈표 3〉 추간판수핵탈출증 수술과정에서 수술상 과오로 마미증후군을 겪게 된 사건 – 원인분석

분석의 수준	질문	조사결과
왜 일어났는가? (사건이 일어났을 때의 과정 또는 활동)	전체 과정에서 그 단계는 무엇인가?	– 수술 전 환자 사정 단계 – 수술 시행 단계 – 수술 전 설명 단계
가장 근접한 요인은 무엇이었는가? (인적 요인, 시스템 요인)	어떤 인적 요인이 결과에 관련 있는가?	• 의료인 측 – 수술 전 환자 사정 및 예방조치 미흡 – 수술 중 과실(수핵 제거 수술 중 신경다발 잘못 건드림) – 수술 전 설명 미흡(수술 전 디스크의 다양한 치료방법을 　제시하지 않음)
	시스템은 어떻게 결과에 영향을 끼쳤는가?	• 의료기관 내 – 설명과정 관련 현황 파악 및 교육 미흡(자기결정권 관련 　과정 미흡) • 법·제도 – 설명 관련 자료 부족 – 검사시행에 대한 지원 부족(검사 시행을 위한 재정적 지 　원 및 수가 문제)

5. 재발방지대책

원인별 재발방지대책은 〈그림 3〉과 같으며, 각 주체별 재발방지대책은 아래와
같다.

〈그림 3〉 추간판수핵탈출증 수술과정에서 수술상 과오로 마미증후군을 겪게 된
사건 – 원인별 재발방지대책

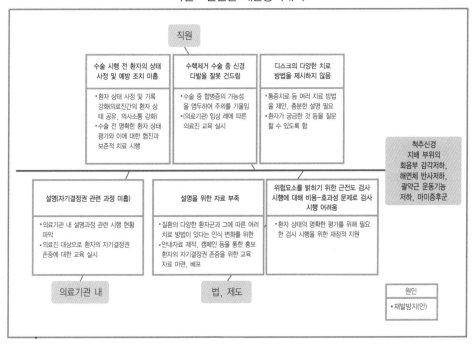

(1) 의료인의 행위에 대한 검토사항

의료인은 수술 전 및 수술과정, 설명과정에서 다음의 조치를 취해야 한다. 먼저
수술 전에 환자상태에 대한 명확한 평가를 하여 예방조치를 취해야 한다. 먼저 수술
전 환자에게 의심증상이 있을 경우에는 적절한 검사를 시행하여 위험요소를 밝히고
타과와의 협진 및 보존적 치료를 시행한다. 또한 수술 과정상의 과실을 감소시키기
위해 수술시행 시 주의를 기울여야 한다. 수술 중에는 합병증의 발생가능성을 염두에
두면서 수술을 하여야 하고 의료기관에서 임상사례에 따라 의료인을 교육해야 한다.

마지막으로 환자의 자기결정권을 존중할 수 있도록 설명과정에서 여러 시행가능한 치료방법들을 제시하면서 구체적으로 설명하고 환자가 충분히 이해했는지 확인하도록 하며, 의료진간에 환자의 상태에 대하여 충분히 공유하여야 한다.

(2) 의료기관의 운영체제에 관한 검토사항

환자의 자기결정권을 존중하기 위해 의료진이 환자에게 설명을 어떻게 시행하고 있는지 기관 차원에서 파악하고, 부족한 부분을 보완할 수 있도록 의료진들을 대상으로 이에 대한 교육을 실시한다.

(3) 학회·직능단체 차원의 검토사항

디스크 관련 질환과 치료방법에 대한 안내자료를 제작한다. 일반인들이 이해하기 쉬운 내용으로 구성하여 캠페인을 실시하고 홍보책자 등을 이용하여 홍보한다. 또한 환자의 자기결정권을 존중하고 설명을 잘 할 수 있도록 의료진용 교육자료를 제작하여 이를 의료기관에 배포하도록 한다.

(4) 국가·지방자치단체 차원의 검토사항

의료기관에서 환자의 상태를 적절하게 평가하기 위하여 필요한 근전도검사 등의 여러 검사들을 원활히 시행할 수 있도록 재정적 지원을 한다.

┃ 참고자료 ┃ 사건과 관련된 의학적 소견6)

○ 마미증후군은 제1요추 이하의 신경근들로 구성된 마미총이 압박을 받게 되어, 요통, 양측성 좌골신경통, 방사통, 하지의 근력 약화 및 감각이상, 회음부와 항문 마비, 내장과 방광의 실금 등 대소변 조절장애가 나타나는 증후군이다.

---

6) 해당 내용은 판결문에 수록된 내용임.

판례 4. 코일색전술 과정에서 적절한 조치 및 치료를 하지 않아 우측 상하지 부전마비를 겪게 된 사건_대구고등법원 2011. 1. 12. 선고 2009나5293 판결

1. 사건의 개요

코일색전술 시술과정에서 혈전발생 예방과 뇌혈관 연축치료를 제대로 하지 않음으로써 뇌경색으로 인한 우측 상·하지 부전마비를 발생시킨 사건이다[대구지방법원 2009. 5. 19. 선고 2006가합14855 판결, 대구고등법원 2011. 1. 12. 선고 2009나5293 판결]. 이 사건의 자세한 경과는 다음과 같다.

날짜	시간	사건 개요
2003. 7. 중순경 ~		• 두통과 우측 상지에 저림을 느낌(환자 1958. 1. 25.생, 사고당시 45세, 여자)
2003. 7. 31.		• A의원에서 뇌 CT 촬영 시행 = 특이한 소견 없었음
2003. 9. 16.		• B의원에서 뇌 CT 촬영 시행 = 좌측 시상돌기 주위 뇌동맥류가 의심된다는 진단 받음
2003. 9. 19.		• 피고 병원 입원 • B의원에서 촬영한 뇌 CT 사진에 대한 판독과 신경학적 검진 등을 시행 = 비파열성 좌측 시상돌기 주위 뇌동맥류 의증으로 판단. 뇌혈관 조영술 및 필요시 동맥류낭에 결찰술을 시술할 것을 계획함 • 입원 시 환자 상태 = 가벼운 두통이 있었으나, 걸어서 입원함 = 생체활력징후 체온 36.2도, 혈압 130/70mmHg, 맥박 78회/분, 호흡 18회/분 = 글라스고우 무의식 척도(GCS) 15점으로 의식상태 명료, 양측 동공이 같은 크기로 정상 반사를 보임. 운동 위약감 없음. 감각기능 정상. 당뇨, 고혈압, 폐결핵의 과거력 없음
2003. 9. 20.	8 : 00경	• 뇌혈관조영술(Angiography) 실시
	실시 직후	• 의식상태 명료
2003. 9. 21.	10 : 00경	• 뇌 경동맥에 대한 자기공명혈관촬영(MRA) 및 두부에 대한 3차

날짜	시간	사건 개요
2003. 9. 21.		원 자기공명영상촬영(MRI) 실시 = 좌측 후교통 동맥 동맥류 약 8~9㎜ 및 좌측 시상돌기 주위 동맥류 약 4~5㎜의 비파열성 뇌동맥류 발견 = 코일색전술 실시하기로 결정
		• 환자에게 코일색전술의 내용 및 합병증인 뇌출혈과 뇌경색 등에 관하여 설명한 후 수술동의서 받음
2003. 9. 21.		• 피고 병원 의사는 간호사에게 "헤파린(Heparin, 혈전용해제) 용량 25,000 수량 1", "프로카인(Procaine, 국소마취제) 용량 10 수량 1", "바륨(Valium, 수면진정제) 용량 10 수량 6", "부수펜(Busphen, 마약성진통제) 용량 2 수량 3", "하이드랄라진(Hydralazine, 혈관확장제) 용량 20 수량 3", "퍼디파인(Perdipine) 용량 10 수량 1", "파파베린(Papaverine, 혈관확장제) 용량 30 수량 10", "프로타민(Protamine) 용량 50 수량 1", "유로키나제(Urokinase, 혈전용해제) 용량 100000 수량 4", "아트로핀(Atropine) 용량 0.50 수량 4", "도파민(Dopamine, 혈압상승제) 용량 200 수량 2" 및 수액(Saline) 등의 약품을 준비하라고 지시함
2003. 9. 22.	8 : 50경	• 피고 병원의 간호사는 프로카인 1앰플, 바륨 6앰플, 부수펜 3앰플, 하이드랄라진 3앰플, 퍼디파인 1앰플, 페페라민(혈전용해제) 10앰플, 유로키나제 4앰플, 아트로핀 4앰플, 도파민 2앰플, 생리식염수 500cc, 5% 포도당 500cc 등 코일색전술에 필요한 수액과 약품을 준비함 • 생체활력징후 체온 36.4도, 혈압 160/90mmHg, 맥박 80회/분, 호흡 20회/분 • 의식상태 명료, 두통 없는 상태임
	9 : 30경	• 혈관조영술실에서 코일색전술 시작
	10 : 00경	• 간호사는 혈관조영술실에 유로키나제 4앰플, 페페라민 10앰플, 베타신(혈관확장제) 1앰플, 하이드랄라진 2앰플 넣어줌
2003. 9. 22.	14 : 30경	• 코일색전술 마침 • 간호기록지에는 코일색전술 후 유로키나제 40만(4앰플)이 취소(D/C)된 것으로 기록되어 있음 • 뇌 CT 촬영 시행 후 신경외과 중환자실로 옮김 = 뇌 CT 촬영 결과, 좌측 대뇌반구에 다발성 뇌경색이 관찰됨 • 수술 직후, 우측 상지 및 하지에 위약감이 있었으며 의식상태 혼미함
	오후 경	• 우측 상·하지의 위약감 계속됨

날짜	시간	사건 개요
2003. 9. 22.	15:30경	• 의식상태는 눈 뜨고 있으며 운동성 부분적으로 체크됨
	17:00경	• 눈 뜨고 있으며 팔 드는 정도 시키는 대로 움직임 되는 듯함
	20:00경	• '이름'만 말하며 손가락 세기 조금씩 됨
	22:30경	• 말귀 알아듣고 시키는 대로 움직임 됨
		• 피고 병원의 의사는 간호사에게 환자의 좌측 대뇌반구에 생긴 다발성 뇌경색에 대해 2003. 9. 22.경부터 "크렉산(Clexane, 항응혈제·항혈전제) 40mg 용량 40 수량 1 용법 SC(피하주사) 12시간 마다 주사, REMARK : 1/3"를 지시함 = 간호사 '크렉산 60mg Bid(하루에 두 번) SC'로 증량하여 투여함
2003. 9. 23.경 ~		• 피고 병원의 의사는 경구용 정제인 "아스피린 프로텍트(Aspirin Protect, 항응혈제·항혈전제) 100/T 용량 100 수량 2 #2 : Bid(2번에 나누어 하루에 두 번) P.C."를 함께 처방함
2003. 9. 23. ~ 2003. 9. 24.		• 신경외과 중환자실에 있으면서 의식상태가 명료하지 않은 상태로 우측 상·하지 위약감이 있음
2003. 9. 25.경		• 의식상태 명료해졌으나 우측 상·하지 위약감은 여전히 존재함
2003. 9. 26.	11:00경	• 신경외과 일반병실로 전실 • 여전히 우측 상·하지 위약감이 있고, 가벼운 두통을 호소함
2003. 9. 26.	14:00경	• 심한 두통을 호소함
2003. 9. 28.경~		• 구음장애(Motor aphasia) 증상 나타남
2003. 10. 11.		• 재활의학과로 전과 = 여전히 우측 상·하지 부전마비(Paresis, 경도의 마비)와 가벼운 구음장애 증상이 있고, 앉고 일어설 때 약간의 균형을 잡을 수 있으며, 보행이 어느 정도 가능함
2003. 11. 11.		• 퇴원 = 구음장애 증상이 호전되었고, 앉고 일어설 때 균형을 잡는 것이 약간 가능하였으나, 여전히 우측 상·하지 부전마비 증상이 있음
퇴원 후		• 피고 병원에서 통원 치료를 받음 • 우측 상·하지 부전마비로서 수부의 기능 저하가 경중등도이며 일상생활에 장애 있음

2. 사건에 대한 법원의 판단요지

가. 코일색전술 시술상의 과실 여부: 법원 인정(제1심, 항소심)

(1) 원고 측 주장

피고병원의 의료진이 코일색전술을 실시하면서 합병증인 뇌혈관연축을 적절히 치료하지 못하였을 뿐만 아니라 혈전의 발생을 제대로 예방하지 않았고 혈전에 대한 치료도 적절히 하지 못하여 뇌경색을 유발시켜 환자에게 우측 상·하지 부전마비를 발생시킨 잘못이 있다.

(2) 의료진 측 주장

코일색전술이 뇌동맥류로 인한 합병증을 예방하기 위한 최선의 치료방법이고, 환자의 경우 코일 주변에 혈전이 발생하여 원위부 미세혈관이 막혔으나 이에 피고병원 의사는 곧바로 혈전용해제를 투여하여 합병증의 발생을 최대한 예방하려고 하였으며, 환자의 우측 상·하지 부전마비는 피고 병원 의사의 과실에 의한 것이 아니라 코일색전술 과정에서 발생할 수 있는 합병증으로서 코일색전술을 실시하는 의사가 아무리 주의를 기울여도 방지하는 것이 불가능하여 시술과정에 의료진의 과실이 있는 것은 아니다.

(3) 법원 판단

코일색전술 시술 중 뇌동맥류가 있는 부위에 뇌혈관연축과 혈전색전이 발생하였고 코일색전술 직후부터 우측 상·하지 위약감을 느껴 결국 우측 상·하지 부전마비가 생겼으므로, 시행한 코일색전술과 환자의 우측 상·하지 부전마비 사이에는 시간적, 장소적 근접성이 인정된다. 또한 피고병원의 의료진은 5시간이라는 긴 시간 동안 코일색전술을 실시하였을 뿐만 아니라 혈전 발생 예방조치를 하였다거나 코일색전술을 시술하는 과정에서 발생한 뇌혈관연축과 혈전색전에 대해 적절한 치료를 하였다는 기록이 없으며, 환자에게는 비파열성 다발성 뇌동맥류 외에는 우측 상·하지 부전마비가 발생할 수 있는 다른 건강상의 결함이 없었다고 할 것이다. 이에 뇌경색의 경우 발병 후 최대한 빨리 1~2시간 이내 치료를 하여야 한다는 점을 더하여 보면, 환자의 부전마비가 피고병원 의료진의 과실이 아닌 전혀 다른 원인에 의하여 발생할 수 있음을 의료진이 입증하지 못하는 한, 피고병원 의료진이 혈전 발생 예방을 제대로 하지 않고 코일색전술을 실시하였고, 그 과정에서 발생한 뇌혈관연축과 혈전색전에 대해 적절한 치료를 하지 못한 잘못으로 인해 뇌경색 및 그로 인한 우측 상·하지 부전마비가 초래되었다고 추정할 수밖에 없다. 한편, 피고병원의 의사는 코일색전술을 실시하기 전인 2003. 9. 21.경 간호사에게 혈전용해제인 헤파린, 유로키나제와 혈관확장제인 하이드랄라진, 파파베린 등을 준비하라고 지시하였고, 이에 간호사가 하이드랄라진 3앰플, 페페라민(혈전용해제) 10앰플, 유로키나제 4앰플 등을 준비한 사실, 피고 병원의 간호사는 2003. 9. 22. 코일색전술 시행 중 혈관조영술실에 유로키나제 4앰플, 페페라민 10앰플, 베타신(혈관확장제) 1앰플, 하이드랄라진 2앰플을 넣어 준 사실, 혈전 발생 당시 실시한 뇌혈관조영술과 나중에 실시한 뇌혈관조영술의 결과를 비교하면 코일 주변의 혈전은 용해되었고 원위부의 미세혈관이 재개통되었다는 사실을 인정할 수 있으나, 피고병원의 의료진이 혈전 발생 예방을 제대로 하지 않고 코일색전술 시술 중에 발생한 뇌혈관연축과 혈전색전에 대해 적절한 치료를 하지 못한 과실의 추정을 뒤집기에는 부족하다.

나. 진료기록의 부실기재 여부: 법원 인정(제1심, 항소심)

(1) 의료진 측 주장

경과기록지 중에 2003. 9. 19.부터 2003. 10. 14.까지 경과기록이 없는 이유는 당시 경과기록을 작성하던 전공의가 부족하였을 뿐만 아니라 담당하던 전공의가 피고병원을 퇴직해 버렸기 때문이므로, 진료기록 부실기재의 책임을 물어서는 안 된다.

(2) 법원 판단

피고병원의 환자에 대한 진료기록 전체를 자세히 살펴보면 ① 의무기록지는 퇴원한 이후인 2003. 11. 13.부터의 외래진료기록에 불과하고, 경과기록지에는 2003. 10. 15. 이후의 기록지만 있어 코일색전술을 실시한 2003. 9. 22. 전후의 기록은 없는 점, ② 혈관조영술 간호기록지에는 코일색전술이 2003. 9. 22. 13 : 30경 종료되었다고 기재되어 있으나, 간호경과기록지에는 수술이 같은 날 14 : 30경 종료되었다고 기재되어 있어 서로 불일치하는 점, ③ 혈관조영술 간호기록지는 코일색전술 시행 당시의 기록이 아니라 수술이 끝나고 신경외과 중환자실로 옮긴 이후의 기록에 불과한 점, ④ 메모는 코일색전술을 담당한 의사가 수술 후 수기로 작성한 것으로서 공식적인 의무기록이 아니고, 메모에는 '혈관도관이 좌측 대퇴동맥으로 접근'이라고 기재되어 있으나 혈관조영술 간호기록지에는 '우측 혈관도관 삽입 상태로'라고 기재되어 있어 서로 불일치하는 점, ⑤ 피고병원이 코일색전술 당시 투여하였다고 주장하는 혈관확장제와 혈전용해제의 종류, 투여시간, 투여량에 대한 아무런 기재가 없는 점 등을 보아 설사 피고병원에 위와 같은 사정이 있었다고 하더라도 의사의 진료기록 작성 취지에 비추어 보아 피고병원의 진료기록 부실기재를 인정한다.

3. 손해배상범위 및 책임제한

가. 의료진의 손해배상책임 범위: 40% 제한(제1심, 항소심)

나. 제한 이유

(1) 비파열성 뇌동맥류의 경우 환자의 나이, 크기, 증상에 비추어 보아 발생일로부터 평균 10년에 10.5%, 20년에 23%, 30년에 30.3%가 파열된다는 의학상의 보고가 있는데, 환자의 경우 좌측 후교통동맥에 8~9mm, 좌측 사상돌기 주위에 4~5mm의 뇌동맥류가 발생하여 다발성 뇌동맥류에 해당하고, 뇌동맥류의 크기와 위치, 그리고 환자의 비교적 젊은 나이를 고려할 때 파열위험성이 더 크며, 코일색전술의 실시과정에서 뇌혈관연축과 혈전이 불가피하게 발생하였을 가능성을 완전히 배제할 수는 없는 점

(2) 환자의 뇌동맥류의 위치와 크기를 고려할 때 수술의 난이도가 상당히 높았던 것으로 보이는 점

(3) 피고병원의 의료진은 코일색전술 후 환자에게 항응고제·항혈전제인 크렉산과 아스피린 프로텍트를 처방하여 수술 중 발생한 혈전에 대해 계속 치료한 점

(4) 코일색전술에 의하여 환자의 뇌동맥류 자체에 대한 치료는 충분히 이루어진 점

다. 손해배상책임의 범위

○ 제1심

(1) 청구금액: 142,895,243원

(2) 인용금액: 30,440,552원

    (가) 재산상 손해: 총17,440,552원

        ① 일실수입: 10,658,804원(35,529,348원의 40%)

        ② 기왕치료비: 2,185,926원(7,286,422원의 40%)

        ③ 기왕개호비: 235,683원(785,610원의 40%)

    (나) 위자료: 13,000,000원

○ 항소심

(1) 청구금액: 772,740,072원

(2) 인용금액: 64,912,442원

    (가) 재산상 손해: 총 43,912,442원

        ① 일실수입: 30,512,722원(101,709,074원의 40%)

        ② 기왕치료비: 2,185,927원(7,286,422원의 40%)

        ③ 기왕개호비: 314,244원(785,610원의 40%)

    (나) 위자료: 21,000,000원

4. 사건원인분석

이 사건은 뇌동맥류에 대한 코일색전술을 받은 환자에게 색전술 후 뇌경색 및 그로 인한 우측 상·하지 부전마비가 발생한 사건이다. 이 사건과 관련된 문제점 및 원인을 분석해본 결과는 다음과 같다.

첫째, 코일색전술 실시 중 합병증인 뇌혈관연축을 적절히 치료하지 못한 것 등 코일색전술 시술상의 문제이다. 둘째, 혈전의 발생을 제대로 예방하지 않았고 치료도 적절히 하지 못하여 뇌경색이 유발되었다. 이 사건과 관련하여 수술 중에 아스피린 프로텍트를 사용한 것이 적절한 치료였는지 의문이 들며, 수술 도중 이미 헤파린 등의 항응고제를 사용하고 시술이 끝난 후 혈전이 생기지 않도록 헤파린을 48시간 동안 유지시킨 다음 아스피린으로 바꾸기 때문에 굳이 아스피린 프로텍트를 사용한 이유가 이해가 되지 않는다는 자문의견이 있다. 또한 코일색전술 시행이 어려울 경우에는 보호자와 상의해서 다른 치료법을 선택하도록 해야 한다는 의견도 있다. 셋째, 의료기관 내 수술합병증 예방이 미흡하였고 수술과 관련된 진행사항이나 과정들이 제대로 파악되지 않았다. 또 수술합병증 예방 및 관리에 대한 가이드라인이 제대로 활용되지 않은 것도 원인이 될 수 있다(〈표 4〉 참조).

〈표 4〉 코일색전술 과정에서 적절한 조치를 하지 않아 우측 상·하지 부전마비를 겪게 된 사건 – 원인분석

분석의 수준	질문	조사결과
왜 일어났는가? (사건이 일어났을 때의 과정 또는 활동)	전체 과정에서 그 단계는 무엇인가?	– 수술 시행 과정
가장 근접한 요인은 무엇이었는가? (인적 요인, 시스템 요인)	어떤 인적 요인이 결과에 관련 있는가?	• 환자 측 – 다발성 뇌동맥류 • 의료인 측 – 수술 중 과실(수술 중 부적절한 약물 처방 및 예방 미시행)
	시스템은 어떻게 결과에 영향을 끼쳤는가?	• 의료기관 내 – 수술 합병증 예방 관리 미흡

5. 재발방지대책

원인별 재발방지대책은 〈그림 4〉와 같으며, 재발방지대책은 아래와 같다.

〈그림 4〉　코일색전술 과정에서 적절한 조치를 하지 않아 우측 상·하지 부전마비를 겪게 된
사건 – 원인별 재발방지대책

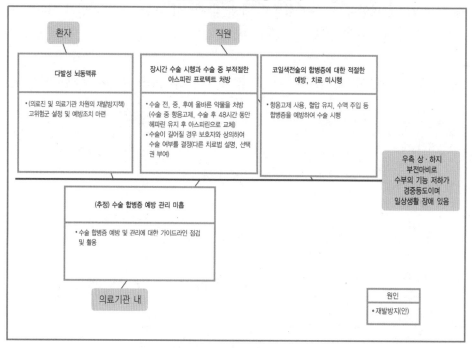

(1) 의료인의 행위에 대한 검토사항

수술 전, 중, 후에 항응고제나 헤파린 등 올바른 약물을 처방한다. 수술이 길어
질 경우 보호자에게 다른 치료법을 설명하고 상의하여 수술 여부를 결정하도록 한다.
또한 수술 후 합병증에 대한 올바른 예방과 치료를 시행하여 합병증 발생을 최소화
한다.

｜참고자료｜ 사건과 관련된 의학적 소견[7]

○ 동맥류

　뇌동맥류란 뇌혈관 벽이 꽈리처럼 밖으로 부풀어 나온 것을 말하고, 대부분은 주로 뇌기저부에 있는 큰 동맥들의 분지부에서 발생하는데, 뇌동맥류 환자는 파열되지 않은 경우에는 증상이 없거나 두통, 뇌신경마비, 간질발작 등의 증후를 나타낼 수 있고, 파열된 경우에는 뇌지주막하출혈에 의한 격심한 두통, 경부 강직, 요통 및 좌골신경통, 의식소실, 뇌신경마비, 고혈압 등의 증후를 나타낼 수 있다. 뇌동맥류가 터질 경우 뇌지주막하출혈이 발생하면서 약 40~50%의 환자가 사망하며, 생존한 환자에게도 많은 정신 및 신경의 후유장애를 남기게 되어, 전체 환자의 약 20% 내외에서만 완전치유가 가능하다.

　뇌동맥류를 완치시키기 위해서는 뇌동맥류가 파열되기 전에 조기에 발견하여 수술가료를 시행해줌으로써 뇌동맥류 파열에 의한 뇌지주막하출혈을 예방해주는 것이 중요하다. 왜냐하면, 파열된 뇌동맥류 환자의 사망률은 40~50%에 이르는 데 비해 파열되지 않은 뇌동맥류의 수술 위험도는 약 5% 미만(사망률은 0%)이기 때문이다. 뇌동맥류의 치료결과에 영향을 미치는 요소들 중 가장 중요한 것은 내원 당시 환자의 의식상태이며, 내원 당시 환자의 의식이 명료한 경우에는 80~95의 환자들이 합병증 없이 완치되어 퇴원할 수 있다.

○ 뇌동맥류의 수술방법

　뇌동맥류를 뇌혈관순환에서 차단하여 재출혈을 방지하는 방법으로는 뇌동맥류 경부결찰술(Neck clipping)과 혈관 내 코일색전술(Coil embolization)이 있는데, 혈관 내 코일색전술이란 뇌혈관에 도관을 넣고 혈관촬영을 하면서 실시하는 것으로 뇌동맥류 속에 미세도관을 위치시켜 미세도관을 통해 백금코일(GDC)을 채워 치료하는 방법이며, 특히 다발성 뇌동맥류, 뇌혈관촬영에서 우연히 발견되는 비파열성 뇌동맥류에 시술하기 좋은 방법이다. 코일색전술의 합병증으로는 혈전 또는 색전증에 의한 뇌경색, 뇌혈관연축, 뇌동맥류 파열, 코일 탈출 및 이동, 뇌동맥류 재관류, 동맥벽 손상 등이 있고, 시술과 관련되어 발생하는 사망률은 2~8%인 바, 혈전성 뇌경색이란 혈관의 일정 부위에 병변 등으로 인하여 혈전이 생기고, 이로 인해 그 부위의 혈류가 차단되어 뇌경색이 생기는 현상으로서 심장이나 혈관 내에 발생한 혈전이 떨어져 나가 원위부의 혈관을 막는 색전증(embolism)과는 대비되는 의미이고, 뇌혈관연축(cerebral

---

7) 해당 내용은 판결문에 수록된 내용임.

vasospasm)이란 뇌혈관의 직경이 원인불명으로 감소하는 현상이다. 뇌동맥류 개두경부결찰술
이란 직접 머리를 열어 뇌동맥류를 확인하고 뇌동맥류와 뇌혈관이 붙어 있는 뇌동맥류의 경부
를 집게 모양으로 생긴 클립(clip)으로 집어서 막는 방법이지만, 머리를 직접 열고 수술하여야
하는 환자의 부담이 커서 최근에는 많이 실시되지 않고 있다.

제3장

진단 관련 판례

판례 5. 두부 혈종제거술 시행과정에서 흉추부 골절과 척수 경막 외농양을 발견하지 못해 강직성 운동 및 지각 불완전 마비 등을 겪게 된 사건_대법원 2010. 3. 25. 선고 2009다97536 판결

1. 사건의 개요

집 지붕에서 추락한 환자에 대해 두부 혈종제거술을 시행했음에도 흉추부 골절과 척수 경막외농양을 발견하지 못해 적절한 진단과 치료를 하지 못함으로써 양하지 강직성 운동 및 지각 불완전마비, 배뇨·배변 장애를 갖게 된 사건이다[대구지방법원 2008. 4. 22. 선고 2007가합1658 판결, 대구고등법원 2009. 11. 18. 선고 2008나4118 판결, 대법원 2010. 3. 25. 선고 2009다97536 판결]. 이 사건의 자세한 경과는 다음과 같다.

날짜	시간	사건 개요
2001. 9. 15.	11 : 30경	• 약 4m 높이의 집 지붕에서 추락하여 의식이 혼미한 상태에서 A대학교 B병원 응급실에 내원(환자 남자, 추정나이 38세) • 두부 CT촬영 시행 = 뇌좌상 및 우측 측두골 두정골 부위 선상골절, 우측 전두 측두 두정골 부위 지연된 급성 경막외혈종으로 진단
2001. 9. 16.	14 : 00경	• 환자에게 우측 전두 측두 두정골 부위 지연된 급성 경막외혈종에 대한 수술을 권유하였으나, 환자는 피고병원으로 전원할 것을 희망함

날짜	시간	사건 개요
2001. 9. 16.	16 : 50경	• "우측 전두 측두 두정골 부위 지연된 급성 경막외혈종으로서 수술이 필요하고, 근위약감 및 감각변화에는 특이소견이 없다"는 소견서를 작성하여 환자를 피고병원 응급실로 후송 • 당시 환자는 의식이 혼미한 상태에서 좌측 불완전편마비 및 우측 동공의 대광반사가 느린 증상을 보임
		• 피고병원 의료진은 환자에 대하여 우측 측두 두정골 급성 경막외혈종 및 두개골 골절, 뇌좌상으로 임상진단함
	17 : 00경	• 두부 CT촬영 시행 = 우측 급성 경막외혈종 확인
	18 : 00경	• 개두술 및 혈종제거술('두부 혈종제거술') 시행하였으나 흉추부 골절을 예상하여 이에 대한 진단을 하지는 않음
2001. 9. 16.		• 두부 혈종제거술 후 경험적인 항생제로 에포셀린(Epocelin)과 네틸마이신(Netilmicin)을 투약함
2001. 9. 17.		• 가래가 증가하는 등 폐렴증세를 보여 폐부종 및 폐렴을 의심하여 객담에 대한 세균배양 및 항생제 감수성검사('세균배양검사 등')를 실시 • 백혈구 수치 1,915개/ul
		• 두부 혈종제거술 후에도 계속 의식을 회복하지 못해 중환자실에서 치료받음 • 의식을 회복하지 못함
2001. 9. 19. 까지		• 계속 일어나고, 발로 베개를 차는 등 매우 신경질적인 반응(irritable)을 계속 보임
2001. 9. 20.		• 9. 17.에 시행한 폐부종 및 폐렴에 대한 세균배양검사 등 결과 = 아시네토박터균(Acinetobacter baumanni)이 검출되었고, 그에 감수성 있는 항생제는 이미페넴(Imipenem)과 세페핌(Cefepime)이라는 검사결과통보를 받음 • 백혈구 수치 1,750개/ul
		• 폐렴에 대한 경험적 항생제로서 크레오신(Cleocin)을 투약함
2001. 9. 20.		• 계속하여 신경질적인 반응을 보이면서 관찰을 할 수 없을 정도로 매우 설치고, 신음소리를 내면서 손으로 소변줄(Foley catheter)을 뽑아 버렸으며, 손에 닿는 것을 모두 뜯거나 던졌음
2001. 9. 21.		• 계속하여 신음하거나 중얼거리는 소리를 치면서 설침
2001. 9. 22.		• 매우 설치면서 베개를 던지는 등의 행위를 함 • 백혈구 수치 1,340개/ul로 정상치보다 다소 높음

날짜	시간	사건 개요
2001. 9. 23.		• 방사선 검사 시행 = 폐렴증세 많이 호전됨 • 의식이 조금 돌아왔지만 잠에서 깨면 매우 설침 • 백혈구 수치 1,914개/ul로 정상치의 2배 가까이 높아지기 시작함
2001. 9. 24.	18:00경~	• 체온 38.3℃로 증가하는 등 발열증세가 나타남
2001. 9. 25.		• 가래 양이 증가하는 등 발열 및 폐렴 증상을 보임 • 단순 흉부 방사선 촬영 시행 = 양측 흉부 상부에 폐렴소견이 보임
	07:32	• 백혈구 수치 2,268개/ul
	15:38	• 백혈구 수치 2,550개/ul
2001. 9. 26.		• 폐렴에 대한 감수성 있는 항생제로서 티에남(Tienam)을 추가로 투약함
2001. 9. 26.		• 간간이 대화가 가능할 정도로 회복이 되어 일반병실로 전실 • 전실 후 환자는 신음소리만 내는 정도로 회복된 상태이지만 구체적으로 어떤 부위가 아프다고 말할 수 있는 상태는 아니었고, 중환자실에서와 같이 기저귀를 착용함 • 발열 조절 및 흉부 간호를 지속적으로 함
	07:26	• 백혈구 수치 3,855개/ul로 정상수치의 3배 가까이 급상승함
2001. 9. 27	09:56	• 객담배양 검사 시행 = 정상 균주 발견 • 백혈구 수치 2,499개/ul
2001. 9. 24.~ 2001. 9. 27.		• 계속하여 많이 설치고 침대 옆 고정 칸을 발로 차고 계속하여 중얼거리면서 기저귀와 시트를 벗기거나 뜯으면서 신음함 • 발열증상 지속됨
2001. 9. 28.		• 거의 누워있지 못하고 계속 불안정한 반응을 보임 • 발열증상 지속됨
2001. 9. 29.	20:00경	• 발열과 하지 마비증상(G1 등급)을 보여 피고 병원 의료진은 뇌 부분의 출혈을 의심함
	21:00경	• 두부 CT 촬영 시행 = 뇌 부분 출혈은 보이지 않음
2001. 9. 29.		• 백혈구 수치 1,980개/ul
2001. 9. 30.	09:00~ 11:30	• 발열 및 하지 마비증상의 원인을 찾기 위해 경추, 요추, 흉추 단순방사선촬영, 흉추 CT촬영, 흉추 MRI촬영 시행

날짜	시간	사건 개요
2001. 9. 30.		= 제8-9흉추의 압박 골절 및 제9흉추 부위 경막외농양을 발견. 경막외농양으로 인하여 신경압박 및 하지 마비증상이 나타난 것으로 추정
	12 : 50경	• 응급으로 농양제거술 및 후궁절제술(1차 농양제거술) 시행 • 1차 농양제거술 시행 직전 항생제 크레오신(Cleocin) 대신 로세핀(Rocephin)을 교체 투약함
		• 1차 농양제거술을 시행한 직후 경막외농양에 대한 세균배양검사 등을 실시
		• 백혈구 수치 2,311개/ul
2001. 10. 1.		• 객담에 대한 세균 배양 및 항생제감수성 검사 시행
2001. 10. 2		• 백혈구 수치 2,101개/ul로 정상치보다 현저히 높게 나타남 (2001. 9. 23.~2001. 10. 2 백혈구 수치 정상수치보다 현저히 증가하는 염증 소견을 보임)
2001. 10. 5.		• 세균배양검사 시행 = 균주 없음 확인

2001. 10. 6.		• 10. 1.에 시행한 폐렴에 대한 객담 검사 결과
		  = 황색포도상구균(Staphylococcus areus) 발견됨
		  = 감수성있는 항생제는 반코마이신(Vancomycin)과 테이코플라닌(Teicoplanin)이라는 통보를 받았으나, 피고병원 의료진은 하지마비의 원인은 경막외농양이라는 이유로 투약하지 않음

2001. 10. 7.		• 1차 농양 제거술 후 배약량이 줄어들고 환자의 하지마비 증상이 G4등급까지 호전되자 수술부위에서 나오는 체액을 배출시키기 위해 삽입해두었던 헤모박을 제거하고 수술부위를 봉합함
2001. 10. 9.		• 9. 30.에 시행한 경막외농양에 대한 세균배양검사에서 표피포도상구균(S. epidermidis)이 검출되었고, 그에 감수성있는 항생제는 반코마이신(Vancomycin)과 테이코플라닌(Teicoplanin)이라는 통보를 받자 그날부터 위 세균에 대한 감수성있는 항생제인 반코마이신(Vancomycin)을 추가로 투약함
	17 : 40경	• 발열증상이 나타나기 시작함 • 흉추 CT촬영 시행 = 흉추에 약간의 농양이 발견됨. 수술 시행하기로 하고 환자로부터 수술동의서 받음
2001. 10. 10.		• 3차례에 걸쳐 경막외농양 부위에 대한 세균배양검사 등을 실시

날짜	시간	사건 개요
2001. 10. 11. 2001. 10. 19.		= 위와 동일한 표피포도상구균이 검출되어 (표피포도상구균이 아니라 황색포도상구균이 검출되었다는 통보를 10. 12, 10. 13, 10. 23.에 받음(항소심)) 그에 대한 감수성있는 항생제인 반코마이신(Vancomycin)을 계속 투약함
		• 1차 농양제거술 후 하지 마비증상이 G4 등급까지 호전됨
2001. 10. 10.	06 : 50경	• 하지마비 증상이 다시 G3으로 악화되면서 발열증상을 보이기 시작함 = 경막외농양이 재발하여 신경을 압박한다고 판단 • 응급으로 제8-9흉추 경막외농양 제거술(2차 농양 제거술) 시행하면서 반코마이신(Vancomycin) 계속 투약함
		• 2차 농양제거술 후 환자의 하지 마비증상이 G4 등급으로 호전됨
2001. 10. 15.		• 다시 G3 등급으로 악화됨
2001. 10. 16		• 다시 G4(우측)/G3+(좌측)으로 호전됨
2001. 10. 17. ~		• 다시 G3등급으로 악화된 후 유지됨
2001. 10. 19.	10 : 00경 (항소심 12 : 00 기재)	• 흉추 CT 촬영 시행 = 경막외농양이 약간 증가한 것을 발견함
	14 : 30경	• 응급으로 제8-9흉추 경막외농양 제거술(3차 농양제거술) 시행 • 환자는 3차례에 걸친 농양제거술 후에도 하지 마비증상이 크게 호전되지 않았고 배뇨장애가 발생하여 비뇨기과 및 재활의학과의 협진을 받음
2002. 4. 24.		• 퇴원
현재[1]		• 양하지 강직성 운동 및 지각 불완전 마비, 배뇨·배변장애 등의 후유증을 보임

---

1) 통상 제1심 판결전 촉탁감정시점을 말함.

2. 사건에 대한 법원의 판단요지

가. 흉추부에 골절이 있음을 예상하여 진단하였어야 함에도 하지 마비증상이 초래될 때까지 흉추 골절 사실을 발견하지 못한 과실 여부: 법원 불인정 (제1심)

(1) 원고 측 주장

환자가 약 4m 집 지붕에서 추락하여 외상을 입은 환자이므로 신체 일부 특히 흉추부에 골절이 있음을 예상하여 진단을 하였어야 함에도 불구하고 환자에게 하지 마비증상이 초래될 때까지 흉추 골절 사실을 발견하지 못한 잘못이 있다.

(2) 법원 판단(제1심)

환자가 약 4m 높이의 지붕에서 추락하였으므로 흉추 부위의 골절을 입을 수도 있는 상황이었지만 환자는 일단 A대학교 B병원에 내원하여 그곳에서 일차적으로 필요한 검사를 거쳐 우측 전두 측두 두정골 부위 지연된 급성 경막외혈종으로 진단받고 혈종제거술을 권유받았다가 환자가 희망하여 피고병원으로 전원해온 상태였다. 그리고 그 소견 하에 전원되어 온 환자를 피고병원이 진단한 결과도 응급으로 두부 혈종제거술이 필요한 상황이라는 A대학교 B병원의 진단결과와 일치하였고, 두부손상 외 달리 응급으로 교정되어야 할 타 부위 골절 등을 의심할 수 있는 임상증상은 나타나지 않아 그 상황에서 피고병원이 두부손상의 치료를 위하여 응급으로 혈종제거를 하고 환자의 상태를 지켜본 것은 온당한 처치였으며, 추락으로 인해 두부 외 타 부위에도 골절 등이 있을 경우까지 염려하여 두부 혈종제거술 이전이나 그 직후에 이에 대한 검사를 하지 않은 것이 잘못이라고는 보기 어렵다.

나. 두부 혈종제거술을 받은 후 상당기간 척수 경막외농양과 관련된 증상을 보였음에도 척수 경막외농양을 조기에 발견하지 못한 과실 여부: 법원 불인정(제1심)

(1) 원고 측 주장

환자가 두부 혈종제거술을 받은 후 상당기간 척수 경막외농양과 관련된 증상(발열, 통증, 배뇨장애 등)을 보였음에도 불구하고 척수 경막 외 농양을 조기에 발견하지 못한 잘못이 있다.

(2) 법원 판단

고열과 배뇨, 배변장애는 척추감염의 특징적인 증상은 아니고, 일반적인 폐렴에도 비특이적으로 고열증상이 나타나며, 배변장애는 마비에 의한 증상일 수도 있으나 수술로 취식이 불가능하거나 보행이 되지않는 경우에도 일반적으로 많이 생겨 환자가 2001. 9. 25.부터 발열증상을 보이고, 지속적으로 기저귀를 착용하였다는 점만으로는 피고병원 의료진이 환자에게 척수 경막외농양이 발생하였다는 사정을 의심할 수 있었다고 보기는 어렵다. 또한 2001. 9. 26. 간간이 대화가 가능할 정도로 회복이 되어 일반병실로 전실하였는데, 그 후에도 신음소리만 내는 정도로 회복된 상태였지 구체적으로 어떤 부위가 아프다고 말할 수 있는 상태는 아니었고 국소척추통증(배부통), 방사통은 호소하지 못했던 사실 등을 보아, 달리 환자에게 척수 경막외농양이 발생하였다고 의심할만한 사정이 있었음을 인정할 증거가 없으며, 오히려 발열이나 기저귀 착용과 같은 증상들은 환자에 대한 두부 혈종제거술에 수반되는 일반적인 증상으로 볼 여지가 많아 환자들의 주장은 인정되지 않는다.

다. 두부 혈종제거술 및 제1차 농양제거술 시행 후 부적절한 항생제를 투약하는 등 감염관리를 제대로 하지 않아 손해를 확대시킨 과실 여부: 법원 불인정(제1심)

(1) 원고 측 주장

의료진이 두부 혈종제거술 및 1차 농양제거술 시행 후 부적절한 항생제를 투약하는 등 감염관리를 제대로 하지 않은 잘못이 있다.

(2) 법원 판단

- 폐렴의 원인균은 아시네토박터균(Acinetobacter baumanni)으로, 이 사건에서 문제가 되고 있는 척수 경막외농양의 원인균으로 밝혀진 표피포도상구균과는 다른 균이며, 표피포도상구균에 대하여 감수성있는 것으로 밝혀진 항생제 역시 다른 항생제이다. 그러므로 위 폐렴 원인균에 대한 감수성있는 항생제가 즉각 투약되었다고 하더라도 이는 척수 경막외농양의 원인균에 대해서는 효과가 있을 수 없다. 그리고 위 폐렴의 치료지연이 척수 경막외농양의 치료지연이나 확대와 관련이 있다고 볼 자료

도 없어 피고병원의 폐렴 치료와 관련된 항생제 투약에 있어서의 잘못과 환자의 척수 경막외농양 사이에는 인과관계가 없다.

- 피고병원 의료진은 두부 혈종제거술 후 환자에게 경험적인 항생제로 에포셀린(Epocelin)과 네틸마이신(Netilmicin)을 투약해 오다가 크레오신(Cleocin)을 추가로 투약하였으며, 1차 농양제거술 시행 직전에는 크레오신(Cleocin) 대신 로세핀(Rocephin)을 교체 투약하였고 1차 농양제거술 시행 직후 경막외농양에 대한 세균배양검사 등을 실시한 결과, 표피포도상구균이 검출되었고 그에 감수성있는 항생제인 반코마이신(Vancomycin)과 테이코플라민(Teicoplanin)을 추가로 투약해왔다.

- 그 후에도 피고병원 의료진은 2001. 10. 10.부터 19.까지 3차례에 걸쳐 농양부위에 대한 세균배양검사 등을 실시하였고, 그 결과 위와 동일한 표피포도상구균이 검출되자 그에 대한 감수성있는 항생제인 반코마이신(Vancomycin)을 계속 투약해 왔다. 이 과정에서 피고병원 의료진이 뇨, 혈액, 객담, 상처부위 등에 대해 시행한 세균배양검사는 시기 및 회수에 있어서 임상의학적으로 적정한 것이었고, 항생제 투약에 있어서도 특별히 잘못된 것이라고 볼만한 것은 없어 피고병원 의료진이 수술 후 부적절한 항생제를 투약하는 등 감염관리를 제대로 하지 않아 환자에게 손해를 확대시켰다는 환자 측의 이 부분 주장은 이유 없다.

라. 흉추골절 진단 과실로 인한 경막외농양 진단을 지연한 과실 여부: 법원 인정(항소심)

(1) 법원 판단

피고병원 의료진으로서는 약 4m 높이의 지붕에서 떨어진 환자가 2001. 9. 17. 이후 두부 혈종 제거술 후 의식을 회복하지 못하여 의사표현을 전혀 할 수 없던 상태에서도 흉추골절로 인한 극심한 고통을 호소하는 등 여러 가지 표현을 하였고 두부 혈종제거술이 성공적으로 수행되었음에도 백혈구 수치가 정상치의 4배 이상 급상승하는 등 염증소견을 보였기에 초기에 진단한 두부의 상해 이외에 다른 부분의 골절이 있을 수도 있다는 점을 염두에 두고 염증의 원인이나 극심한 고통을 호소하는 원인을 밝혀내려는 노력을 했어야 했다. 하지만, 피고병원 의료진은 그러한 통증 호소나 백혈구 수치의 상승 증세를 보인 이후 7일 내지 10일이 경과한 후에야 흉추 CT

촬영 등을 하여 환자의 흉추 골절을 뒤늦게 진단한 과실이 있고 이로 인해 흉추 골절 부위에 발병한 경막외농양을 뒤늦게 발견하여 이에 대한 수술도 늦게 시행되는 바람에 환자의 경막외농양으로 인한 피해가 확대된 과실이 있다.

마. 헤모박 제거 및 수술 부위 봉합 과실 여부: 법원 불인정(항소심)

(1) 원고 측 주장

1차 농양제거술 후 5일째인 2001. 10. 5. 시행한 세균배양검사의 결과 균주가 없음을 완전히 확인한 다음 헤모박을 제거하고 수술부위를 봉합하여야 하는데도 불구하고, 세균배양검사를 확인하지 않은 채 헤모박을 제거하고 수술부위를 봉합한 과실이 있다.

(2) 법원 판단

피고의 세균배양검사 후 균주가 없음을 확인한 후 헤모박을 제거해야 하는 주의 의무가 있음을 인정할 증거가 없고, 헤모박의 제거를 결정하는 것은 환자의 상태와 헤모박을 통한 배액양을 감안하여 주치의가 결정하는 주치의의 고유 판단권한인데 환자는 농양제거술 후 배액양이 줄어들고 하지마비 증상이 G4등급까지 호전되었기 때문에 피고병원 의료진이 헤모박을 제거한 행위는 적절한 행동이었다고 보아 환자의 주장은 이유 없다.

바. 2차 및 3차 농양제거술을 지연한 과실 여부: 법원 불인정(항소심)

(1) 원고 측 주장

이미 2001. 10. 9. 환자의 발열증세로 수술동의서까지 받고도 아무런 검사나 처치를 하지 않은 채 2001. 10. 10 06:50에야 2차 농양제거술을 시행한 과실이 있음은 물론 3차 농양제거술도 뒤늦게 시행한 과실이 있다.

(2) 법원 판단

- 수술시기의 선택은 전문가인 피고병원 의료진의 재량판단에 의하여 결정하는 것이므로 수술동의서를 받은 후 즉시 수술을 하지 않았다는 사정만으로는 의료과실이 있다고 보기 어렵고, 달리 2차 및 3차 농양제거술을 지연한 과실을 입증할만한 아

무런 증거가 없어 환자의 주장은 인정하지 않는다.

사. 아시네토박터균에 대한 항생제인 이미페넴(Imipenem)과 세페핌(Cefepime)을 투약하지 않은 과실 여부: 법원 불인정(항소심)

(1) 원고 측 주장

2001. 9. 17. 폐부종 및 폐렴을 의심하여 객담에 대한 세균배양검사 등을 실시한 결과 2001. 9. 20. 아시네토박터균이 검출되었고 그에 감수성있는 항생제는 이미페넴(Imipenem)과 세페핌(Cefepime)이라는 통보를 받았음에도 이를 투약하지 않은 과실이 있다.

(2) 법원 판단

피고병원 의료진이 아시네토박터균에 대하여 감수성이 있는 항생제를 사용하지 않았으나, 다른 항생제의 사용으로 아시네토박터균이 사라져 2001. 9. 27. 객담배양검사 결과 정상균주가 발견되어 이에 대한 치료행위에 어떠한 잘못이 있다고 보기 어렵고, 그렇지 않더라도 아시네토박터균은 환자의 하반신마비의 원인이 된 척수 경막외농양의 원인균으로 밝혀진 표피포도상구균이나 황색포도상구균과는 다른 균이며 이에 감수성이 있는 항생제 또한 다른 항생제이기 때문에 아시네토박터균에 대한 감수성있는 항생제가 즉각 투약되었다고 하더라도 척수 경막외농양의 원인균에 대해서는 아무 효과도 기대할 수 없어 이는 척수 경막외농양으로 입게 된 피해 사이에는 인과관계가 없다.

아. 2001. 10. 6.경 객담 세균배양검사 결과에 따른 감수성있는 항생제인 반코마이신(Vancomycin)을 2001. 10. 9.에야 투약한 과실 여부: 법원 불인정(항소심)

(1) 원고 측 주장

1차 농양제거술 시행 후 2001. 10. 1 시행한 객담 세균배양검사 결과가 2001. 10. 6. 보고되었고, 그 원인균이 그 당시 투여 중이던 네틸마이신(Netilmicin), 로세핀(Rocephin), 티에남(Tienam)에 내성이 있는 황색포도상구균으로 밝혀졌음에도 그에 대한 감수성이 있는 반코마이신(Vancomycin)을 2001. 10. 9.에야 투약하는 등 감염관리를 제대로 하지 않아 손해를 확대시킨 잘못이 있다.

(2) 법원 판단

2001. 10. 6. 의 검사결과는 폐렴증상의 경과를 확인하기 위하여 2001. 10. 1. 에 실시한 객담검사 결과로 이 사건 후유증과는 관련이 없는 검사의 결과였고, 2001. 9. 30.에 경막외농양에 대한 세균배양검사를 이미 실시하여 그 검사결과가 2001. 10. 9.에 원인균으로 표피포도상구균이 검출되었고 이에 감수성있는 항생제인 반코마이신(Vancomycin)을 통보받은 날부터 즉시 투약하였다.

또한 반코마이신(Vancomycin)은 남용할 경우 특이성이 없어져서 더 이상 병원 감염균에 대한 방어를 할 수 없게 되므로 이에 내성이 생기지 않도록 사용을 엄격히 규제하고 있는 점 등을 보아 피고병원 의료진의 행위에 임상의학상 어떠한 잘못이 있다고 보기 어렵다. 그렇지 않더라도 2001. 10. 6. 객담에서 발견된 황색포도상구균과 후유증의 원인이 된 경막외농양에서 2001. 10. 9. 발견된 표피포도상구균은 서로 다른 균일 뿐만 아니라, 경막외농양에서 표피포도상구균이 발견된 이후로는 피고병원 의료진이 적절하게 반코마이신(Vancomycin)을 계속 투약하여 적절한 치료를 하였으므로 2001. 10. 6. 반코마이신(Vancomycin)을 투약하지 않은 과실과 이 사건 후유증 사이에는 아무런 인과관계가 없다.

3. 손해배상범위 및 책임제한: 제1심 기각 → 항소심 30% 제한

가. 의료진의 손해배상책임 범위: 제1심 기각 → 항소심 30% 제한

나. 제한 이유

(1) 이 사건 후유증의 원인이 된 척수 경막외농양은 매우 드문 질환으로서 이로 인한 유병률과 사망률이 높고 그 진단이 어려운 점, 피고병원 의료진은 환자의 뇌수술 및 그에 따른 후속조치를 취하느라 흉추골절의 진단에 다소 소홀할 수밖에 없었던 점

(2) 피고병원 의료진이 2차례에 걸쳐서 경막외농양 제거술을 성공적으로 이행하였음에도 경막외농양이 재발한 점

(3) 병원감염의 주된 원인균인 황색포도상구균에 가장 효과있는 강력한 항생제인 반코마이신을 투약하였음에도 박멸되지 않아 경막외농양이 재발하여 3차 경막외농양 제거술까지 하게 된 점

다. 손해배상책임의 범위

○ 제1심

(1) 청구금액: 221,603,934원

○ 항소심

(1) 청구금액: 110,000,000원

(2) 인용금액: 67,094,688원

　　(가) 경제적 손해: 총 55,094,688원

　　　　= 일실수입: 50,163,697원(167,212,322원의 30%)

　　　　= 기왕치료비: 5,930,992원(16,436,640원의 30%)

　　(나) 위자료: 12,000,000원

4. 사건원인분석

이 사건은 추락하여 내원한 환자에게 개두술 및 혈종제거술을 시행하였는데, 흉추골절 진단을 뒤늦게 하였고 이로 인해 흉추골절 부위에 발병한 경막외농양을 뒤늦게 발견하여 후유증이 발생한 사건이다. 이 사건과 관련된 문제점 및 원인을 분석해 본 결과는 다음과 같다.

첫째, 환자는 추락사고로 내원을 하였고, 개두술 및 혈종제거술 만을 시행하였다. 이후 통증, 발열, 배뇨장애, 염증소견 등을 보였음에도 원인을 찾으려는 노력을 하지 않아 흉추골절 사실을 발견하지 못한 진단상의 과실이 있다. 다만 이 사건에서 환자가 보인 신경질적인 반응은 의식이 혼미한 환자들의 증상과 같아 통증을 호소하고 있는 것으로 구분하기 어렵고 마비가 있어야 척추손상으로 신경에 문제가 생겼다는 것을 발견하기 용이하였을 것이다. 따라서 만일 농양이 없었다면 척추손상을 발견하기 어려웠을 것으로 보여 제1심의 판단이 적절한 것 같다는 자문의견이 있었다.

둘째, 감염에 대한 관리를 적절하게 시행하지 않은 부분이다. 법원에서는 감염 관리에 대한 의료진의 과실을 인정하지 않았지만 검사 시행 후 검사결과통보를 받을 당시 적합한 항생제를 함께 통보받았는데, 통보받은 항생제를 투약하지 않은 것도 환자의 상태를 악화시키는 데 영향을 미쳤다고 생각된다. 또한 검사결과와 함께 제시되는 항생제를 적절하게 사용하여야 함에도 검사결과의 활용 및 관리가 미흡하였다고 생각된다.

셋째, 의료진이 수술 후 환자에게 나타난 증상들을 수술 후 수반되는 일반적인 증상으로 여기고 주의를 기울이지 않은 것은 아닌가라는 추측을 하였다. 환자가 지속적으로 신경질적인 반응과 계속하여 신음하고 베개를 던지는 등 불안정한 상태를 보였으므로, 이러한 증상을 예민하게 받아들여 원인을 밝히려는 노력이 있었어야 할 것인데 현재 기재되어 있는 사항으로는 그러한 노력이 보였다고 생각되지 않는다 (〈표 5〉 참조).

〈표 5〉 두부 혈종제거술 시행과정에서 흉추부 골절과 척수 경막 외농양을 발견하지 못해 강직성 운동 및 지각 불완전 마비 등이 발생한 사건 – 원인분석

분석의 수준	질문	조사결과
왜 일어났는가? (사건이 일어났을 때의 과정 또는 활동)	전체 과정에서 그 단계는 무엇인가?	– 수술 후 환자 관리 단계
가장 근접한 요인은 무엇이었는가? (인적 요인, 시스템 요인)	어떤 인적 요인이 결과에 관련 있는가?	• 환자 측 – 통증 호소가 명확하지 않음 • 의료인 측 – 수술 후 환자 관리 미흡(수술 후 환자의 증상 호소에도 적절한 조치 미시행)
	시스템은 어떻게 결과에 영향을 끼쳤는가?	• 의료기관 내 – 검사 결과의 활용 여부 현황 파악 미흡(항생제 감수성 검사결과의 적절한 활용 여부 파악, 개선 미흡) • 법·제도 – 추락환자 관련 치료 가이드라인 부재

5. 재발방지대책

원인별 재발방지대책은 〈그림 5〉와 같으며, 각 주체별 재발방지대책은 아래와 같다.

〈그림 5〉 두부 혈종제거술 시행과정에서 흉추부 골절과 척수 경막 외농양을 발견하지 못해 강직성 운동 및 지각 불완전 마비 등이 발생한 사건 – 원인별 재발방지대책

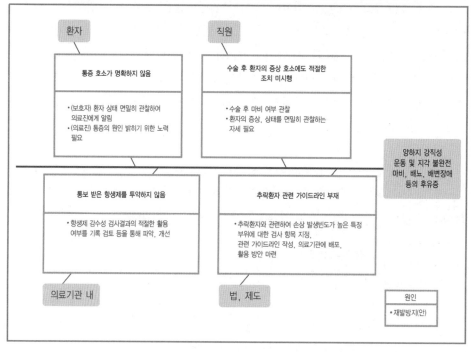

(1) 의료인의 행위에 대한 검토사항

환자의 의식상태가 좋지 않아 통증 호소가 명확하지 않을 경우, 환자와 보호자는 환자의 증상과 상태를 면밀히 관찰하여 통증 호소, 마비 여부 등을 의료인에게 바로 알려야 한다. 의료인은 이와 관련된 내용을 환자와 보호자에게 충분히 설명하여야 하고, 환자가 호소하는 통증의 원인을 밝히기 위하여 노력하여야 한다. 수술 후 환자의 마비 여부를 면밀히 관찰하고 비특이적 증상이 있다면 이에 대한 검사를 조기에 시행하여 원인을 밝혀야 한다.

(2) 의료기관의 운영체제에 관한 검토사항

항생제 감수성 검사결과를 의료진들이 적절하게 활용하고 있는지에 대한 검토가 필요하다. 그리고 항생제를 교체하여야 했거나 적절한 항생제를 사용하지 않은 경우 등에 관하여 의무기록의 검토 등을 통하여 확인하여야 한다.

(3) 학회·직능단체 차원의 검토사항

추락환자에 대한 가이드라인을 마련해야 한다. 응급으로 처치해야 할 시술과 시행하여야 할 검사 등의 내용을 담아 가이드라인을 작성하고 이를 의료기관에 배포하여 활용할 수 있도록 한다.

┃ 참고자료 ┃ 사건과 관련된 의학적 소견[2]

○ 척수 경막외농양

척수 경막외농양은 척수 경막 외 공간에 생기는 화농성 감염으로서 신경마비를 피하기 위한 응급수술이 요구되는 질환이다. 매우 드문 질환인 척수 경막외농양은 현대의학의 발전에도 불구하고 이로 인한 유병률과 사망률이 높고 그 진단이 어려운 바, 최초에 정확히 진단되는 비율은 11%이다.

－ 척수 경막외농양의 가장 일반적인 위험인자는 당뇨병, 외상, 약물중독, 알콜중독이고, 가장 흔한 감염원은 피부종양이나 구진이며, 일반적인 증상은 국소척추통증(89%), 마비(80%), 발열(67%), 방사통(57%) 등이다.

－ 원인균으로는 혈행성인 경우에는 포도상구균이 가장 흔하며, 그 외의 균주로는 연쇄상구균, 그람음성균, 녹농균, 대장균 등이 있다.

－ 척수 경막외농양으로 진단이 되면 바로 치료를 시작해야 하는데, 먼저 적절한 항생제를 투여하여야 하고, 균주를 모를 때에는 가장 많은 원인이 포도상구균에 의한 감염이므로 이에 대응되는 항생제를 먼저 시작한 후 나중에 균주배양 결과에 따라 적절한 항생제로 바꾸어야 하며, 항생제를 사용하는데도 경막외농양이 진행되는 경우에는 기존 항생제의 효과가 없음을 의미하므로 항생제를 교체하여야 한다.

○ 반코마이신(Vancomycin)

반코마이신은 병원감염균에 대한 특이한 치료효과가 있는 약제이지만 남용을 하면 반코마이신의 특이성이 없어져서 더 이상 병원감염균에 대한 방어를 할 수가 없게 되므로 이에 대한 내성이 생기는 것을 막기 위하여 그 사용을 엄격히 규제하고 있으며, 건강보험에서도 병원균이 반코마이신에 반응한다는 세균배양 결과가 나와야 반코마이신을 사용하도록 지침을 설정하고 있다.

○ 헤모박 제거

헤모박은 수술 후 고여 있거나 새로 나오는 혈액을 포함한 삼출액을 체외로 배액하기 위하여 가는 관에 연결된 수집관을 말하고, 수술부 삼출액이 현저히 줄면 헤모박을 통한 외부로부

---

2) 해당 내용은 판결문에 수록된 내용임.

터의 2차 감염을 방지하기 위하여 헤모박을 제거한다. 배액양이 줄어들면 수술 후 5~7일 안에 헤모박을 제거하는 것이 원칙이고, 헤모박을 통한 삼출양이 상당히 많은 경우 헤모박을 제거하면 삼출액이 배액되지 않아 염증이 악화될 가능성이 있으며, 헤모박을 오래 유지하면 관을 통하여 외부로부터 새로운 균이 수술부위로 들어가 2차 감염이 될 수 있다. 헤모박의 제거시기는 환자의 상태와 헤모박을 통한 배액양을 고려하여 주치의가 적절히 재량껏 판단하면 되는 사항이다.

판례 6. 뇌경색증으로 진단, 치료 중 뇌종양 소견이 있음에도 뇌경색증 치료를 계속받던 중 뇌종양 확산 진단으로 사망한 사건_광주 고등법원 2009. 4. 24. 선고 2008나2895 판결

1. 사건의 개요

뇌경색증으로 진단받은 후 치료를 받던 환자가 2년 후 뇌경색증으로 재진단되어 기존의 치료를 계속 받았고, 약 2년 후 조직검사에서 이미 확산된 뇌종양으로 진단되어 치료를 받다가 사망한 사건이다[전주지방법원 2008. 8. 28. 선고 2008가합2455 판결, 광주고등법원 2009. 4. 24. 선고 2008나2895 판결]. 이 사건의 자세한 경과는 다음과 같다.

날짜	사건 개요
2003. 9. 2.	• 피고병원에서 MRI 검사 등 시행 = 피고병원의 신경외과 교수인 A가 경색증으로 진단(환자 60세 이상, 여자)
	• 뇌경색증에 대한 약물치료 시행
2005. 7. 5.	• 피고병원에서 MRI 검사 재시행 = 뇌경색증으로 재진단
	• 뇌경색증에 대한 치료를 계속 받았으나 상태 악화됨
2007. 4. 20.	• MRI 검사 시행 = 이전 MRI 검사 결과에 비해 뇌종양이 파급됨
2007. 5. 3.	• 조직검사 시행 = 병명이 뒤통수엽의 악성신생물, 대뇌신경교종증 등의 뇌종양으로 밝혀짐(뇌종양이 뇌 전역에 퍼져 있어 수술을 할 수 없는 상황임)
2007. 5. 21.	• 퇴원
2007. 5. 27.	• 타병원에 입원. 감마나이프치료 시행
이후	• 타 요양병원에서 입원치료 받음
2008. 6. 8.	• 뇌종양으로 사망

2. 사건에 대한 법원의 판단요지

가. 뇌종양에 대한 오진과 치료지연의 과실 유무: 법원 인정(제1심, 항소심)

(1) 원고 측 주장

A가 망인의 병명을 잘못 진단하여 적절한 시기에 뇌종양에 대한 치료를 받지 못해 결국 사망에 이르렀다(제1심).

(2) 의료진 측 주장

2003. 9. 2.과 2005. 7. 5.에 시행한 MRI 결과만으로는 뇌종양을 진단하기 어려웠고, 당시 망인은 뇌경색증의 증상을 병행하고 있었으므로 병명을 뇌경색증으로 진단한 것에 A의 과실이 있다고 보기 어려우며, 환자의 뇌종양은 신경교종의 성상세포종에 해당하여 완치가 어려운 질병이므로 A의 오진과 그로 인한 치료지연이 사망의 주된 원인이 아니다(제1심).

(3) 법원 판단

○ 제1심

① 2003. 9. 2. MRI 상에는 우측 후두와부위에 뇌종양으로 의심되는 부위가 관찰되어 일차적으로 뇌경색증으로 진단하였더라도 뇌종양의 가능성도 의심해야 하는 상황이었으므로 적어도 6개월 후의 추적검사를 시행하였어야 함에도, A는 망인의 질병을 뇌경색증으로 확신하고 뇌경색증에 따른 약물치료만 계속하여 온 점, ② 당시 뇌종양으로 진단하고 적절한 치료를 하였다면 완치의 가능성도 있었던 것으로 보이는 점, ③ 2005. 7. 5.과 2007. 4. 20.의 각 MRI 상에는 이전 MRI에 비해 뇌종양이 파급되었음에도 다시 뇌경색증으로 진단하고 뇌경색증에 대한 약물치료만을 해 온 점(환자의 뇌종양이 치료방법이 거의 없는 악성 성상세포종에 해당한다는 것에 대한 증거가 없음), ④ 2003. 9. 2. 처음 MRI를 촬영할 당시의 의학적 수준에 비추어 보면 A가 의사로서 필요한 주의의무를 다하여 MRI결과를 판독하였다면 충분히 뇌종양의 가능성을 인지할 수 있었을 것으로 보이는 점 등을 고려하여 환자의 주장을 인정한다.

○ 항소심

제1심의 판단에 추가하여 진료기록감정 및 신체감정촉탁결과에 의하면 '2003. 9. 2. 및 2005. 7. 5. 촬영한 MRI 사진에서 우측 후두와부위에 악성신생물(뇌종양)로 의심되는 부위가 관찰된다 하여 2003년 및 2005년 각 진단 당시 MRI 촬영사진 상 뇌종양 소견을 충분히 발견할 수 있었음에도 오진을 하여 적절한 시기에 뇌종양 치료를 받을 기회를 박탈하였음을 인정한다.

3. 손해배상범위 및 책임제한

가. 의료진의 손해배상책임 범위: 제1심, 항소심 80% 제한

나. 제한 이유

환자의 뇌종양이 어떤 종류인지에 대해 밝혀진 바가 없고, 뇌종양의 종류에 따라서는 치료가 불가능한 점을 고려하면, 의료진이 제때에 뇌종양으로 진단하고 그에 대한 처치를 하였더라도 망인이 사망에 이르지는 않았거나 또는 그보다는 더 오래 생존하였으리라고 단정하기는 어려워 의료진들의 책임을 80%로 제한한다.

다. 손해배상책임의 범위

○ 제1심
(1) 청구금액: 143,820,618원
(2) 인용금액: 74,242,824원
   (가) 경제적 손해
      ① 개호비: 18,791,992원(23,489,991원×80%)
      ② 기왕치료비: 3,050,832원(3,813,541원×80%)
   (나) 장례비: 2,400,000원
   (다) 위자료: 50,000,000원

○ 항소심
(1) 청구금액: 143,820,618원

(2) 인용금액: 72,311,870원

    (가) 경제적 손해

        ① 개호비: 16,861,037원(21,076,297원×80%)

        ② 기왕치료비: 3,050,832원(3,813,541원×80%)

    (나) 장례비: 2,400,000원

    (다) 위자료: 50,000,000원

4. 사건원인분석

MRI 검사 결과 뇌경색증으로 진단받은 환자가 뇌경색증에 대한 약물치료를 받아오던 중 뇌경색증으로 진단받은 지 약 2년 후에 MRI를 다시 시행한 결과 뇌종양이 파급된 소견을 보였음에도 의료진은 뇌경색증으로 재진단하여 뇌경색증에 대한 치료를 계속하여 상태가 악화되었다. 약 2년 후 조직검사 시행 결과 뒤통수엽의 악성 신생물, 대뇌신경교종증 등의 뇌종양으로 밝혀졌고 이미 뇌 전역에 퍼져 있어 수술을 할 수 없는 상황이었고 퇴원하여 타병원에서 치료받았으나 사망하였다.

〈표 6〉 뇌경색증으로 진단, 치료 중 뇌종양 소견이 있음에도 뇌경색증 치료를 계속받던 중
뇌종양 확산 진단으로 사망한 사건 – 원인분석

분석의 수준	질문	조사결과
왜 일어났는가? (사건이 일어났을 때의 과정 또는 활동)	전체 과정에서 그 단계는 무엇인가?	– 진단 과정 – 검사 시행 단계
가장 근접한 요인은 무엇이었는가? (인적 요인, 시스템 요인)	어떤 인적 요인이 결과에 관련 있는가?	• 의료인 측 – 오진(뇌종양이 파급된 소견에도 뇌경색증으로 진단) – 추적 검사 미시행 – 의료인의 숙련도 부족
	시스템은 어떻게 결과에 영향을 끼쳤는가?	• 의료기관 내 – 의료인의 질병 감별에 대한 교육 미흡

이 사건과 관련된 문제점 및 원인을 분석해본 결과는 다음과 같다.

2003. 9. 2.에 뇌경색증으로 진단받아 2005. 7. 5.까지 약 2년 동안 약물치료를 시행하였음에도 증상이 호전되지 않았다면 그 원인을 밝혀내기 위한 추가검사를 시행하였어야 함에도 이를 시행하지 않았고 뇌경색증으로 확신하여 뇌경색증에 대한 약물치료만을 시행하여 상태가 악화되고 나서야 뇌종양임을 확인한 것으로 판단된다. 뇌종양을 진단하기 위해서는 반드시 영상의학과 판독의의 소견을 참고하여야 하고, 3~6개월 이내에 MRI 재촬영을 시행해야 하며 늦어도 6개월 내에 촬영해야 함에도, MRI 판독 시 영상의학과 판독의의 소견을 참고하지 않았고 처음부터 의사가 뇌종양에 대해 의심하지 않아 MRI 재촬영을 늦게 시행한 것이 원인으로 생각된다는 자문의견이 있다. 또한 질병의 특징에 대한 지식과 감별진단 요령의 숙지가 필요하다는 의견이 있었다.

사건에 대해 뇌종양의 병리조직학적 특성으로 보아 완치는 어려웠으리라 보이나, 진단이 지나치게 늦어짐으로써 적절한 치료를 해 볼 기회를 잃은 것으로 생각된다는 자문의견과 초기에 뇌종양을 발견하여 치료하였다면 낮은 등급의 종양일 수도 있어 기대여명이 높아지거나 완치가능성도 있었을 것으로 보인다는 자문의견이 있다 (〈표 6〉 참조).

5. 재발방지대책

원인별 재발방지대책은 〈그림 6〉과 같으며, 각 주체별 재발방지대책은 아래와 같다.

〈그림 6〉 뇌경색증으로 진단, 치료 중 뇌종양 소견이 있음에도 뇌경색증 치료를 계속받던 중 뇌종양 확산 진단으로 사망한 사건 – 원인별 재발방지대책

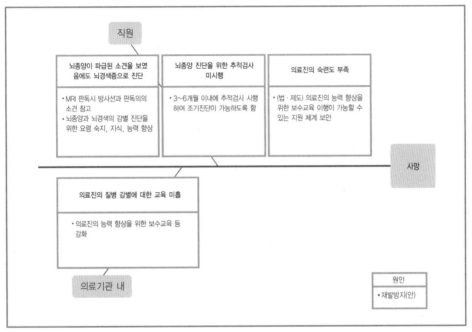

(1) 의료인의 행위에 대한 검토사항

의료인은 MRI를 판독할 때 반드시 방사선과 판독의의 소견을 참고하여야 하며 뇌종양과 뇌경색증의 감별진단을 위해 지식과 능력을 향상시켜야 한다. 또한 3~6개월 이내에 추적검사를 실시하여 뇌종양의 조기진단이 가능하도록 한다.

(2) 의료기관의 운영체제에 관한 검토사항

의료인의 능력을 향상시키기 위하여 보수교육을 강화해야 한다.

(3) 국가·지방자치단체 차원의 검토사항

의료진의 진료능력 향상을 위한 보수교육 이행이 가능할 수 있도록 지원체계를 보완해야 한다.

판례 7. 척수종양제거수술 시행 후 아스피린 잔존효과로 인해 경막외 혈종이 발생하여 양하지마비 등의 영구장애를 입게 된 사건_ 서울고등법원 2010. 1. 12. 선고 2009나8378 판결

1. 사건의 개요

8년간 아스피린을 복용한 환자에게 응급상황이 아님에도 불구하고 복용중단 4일째에 척수종양제거수술을 시행하였다. 이후 경막외혈종이 발생하여 양하지마비 등의 영구장애를 입게 된 사건이다[서울서부지방법원 2008. 12. 3. 선고 2006가합11593 판결, 서울고등법원 2010. 1. 12. 선고 2009나8378 판결]. 이 사건의 자세한 경과는 다음과 같다.

날짜	시간	사건 개요
2005. 3. 10.		• 우측 옆구리 부분의 동통을 느껴 피고병원에서 진료받기 시작함(환자: 1956년생으로 추정, 사고 당시 만 49세, 남자)
2005. 5월경		• 흉수부 MRI 촬영 = 제10 흉추부위에서 척수 경막 내 청구 외 부분에 우측으로 약 1cm 정도의 양성종양 발견
2005. 5. 23.		• 의료진은 종양이 척수를 압박하고 있다고 진단 = 환자에게 척수종양제거수술을 권유하면서 20일 정도 후면 정상적인 일상생활을 할 수 있다고 설명함 = 환자는 의료진에게 1997년경부터 혈압약과 함께 8년째 아스피린을 복용해온 사실을 설명하면서 처방전을 제시하였고, 이에 의료진은 그날부터 아스피린의 복용을 중단하라고 지시함
2005. 5. 25.		• 입원 = PT(프로트롬빈시간) 검사, aPTT(부분프로트롬빈시간) 검사 시행(정상범위) = PT 11.5초(정상 10.5~13.5초), aPTT 31.2초(정상 25.3~39.5초)
2005. 5. 27.		• 제9, 10번 흉추 후궁절제술 및 제10번 흉추 척수종양 제거 수술 = PT(프로트림빈시간) 검사, aPTT(부분프로트롬빈시간) 검사 시행(정상범위)

날짜	시간	사건 개요
2005. 5. 27.		= PT 13초(정상 10.5~13.5초), aPTT 29.3초(정상 25.3~39.5초) = 척수종양 완전히 제거
	18 : 00경	• 환자에게 제10 흉수 신경절 이하의 양하지 마비증상 발생 = 경막외혈종으로 인한 마비라고 판단
	20 : 50경	• 혈종제거를 위한 2차 수술 시행
	2차 수술 후	• 하지마비 증상이 회복되었으나, 다시 1시간 후에 하지마비 됨 = 의료진은 수술부위에 혈액이 고여 경막외혈종이 생긴 것으로 판단 = 혈액 자체의 지혈능력 증강시키기 위해 신선냉동혈장 10파인트 수혈
2005. 5. 28.	03 : 00	• 혈종 제거를 위한 3차 수술 = PT(프로트림빈시간) 검사, aPTT(부분프로트롬빈시간) 검사 시행(정상범위)
2005. 6. 1.		• PT(프로트림빈시간) 검사, aPTT(부분프로트롬빈시간) 검사 시행(정상범위)
2005. 6. 9.		• 수술부위의 봉합사를 일부 제거하는 과정에서 수술부위에서 맑은 물이 약간 흘러나오자 수술부위에 혈장종이 생긴 것으로 판단
2005. 6. 10.		• 혈장종 제거를 위한 4차 수술 = 환자의 양하지마비 증상은 호전되지 않았음
2005. 10. 13.		• 장애 1급 판정 = 앞으로도 독립적인 기립 및 보행 불가능하여 휠체어에 의존해야 하고, 일상생활 동작을 위해 여생동안 개호가 필요함
현재3)		• 제10 흉수 신경절 이하 양하지 운동능력 및 감각마비, 배변·배뇨 장애와 신경인성 발기부전 상태의 영구장애의 후유증

---

3) 통상 제1심 판결전 촉탁감정시점을 말함.

2. 사건에 대한 법원의 판단요지

가. 아스피린 복용 중단일로부터 4일째 되는 날에 수술을 시행한 과실: 법원 인정(제1심)

(1) 원고 측 주장

환자는 아스피린을 장기 복용해왔으므로, ① 수술 전에 단순히 PT, aPTT 검사뿐 아니라 혈소판의 기능 저하 혹은 지혈상의 문제를 알아보기 위한 혈소판 응집검사나 출혈시간 검사 등을 실시해 아스피린 성분이 잔존하고 있는지, 지혈장애 효과가 없어졌는지 여부를 확인할 주의의무가 있고, ② 아스피린의 복용중단일로부터 7일이 경과한 다음 수술할 주의의무가 있음에도, 이러한 주의의무를 위반하여 출혈시간 검사 등 혈소판기능검사를 실시하지 않고, 아스피린의 복용중단일로부터 4일째 되는 날에 이 사건 수술을 하였으며, 이와 같은 의료상 과실로 인해 환자가 양하지마비 등의 영구장애를 입게 되었다.

(2) 의료진 측 주장

아스피린 복용을 중단한 기간이 짧았기 때문에 혈종이 발생했다는 환자 측의 주장은 추정에 의한 하나의 가능성일 뿐, 임상적으로는 응급수술이 필요한 경우 아스피린 복용을 중단하고 3~4일 후에 수술을 하여도 문제가 없고 안전하며, 아스피린 복용중단 후 4일 만에 수술하는 것은 흔하게 있는 일이므로, 이 사건 수술 당시 임상의학분야에서 실천되고 있는 의료행위의 규범적인 규준을 준수하여 수술했고, 달리 업무상 주의의무를 위반하지 않았다.

○ 법원 판단(제1심)

환자가 비교적 간단하다는 척수 종양제거수술을 받은 후 불과 5시간이 지나면서부터 복부동통과 양하지마비가 발생하였고(시간적 근접성), 하지마비의 원인은 수술부위에서 경막외혈종이 발생하였기 때문인데(부위의 근접성), 수술 후 경막외혈종이 발생한 이유를 명확하게 밝힐 수는 없으나 수술 당시 손상된 혈관으로부터 출혈되었을 것으로 보이고, 수술 당시 환자에게 혈소판 기능과 혈관 손상에 이상이 있었던 것은 아스피린 복용에 의한 혈소판 기능의 저하 때문이라고 볼 수 있다 할 것이고, 달리 의료진들이 그 결과가 의료상의 과실로 말미암은 것이 아니라 전혀 다른 원인으로 말미암은 것이라는 입증을 하지 못하고 있으므로, 의료진은 응급수술을 받을 필요가 없던 환자에 대하여 아스피린 복용중단을 지시한 때로부터 7일이 경과하여 환자의 신체에 아스피린의 약효가 남아 있지 않고 환자에게 수술 전후에 출혈의 위험성이 완전히 없어진 후에 수술할 주의의무를 다하지 아니한 과실이 있다고 본다. 출혈시간 검사나 혈소판응집검사 등이 혈소판 기능을 알아보는 검사인 사실은 인정되나, 혈소판 기능검사는 정확도가 결여되어 있고, 대부분의 혈소판 기능 이상은 특수한 경우를 제외하고는 예측과 예방이 가능하여 수술 전의 필수검사방법으로는 권장되지 않는다는 점에 비추어 볼 때, 비록 의료진이 이 사건 수술 전에 환자에게 환자 측이 주장하는 바와 같은 출혈시간 검사나 혈소판응집검사를 실시하지 않았다는 사정만으로는 의료진에게 주의의무 위반이 있다고 보기는 어렵다 할 것이다.

나. 아스피린의 약효 소멸을 확인하지 않고 수술을 시행한 과실: 법원 인정 (항소심)

(1) 원고 측 주장

의료진이 아스피린을 장기 복용해온 환자에게 혈액응고에 중요한 역할을 하는 혈소판의 기능을 억제하는 작용을 하는 아스피린의 약효가 소멸하였음을 확인한 후 이 사건 수술을 해야 할 주의의무가 있음에도 불구하고 이를 소홀히 한 채 아스피린의 약효가 남아 있는 상태에서 성급하게 수술을 함으로써 혈종이 발생하여 영구장애를 입게 하였다.

(2) 법원 판단(항소심)

변론 전체의 취지를 종합하여 알 수 있는 다음과 같은 사정, 즉 ① 환자는 수술을 받기 4일 전까지 약 8년 동안 계속하여 아스피린을 복용해 온 점, ② 이 사건 수술과 같은 척추 주변의 수술은 일반적으로 혈관손상이 심한 점, ③ 아스피린은 수술을 받을 때는 혈액이 잘 응고되지 않아 출혈을 일으킬 수 있는 약제인 점, ④ 이에 수술을 할 경우에는 출혈방지를 위해 수술 1주 전, 늦어도 5일 전에는 아스피린의 복용을 중단해야 하는 점, ⑤ 환자에게 혈액응고기능 장애라는 신체적 소인이 있다고 볼 만한 자료가 없는 점, ⑥ 의료진도 2차 수술 및 3차 수술 전후에 수술부위에 혈액이 고인 경막외혈종으로 인해 환자에게 하지마비 증상이 발생했다고 진단했고, 3차 수술 직전에 환자에게 경막외혈종이 발생한 이유는 아스피린의 효과가 남아있기 때문이라고 판단했던 점 등을 고려할 때, 수술 이후 환자에게 혈종이 발생한 것은 아스피린의 잔존효과에 기인한 것이라고 봄이 상당하다 할 것이다.

환자는 수술 받기 4일 전에 의료진에게 8년 째 아스피린을 복용해온 사실을 고지하였고, 이에 의료진은 그날부터 아스피린의 복용을 중단하라고 지시한 점, 이 사건 수술이 아스피린 복용을 중단한 지 4일 만에 실시해야 할 정도로 응급을 요하는 수술이 아니었던 점 등을 고려할 때, 의료진은 신경외과 전문의로서 응급을 요하지 않는 수술을 시행함에 있어 아스피린 복용을 중단한지 1주일 간 아스피린의 약효가 소멸하는 것을 기다린 후 수술을 실시해야 할 주의의무가 있고, 또 조기에 수술을 실시하는 경우에는 PT 검사와 aPTT 검사만이 아니라 비록 정확도가 부족하다고 할지라도 출혈시간검사 및 혈소판응집검사 등을 실시해 아스피린의 약효가 남아있는지를 확인한 후에 수술 실시 여부를 결정해야 할 주의의무가 있음에도 이를 소홀히 하고 환자에게 아스피린의 약효가 소멸하기를 충분히 기다리거나 그 잔존여부를 확인하지 않은 채 성급하게 수술을 실시한 과실이 있다.

3. 손해배상범위 및 책임제한

가. 의료인 측의 손해배상책임 범위: 80% 제한(항소심)

나. 제한 이유

(1) 수술 전 환자에게 시행한 PT 검사나 aPTT 검사 결과 출혈성 소인은 정상으로 보이는 점

(2) 아스피린의 경우 약 4일 정도 복용 중단하고 수술을 시행하는 예도 있는 점에 비추어 의료진의 과실 이외에 환자의 체질적인 소인이나 다른 원인이 개입하였을 가능성을 완전히 배제할 수는 없다고 판단되는 점

다. 손해배상책임의 범위

○ 제1심

(1) 청구금액: 1,214,038,940원

(2) 인용금액: 656,711,921원

    (가) 재산상 손해: 606,711,921원(1,011,186,535원×60%)

        ① 일실수입: 549,213,066원

        ② 일실퇴직급: 35,057,464원

        ③ 기왕치료비 등: 22,555,000원

        ④ 향후 치료비: 99,420,433원

        ⑤ 향후 보조기: 14,647,363원

        ⑥ 향후 개호비: 290,293,209원

    (나) 위자료: 50,000,000원

○ 항소심

(1) 인용금액: 536,672,529원

    (가) 재산상 손해: 506,672,529원(844,454,216원×60%)

        ① 일실수입: 549,213,066원

        ② 일실퇴직급: 35,057,464원

        ③ 기왕치료비 등: 22,555,000원

        ④ 향후 치료비: 82,037,552원

        ⑤ 향후 보조기: 7,348,540원

        ⑥ 향후 개호비: 148,242,594원

    (나) 위자료: 50,000,000원

4. 사건원인분석

이 사건은 8년 동안 아스피린을 복용한 환자에게 아스피린 복용중단 4일 째에 척수종양제거수술을 시행하여 수술부위의 경막외혈종을 발생하게 한 과실이 인정된 사건이다. 이 사건과 관련된 문제점 및 원인을 분석해본 결과는 다음과 같다.

첫째, 수술 전 아스피린 복용과 관련된 문제이다. 환자는 수술 전에 의료진에게 8년 동안 아스피린을 복용해왔음을 알렸고, 그에 따라 의료진은 아스피린 복용을 중단하라고 지시하였다. 그러나 의료진은 중단 4일 만에 수술을 시행하였다. 이 사건 수술이 응급을 요하는 수술이 아니었음에도 아스피린 복용중단 4일 만에 수술을 시행한 것이다. 의료진은 임상적으로 응급수술이 필요한 경우 아스피린 복용중단 3~4일 후에 수술을 하여도 문제가 없고 안전하며, 4일 만에 수술하는 것은 흔하게 있는 일이라고 주장하였다. 자문위원도 아스피린 복용을 중단한 후 4일 만에 수술을 시행하는 것이 가능하다고 하였다. 또한 기관 차원에서의 수술 전 약물복용 환자 관리가 소홀했던 것으로 보이며 수술 관련 약물복용과 관련된 지침이 부재한 것도 원인으로 파악된다.

둘째, 수술 전 검사 시행과 관련된 문제이다. 환자는 수술 전 단순히 PT, aPTT 검사 뿐 아니라 혈소판응집검사나 출혈시간검사 등을 시행해 아스피린 성분이 잔존하고 있는지, 지혈장애 효과가 없어졌는지 여부를 확인할 주의의무가 있다고 주장하며, 법원은 1심에서는 혈소판기능검사의 정확도 결여와 대부분의 혈소판기능 이상은 특수한 경우를 제외하고는 예측과 예방이 가능하여 수술 전의 필수검사방법으로는 권장되지 않는다며 의료진에게 주의의무 위반이 있다고 보기 어렵다 하였으나, 항소심에서는 조기에 수술을 실시하는 경우에는 PT 검사와 aPTT 검사만이 아니라 비록 정확도가 부족하다고 할 지라도 출혈시간검사 및 혈소판응집검사 등을 실시해 아스피린의 약효가 남아있는 지를 확인한 후에 수술 실시 여부를 결정해야 할 주의의무가 있다며 검사 시행과 관련된 주의의무 위반을 인정하였다. 이 사건은 응급수술이 필요한 경우가 아니었으므로 적절한 검사 등을 통해 아스피린의 약효가 남아있는 지를 확인한 후 수술 실시 여부를 결정했어야 함에도 의료진은 조기에 수술을 시행하였다. 그러나 1심의 판단과 같이 PT검사나 aPTT검사, BT검사, 혈소판응집검사 등으로는 아스피린의 약효가 남아 있는지, 환자의 상태가 수술을 진행하여도 괜찮은지 확인하기 어렵다는 자문의견이 있었다(〈표 7〉 참조).

〈표 7〉 척수종양제거 수술 시행 후 아스피린 잔존효과로 인해 경막외혈종이 발생하여
양하지 마비 등의 영구장애를 입게 된 사건 – 원인분석

분석의 수준	질문	조사결과
왜 일어났는가? (사건이 일어났을 때의 과정 또는 활동)	전체 과정에서 그 단계는 무엇인가?	– 수술 전 환자사정단계
가장 근접한 요인은 무엇이었는가? (인적 요인, 시스템 요인)	어떤 인적 요인이 결과에 관련 있는가?	• 의료인 측 – 수술 전 환자사정 미흡(수술 전 아스피린의 약효 소멸 여부 미확인)
	시스템은 어떻게 결과에 영향을 끼쳤는가?	• 의료기관 내 – 수술 전 환자관리 관련 현황 파악 및 교육 미흡 • 법·제도 – 약효 소멸 여부 확인 관련 수술 시행기준에 대한 가이드라인 및 검사방법 부재

5. 재발방지대책

원인별 재발방지대책은 〈그림 7〉과 같으며, 각 주체별 재발방지대책은 아래와 같다.

〈그림 7〉 척수종양제거 수술 시행 후 아스피린 잔존효과로 인해 경막외혈종이 발생하여 양하지 마비 등의 영구장애를 입게 된 사건 – 원인별 재발방지대책

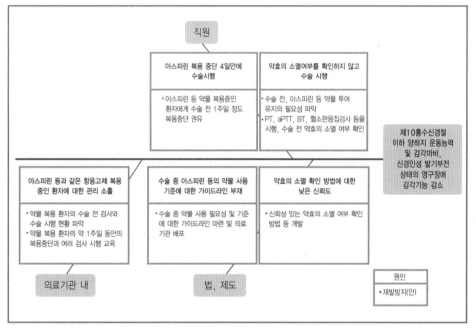

(1) 의료인의 행위에 대한 검토사항

수술 대상 환자가 아스피린과 같은 항응고제 약물을 복용하고 있을 시, 수술 전 약물복용에 대한 필요성을 판단하여야 한다. 또한 아스피린과 같은 항응고제 약물을 복용하고 있는 환자의 경우 7~10일 정도 복용을 중단한 후에 수술을 시행하여야 한다는 외국의 판례가 있다. 이와 같이 아스피린 등 약물을 복용 중인 환자 중 복용중단 등의 사항을 판단한 후, 수술 전 1주일 정도 복용중단을 권유하고 PT, aPTT, BT, 혈소판응집검사 등 약효의 소멸 유무를 확인하는 검사를 시행하여야 한다.

(2) 의료기관의 운영체제에 관한 검토사항

아스피린 등 약물을 복용 중인 환자에 대한 수술 전 검사와 수술이 어떻게 이루어지고 있는지 현황을 파악하고, 약물 복용과 관련하여 협진을 실시하도록 한다. 그리고 의료진들을 대상으로 아스피린 등 약물복용 환자의 수술 전 복용중단과 관련된 내용 판단과 중단이 필요한 환자인 경우 수술 전 최소 1주일 전부터 약물의 복용중단을 권유하고 PT, aPTT, BT, 혈소판응집검사 등을 실시하도록 교육하는 것이 필요하다.

(3) 학회·직능단체 차원의 검토사항

수술 중 아스피린 등 약물의 사용, 미사용 기준에 대한 가이드라인을 마련하고 의료기관에 이를 배포하여 활용하도록 하고, 약효의 소멸 여부를 확인할 수 있는 방법을 개발해야 한다.

┃ 참고자료 ┃ 사건과 관련된 의학적 소견[4]

- 아스피린(Aspirin): 아세틸살리실산의 상품명으로 해열, 진통 및 항류머티즘의 효능이 있으나, 드물게 재생불량성빈혈, 빈혈, 백혈구 감소, 혈소판 감소, 혈소판 기능저하(출혈시간의 지연) 등이 나타날 수 있으므로 충분히 관찰하고 이상이 있을 경우에는 투여를 중지하고 적절한 조치를 취하여야 한다. 특히 아스피린은 혈액응고에 중요한 역할을 하는 혈소판의 활동을 억제하기 때문에 심장마비, 뇌졸중 같은 혈전 관련 질환을 예방하는 데에는 좋지만 수술을 받을 때에는 혈액이 잘 응고되지 않아 출혈을 일으킬 수 있다.

- 일반적으로 저용량 아스피린의 사용으로도 혈소판의 응집을 억제하는 효과가 있고, 그리하여 아스피린 복용 시 출혈시간을 길게 하며 아스피린의 복용을 중단하여도 5~6일은 그 효과가 지속되는 것으로 알려져 있다. 아스피린에 대한 복용설명서의 주의사항에도 '수술 전 1주 이내에 아스피린 투여한 예에서 손실 혈액량의 유의성 있는 증가가 보고되고 있다'고 기재되어 있으며 대한내과학회장도 아스피린을 장기간 투여받던 환자에 대한 척추종양제거수술 시 출혈 예방을 위해 수술 1주일 전(최소 5일전)에는 아스피린 복용을 중단해야 한다고 하였다.

○ 혈액응고검사(blood coagulation test)

지혈작용에는 혈소판과 응고인자, 그리고 혈관이 관여한다. 혈소판과 응고인자(coagulation factor)는 양적, 기능적으로 충분한 역할을 해야 하며, 혈관은 혈관을 구성하고 있는 내피세포와 결체조직에 이상이 없어야 한다. 어느 하나라도 제대로 역할을 하지 못하면 출혈질환이 발생하게 되며, 원인에 따라서 다양한 출혈질환이 나타나게 된다.

혈액응고검사는 이러한 출혈질환에 대한 선별검사로, 특히 혈소판과 응고인자 중 어느 것에 양적으로 또는 기능적으로 문제가 있는지 선별(screening)하는 검사이다. 출혈시간(bleeding time, BT), 프로트롬빈시간, 활성화 부분트롬보플라스틴시간이 그 선별검사로 많이 쓰이고 있다. 출혈시간은 혈소판수가 감소하거나 혈소판의 기능에 이상이 있을 때에 연장되며, 프로트롬빈시간과 활성화 부분트롬보플라스틴시간은 응고인자가 감소할 때에 연장된다.

(가) 혈소판 기능검사

- 출혈시간(bleeding time, BT)검사: 이 검사는 피하혈관에 약 5mm 정도의 길이에 1mm 정도의 깊이로 절개한 후 출혈이 멈출 때까지의 시간을 측정하는 검사법으로서 절개하는 피부

---

4) 해당 내용은 판결문에 수록된 내용임.

위치와 검사방법에 따라 듀크(Duke)법, 아이비(Ivy)법 및 템플릿(Template)법으로 분류된다. 대개 정상인에서 출혈이 멈추는 시간은 3~8분정도이다. 아스피린 복용, 유전성 혈액응고질환인 폰빌레브란트병(von Willebrand disease), 혈소판감소증과 기능이상, 또는 혈관장애가 있을 때에는 비정상적으로 연장되고, 응고인자에 관련한 응고장애의 경우에는 흔히 정상으로 나타난다. 출혈시간은 특히 수술 전 환자의 출혈가능성에 대한 선별검사로 많이 사용되어 왔으나, 검사의 표준화가 어렵고 민감도나 특이도가 낮아 최근에는 다른 검사들로 대체되고 있다.

  － 혈소판 응집검사: 유리관에 환자로부터 채집한 혈액을 넣고 일정 시간을 두고 빛의 투과정도를 관찰하는 것으로 혈소판이 특정 혈소판 활성화 약물(아데노신2인산, 콜라겐, 리스토세틴, 아라키도닉산 및 아드레날린)에 의하여 응집되면 서로 엉겨서 무거워지므로 유리관 아래로 가라앉아 빛의 투과도가 증가되는 것을 이용하여 혈소판의 기능을 측정하는 검사이다.

  (나) 응고인자검사

  － PT검사: 이 검사는 환자의 혈장에 트롬보플라스틴(thromboplastin), 인지질(phospholipids), 칼슘이온을 넣은 후 응괴(덩어리)가 생길 때까지의 시간을 측정하는 검사로 혈액응고계 중 외인성 응고계의 활성을 검사하는 방법으로 프로트롬빈시간의 보고 방식은 초, %, 프로트롬빈율(환자의 PT시간/정상인의 PT시간), 국제정상화비(International Normalizes Ratio) 등으로 다양하다.

  － aPTT 검사: 이 검사는 혈장에 표면활성제(surface activator), 인지질(phospholipids), 칼슘이온을 첨가한 후 응괴가 생길 때까지의 시간을 측정하는 검사로 내인성 혈액응고계의 활성을 검사하는 방법이다.

제4장

후유증 관련 판례

후유증 관련 판례

제4장

판례 8. 반측성 안면경련증으로 두개골절개술과 안면신경감압술 시행 후 안면마비와 청력상실을 입게 된 사건_서울고등법원 2006. 11. 29. 2006나25815 화해권고결정

1. 사건의 개요

반측성 안면경련증으로 진단받은 후 시행한 후유양돌기 후두하 두개골절개술과 안면신경 감압술로 인해 안면마비와 청력상실이 발생한 사건이다[서울서부지방법원 2006. 1. 20. 선고 2005가합9357 판결, 서울고등법원 2006. 11. 29. 2006나25815 화해권고결정]. 이 사건의 자세한 경과는 다음과 같다.

날짜	시간	사건 개요
1998년 경~		• 안면경련증으로 인한 좌측 눈의 떨림현상이 심함(환자 1970. 3. 1.생, 사고당시 32세 1개월, 여자)
1999년 경		• 타병원에 내원하면서 3개월간 치료 받음
2001년경		• 한방치료를 받기도 하였으나 증세가 호전되지 않음
2001. 10. 9.		• 피고병원 내원 = 반측성 안면경련증으로 진단
2001. 10. 19.		• 수술 전 검사로 이비인후과에 청력검사 의뢰

날짜	시간	사건 개요
2001. 11. 2.		• 청력검사 시행 = 좌·우 모두 정상
2001. 10. 21.		• 안면경련을 일으킬 수 있는 영상학적 병변을 찾기 위하여 진단방사선과에 뇌 자기공명영상촬영 및 자기공명혈관촬영조영술 촬영 의뢰, 시행 = 좌측 추골동맥과 후하소뇌동맥이 안면신경근 진입부를 압박하고 있으며 소뇌 교각에 국소적 혈관음영이 보임 = 환자의 반측성 안면경련증의 원인을 뇌혈관압박에 의한 병변으로 진단. 안면신경을 압박하는 뇌혈관을 신경부위에서 분리하는 미세혈관감압술을 시행하기로 함
2002. 3. 22.		• 수술 위해 피고병원 신경외과에 입원
	입원 직후	• 정밀한 신체검사 시행 = 안면경련증을 제외하고는 청력 등 신경계계통을 포함한 전 부위가 모두 정상임, 피고병원 주치의가 이를 확인함
	수술 전	• 환자 및 환자의 남편에게 병의 원인과 치료 및 수술 후의 합병증, 그 발생빈도가 기재된 별지 기재서류를 교부하고 그 주요 내용에 대하여 설명한 후 환자 및 환자의 남편으로부터 수술동의 받음
2002. 3. 27.	07:30경 ~ 15:00경	• 전신마취 후 후유양돌기 후두하 두개골 절개술과 안면신경 감압술 시행 = 안면신경근 부위를 두개골 절개술에 의하여 노출하자, 환자의 안면신경 압박이 혈관에 의한 것이 아니라 피막으로 둘러싸인 지방종이 안면신경와 청신경의 근진입부과 강하게 유착되어 압박하고 있음이 관찰됨 = 피막을 절개하고 종양을 제거하는 시술을 시행하였으나, 종양과 신경 등의 유착정도가 심하여 종양을 완전 제거하면 청신경과 안면신경의 완전 마비 및 뇌간 손상의 위험성이 있어 종양의 일부를 남겨둔 채 제거함.[1]

1) 진료기록상의 수술기록지에 따르면 "N2O, 산소, 아이소플루란을 이용하여 전신마취를 유도하고 환자를 측와위로 고정함. 좌측 유양돌기 후방을 소독하고 소독된 포로 수술부위만을 노출시키고 모든 부분을 덮음. 좌측 유양돌기 후방에서 피부절개를 시행함. 피하조직과 근육층을 차례로 박리하고, 연부 조직을 갈고리 모양의 견인기로 걸어서 당김. 유양돌기 후방에서 두개골에 구멍을 뚫고 이 부위를 론져를 이용하여 조금 크게 확장시킴. 두개골을 여는 동안 20%의 만니톨을 최대속도로 주입. 두개골을 점차 제거해가면서 외측으로 에스형 정맥동을 노출시킴. 경막을 여러 방향으로 절개하여 고정하고 시야를 확보함. 지주막을 열고 뇌척수액을 천천히, 충분히 배액하여 소뇌를 이완시킴. 후지타 견인기를 수술시야에 고정하고 수술현미경을 보고 소뇌를 당김. 하

날짜	시간	사건 개요
2002. 3. 27.	15:30경	• 마취에서 깨어나 의식 회복함
	회복 후	• 좌측 귀가 이상하고 평상시와는 다르다는 느낌이 들었으나 전신 마취와 오랜 시간 수술로 인한 후유증으로 생각하고 곧 회복될 것이라 생각함
	수술 후	• 안면경련증은 사라졌으나 신경학적 검사 상 좌측 청력 저하 및 경도의 안면신경 마비가 관찰됨
		• 신경의 기능회복에 필요한 약물(Naloxone, steroid 등)을 1주일 동안 투여함
2002. 3. 29.		• 휴대폰을 받기 위하여 좌측 귀에 대어보니 전혀 소리가 들리지 않아 당황하고 이를 주치의에게 말함 • 주치의는 수술 중 청신경이 손상된 것 같다고 답하며 조금 더 지켜보자고 함 • 주치의가 수술 도중 실수로 청력신경을 건드렸다는 사실에 대해 간병하던 사람도 들음
2002. 4. 4.		• 청력검사 시행 = 수술이 원인이 되어 좌측 청력이 완전히 소실됨
		• 좌측 귀의 청력상실상태는 전혀 호전될 기미가 보이지 않음에도 주치의는 조금 더 지켜보자는 말만 되풀이 할 뿐 별다른 조치는 없음
2002. 4. 13.		• 피고병원 측의 반 강요에 의한 억지 퇴원
		• 안면마비증세도 완전히 치료되지 않고 청력상실부분에 대하여 외래로 피고병원에서 혈류개선제 및 비타민제제 투여 처방 및 안면 근육에 대한 물리치료 받음
2003. 3. 11. 이후		• 내원하지 않음

부 뇌신경을 확인하고 지주막과 뇌조를 박리하여 뇌척수액을 더 배액하고 뇌신경을 주행방향에 따라 노출시킴. 7번 뇌신경의 기시부를 확인하고 여기에 붙어있는 지방종을 확인함. 지방종을 7번 뇌신경에서 미세수술기구를 이용하여 박리해 낸 후 7번 신경 주위로 테플론을 감싸줌. 출혈이 소뇌와 교 사이의 지주막하 공간(cerebellopontine cistern)에서 발견되어 아비텐을 이용하여 조심스럽게 지혈을 유도함. 혈관이 신경으로부터 완전히 떨어져 있는 것을 확인함. 소뇌 표면의 출혈이 멎은 것을 확인한 후 젤폼 한 조각을 넣음. 경막을 뇌척수액이 스며나오지 않도록 근육조각을 이용하여 완전히 봉합함. 정맥동과 두개골에서 나오는 출혈을 본왁스(bone wax)와 아비텐을 이용하여 지혈한 후 피브린 글루를 경막표면에 뿌려서 뇌척수액이 나오지 않도록 함. 두개골이 절제된 부위에 같은 모양의 젤폼을 오려서 경막표면에 위치시킨 후 근육과 근막, 피하층과 피부를 차례로 봉합함. 수술중 환자는 다른 문제없이 잘 견딤"이라고 기재되어 있음

2. 사건에 대한 법원의 판단요지

가. 진단 및 수술필요성 판단에 관한 과실 여부: 법원 불인정(제1심) → 법원 화해권고 결정(항소심)

(1) 원고 측 주장

지방종에 의한 신경압박이 드물게 발생하고 혈관압박에 의한 것이 대부분이라는 이유로 환자에 대한 뇌 자기공명영상촬영 및 자기공명혈관촬영조영술 촬영만을 시행하여 환자의 반측성 안면경련증의 원인을 혈관압박에 의한 것으로 진단하였고, 이를 정확히 진단하고자 하는 검사를 소홀히 하여 지방종에 의한 안면신경근 압박을 진단하지 못한 과실이 있다. 또 수술필요성 판단과 관련하여 지방종으로 인한 안면신경 압박의 경우 혈관에 의한 압박의 경우보다 후유장애의 위험성이 높아 부득이한 경우에만 수술을 시행하여야 함에도 오진으로 수술 필요성을 잘못 판단한 과실이 있다(제1심).

(2) 법원 판단

반측성 안면경련증의 경우 일반적으로 뇌 자기공명영상촬영 및 자기공명혈관촬영조영술 촬영을 통하여 안면경련을 일으키는 영상학적 병변을 찾을 수 있는 점, 수술 전 정밀진단을 위한 추가검사나 촬영이 반드시 필요한 것은 아닌 점, 뇌 자기공명영상촬영 및 자기공명혈관촬영조영술 촬영이 수술에 도움이 되는 많은 정보를 제시해주지만 그것이 항상 수술 후 소견과 완전히 일치하지는 않는 점, 환자에 대한 뇌 자기공명영상촬영 및 자기공명혈관촬영조영술 판독결과가 적정하며 같은 필름을 다시 판독해도 동일한 소견을 얻을 수 있는 점 등을 고려하면 의료진이 환자에 대해 뇌 자기공명영상촬영 및 자기공명혈관촬영조영술 촬영 외 추가적인 검사를 시행하지 않은 것이 주의의무를 위배하였다고 보기 어렵고, 뇌 자기공명영상촬영 및 자기공명혈관촬영조영술 필름에 대한 판독이 적정하게 이루어진 이상 수술 전 검사로 안면신경압박의 원인이 지방종에 의한 것임을 진단하지 못한 것이 의료진의 과실이라고 보기 어려워 환자의 주장은 이유 없다(제1심).

수술필요성 판단과 관련하여 반측성 안면경련증에 대한 치료방법에는 약물요법, 보투리눔 신경독 주사요법, 수술요법 등이 있다. 약물요법은 치료효과가 떨어지고 근본적인 치료가 되지 않으며 보투리눔 신경독 주사요법은 효과가 일시적이고 재발이 잘 되며 안면근력의 약화를 초래하는 단점이 있어, 현재 반측성 안면경련증 치료에는 미세혈관감압술이 널리 이용되는 점을 보아, 종양 등 혈관압박 이외의 원인에 의한 안면경련증에도 그 근본적인 치료를 위하여는 수술을 통하여 압박의 원인 병변과 안면신경근위부를 분리시키는 시술만이 가능하였다고 보인다.

또한 종양으로 인한 안면신경압박의 경우 혈관압박으로 인한 경우 보다 후유장애의 발생빈도가 현저하게 높다고 볼 증거가 없어 의료진이 반측성 안면경련증에 대한 수술필요성을 잘못 판단하였다는 환자의 주장은 이유 없다(제1심).

나. 수술상의 과실 여부: 법원 불인정(제1심) → 법원 화해권고 결정(항소심)

(1) 원고 측 주장

혈관 박리를 위한 안면신경감압술에 비해 지방종제거술은 신경을 손상할 위험이 높아 수술을 시행할 때에 더욱 고도의 주의를 기울여 신경손상을 피하여야 함에도 피고병원 소속 의사는 그러한 주의의무를 위배하여 환자의 청신경을 손상시켰다(제1심).

(2) 의료진 측 주장

종양에 의한 감압술의 경우 부득이 신경을 건드릴 수밖에 없어 후유장애의 발생 가능성이 높다고 주장하고, 한편으로는 미세혈관감압술에 비해 소뇌 견인시간이 길어 청신경이 손상될 가능성이 훨씬 높아 환자의 후유증상은 과실에 기인한 것이 아닌 청신경 손상의 후유증상에 따른 것으로 보아야 할 것이다(항소심).

(3) 법원 판단

통상적인 미세혈관감압술 시행 시 의사가 수술에서 요구되는 주의의무를 다한 경우에도 안면신경 근위부 노출에서 불가피한 소뇌 및 청신경의 견인으로 인하여 청신경 손상의 후유증이 발생할 가능성은 배제될 수 없고, 환자의 수술집도의가 주의의무를 위반하여 환자의 청신경을 직접적으로 손상시켰거나, 소뇌 견인 시 청신경을 무리하게 견인함으로서 청신경을 손상시켰음을 인정할 증거가 없다.

또한 환자의 안면신경근위부 압박이 지방종에 기인한 것으로 밝혀지자 종양제거술을 시행하면서 지방종과 유착된 청신경과 안면신경의 마비 및 뇌간 손상의 위험성을 우려하여 종양의 일부만을 제거하는 방법으로 시술한 것은 의사의 주의의무를 다하여 적절한 시술방법을 택한 것으로 보이므로 환자의 주장은 이유 없다(제1심).

다. 설명의무 위반 여부: 법원 인정(인과관계 불인정, 제1심) → 법원 화해권고 결정(항소심)

(1) 원고 측 주장

의료진이 환자의 반측성 안면경련증의 원인을 뇌혈관에 의한 안면신경 압박에 기인한 것으로 진단하여 환자에게 미세혈관감압술의 시행에 대하여만 설명하였을 뿐 지방종에 대한 언급 및 종양제거술에 대한 설명이 없었으며, 그에 따른 수술방법, 성공률, 후유증에 대한 비교 설명이 없었다고 주장한다. 만일 의료진이 설명의무를 다하였다면, 환자는 미세혈관감압술보다 후유증 발생의 위험성이 현저히 높은 지방종제거시술에 대하여 수술필요성이나 위험성을 비교, 선택할 수 있었음에도 환자는 수술필요성과 위험에 대한 합리적인 고려 없이 지방종제거시술을 시행받았다(제1심).

(2) 의료진 측 주장

좌측추골동맥과 후하소뇌동맥이 안면신경근을 압박하고 있는 경우이든 지방종이 안면신경근을 압박하고 있는 경우이든 수술 접근방법과 수술방법 원칙은 동일하므로 지방종임을 알았다고 하더라도 설명내용은 동일하다고 주장하며 미세혈관감압술에 대한 설명을 하였으므로 실제 지방종제거술을 시행하였어도 충분한 설명의무를 이행하였다(항소심).

(3) 법원 판단

의료진은 환자의 반측성 안면경련증을 뇌혈관압박에 의한 병변으로 진단하고 이에 대한 시술 및 발생가능한 후유장애에 관하여 설명하고 수술에 대한 동의를 받았으나 이는 안면신경 압박이 혈관에 의해 압박되는 것만을 전제로 한 설명이고 종양에 의해 압박되어 종양을 제거하여야 하는 경우 그에 대한 수술방법, 성공률, 후유증 발생가능성에 대한 비교 설명이 없었으므로 환자가 지방종에 의한 안면신경근 압박 및 종양제거술에 대한 적절한 설명을 받았다고 보기 어렵고 그와 같은 설명이 있었음을 인정할 증거가 없다.

그러나 의료진이 비록 환자에게 안면신경근 압박의 원인을 지방종이 아닌 혈관에 의한 압박으로 파악하고 그러한 전제에서 안면신경감압술에 대한 설명을 하였으나, ① 안면신경 근위부 노출 시 청신경의 견인으로 야기될 수 있는 청각장애의 후유증 발생가능성 및 위험성에 대하여 충분히 설명을 하고 환자로부터 수술동의서를 받은 점, ② 반측성 안면경련에 대한 수술치료 방법으로 정상뇌혈관에 의한 안면신경 압박의 경우와 지방종에 의한 안면신경 압박의 경우 수술접근 방법이 동일한 점, ③ 종양으로 인한 안면신경부 압박에 따른 안면경련증의 경우에도 안면신경 감압을 위하여는 수술적 처치가 근본적인 치료방법인 점, ③ 안면신경근 압박의 원인이 혈관이거나 종양이거나를 불문하고 그 수술적 치료방법은 압박의 원인요소를 안면신경근에서 분리하거나 제거하는 것으로서 동일한 원리에서 행하여지는 점, ⑤ 일반적으로 지방종제거술이 혈관분리시술보다 후유장애의 발생빈도가 높거나 위험성이 높은 시술이라고 볼 별다른 근거가 없는 점 등을 고려하면 환자가 의료진으로부터 지방종제거시술에 대한 설명을 받았더라면 그러한 시술을 받지 않았을 것이라거나, 후유장애가 발생하지 않았을 것이라는 인과관계를 인정하기가 어려워 환자의 주장은 이유 없다(제1심).

3. 손해배상범위 및 책임제한

가. 의료진의 손해배상책임의 범위

– 피고병원 소속 의사는 환자에 대하여 혈관압박이 아닌 지방종에 의한 안면신경 압박 가능성 및 지방종제거술에 대한 설명을 누락하였고, 환자는 이로 인해 적절한 설명을 기반으로 한 수술선택권 및 자기결정권이 침해되는 손해를 입은 점을 인정하여 위자료로 10,000,000원으로 정한다.

– 항소심에서 화해권고 결정되었음

○ 제1심

(1) 청구금액: 116,000,000원

(2) 인용금액: 10,000,000원(위자료)

○ 항소심

(1) 청구금액: 116,000,000원

(2) 인용금액: 35,000,000원

4. 사건원인분석

이 사건에서는 좌측 눈의 떨림현상으로 치료를 받던 환자가 피고병원에 내원하여 반측성 안면경련증으로 진단받아 뇌 자기공명영상촬영 및 자기공명혈관촬영조영술 촬영 결과 혈관이 뇌신경을 압박하고 있다고 진단받았다. 그리하여 미세혈관감압술 시행을 위해 개두술을 한 결과 혈관에 의한 것이 아니라 지방종의 압박에 의한 것인 것으로 밝혀져 지방종제거술을 시행받았으나 수술 중 피고병원 의사의 과실로 좌측 청력이 완전히 소실되었고 안면마비증세도 완전히 치료되지 않은 사건이다. 이 사건과 관련된 문제점 및 원인을 분석해본 결과는 다음과 같다.

첫째, 의료진이 환자의 반측성 안면경련증의 원인을 혈관압박에 의한 것으로 판단하고 그에 맞는 수술을 시행하려 하였으나 지방종으로 인한 압박에 의한 것으로 밝혀져 이에 대해 지방종을 제거하는 수술을 하는 과정에서 청신경을 손상시켜 청력이 소실된 것으로 보인다. 법원에서는 환자의 뇌 자기공명영상촬영 및 자기공명혈관촬영조영술에 대한 판단결과가 적정하다고 판단하였고 의료진도 혈관압박에 의한 경우이든 지방종압박에 의한 경우이든 수술접근방법과 수술방법의 원칙이 동일하다고 하였다. 자문위원도 안면경련증의 원인진단이 어렵고, 의료진의 주장과 같이 원인이 달라도 수술방법의 원리는 같아 수술방법이 변경되었다고 할 수 없지만, 혈관 압박에 의한 경우보다 지방종의 압박으로 인한 경우의 위험도가 더 높다. 추가로 이 사건에서는 32세의 젊은 환자여서 적용되지 않지만, 고령의 환자에게는 지방종을 제거하지 않고 감압만 할 수 있다는 자문의견이 있었다.

둘째, 환자는 수술 후 마비증세가 관찰되어 수술 후 이틀 뒤인 2002. 3. 29.에 피고병원 의사는 조금 더 지켜보자고 하였고, 수술 후 일주일 동안 신경의 기능회복에 필요한 약물을 투여받았음에도 호전되지 않았다. 또한 2002. 4. 4. 청력검사를 시행한 이후 지켜보는 것 외에 별다른 조치가 없었다. 자문위원은 약물치료를 시행하였음에도 호전되지 않았다면 수술을 시행하여야 한다고 하였다(〈표 8〉 참조).

〈표 8〉 반측성 안면경련증으로 두개골절개술과 안면신경감압술 시행 후 안면마비와
청력상실을 입게 된 사건 – 원인분석

분석의 수준	질문	조사결과
왜 일어났는가? (사건이 일어났을 때의 과정 또는 활동)	전체 과정에서 그 단계는 무엇인가?	– 수술 전 설명 단계 – 수술 시행 단계
가장 근접한 요인은 무엇이었는가? (인적 요인, 시스템 요인)	어떤 인적 요인이 결과에 관련 있는가?	• 의료인 측 – 수술 전 설명 미흡(진단이 다른 원인일 가능성 설명하 지 않음) – 수술 중 신경 손상
	시스템은 어떻게 결과에 영향을 끼쳤는가?	• 의료기관 내 – 수술 전 설명 과정 관련 현황 파악 및 교육 미흡 • 법·제도 – 설명 관련 자료 부족 – 의료인 교육 미흡(다양한 수술 방법에 대한 교육 미 흡 등)

5. 재발방지대책

원인별 재발방지대책은 〈그림 8〉과 같으며, 각 주체별 재발방지대책은 아래와
같다.

〈그림 8〉 반측성 안면경련증으로 두개골절개술과 안면신경감압술 시행 후 안면마비와
청력상실을 입게 된 사건 – 원인별 재발방지대책

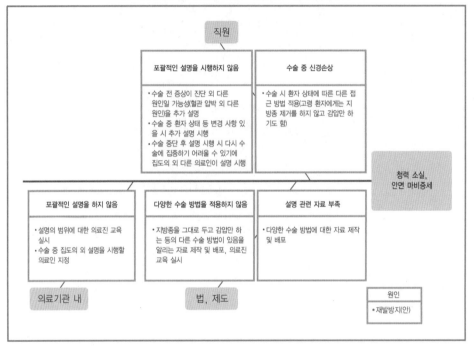

(1) 의료인의 행위에 대한 검토사항

수술 전 판단한 증상의 원인과 수술 중 판단한 원인이 다른 경우가 발생할 수
있음을 수술 전에 설명해야 한다. 수술 중에 환자상태 등 수술 전과는 다른 변경사항
이 있을 경우에도 추가설명이 이루어져야 한다. 다만 수술을 중단하고 설명을 할 때
미세한 수술에 다시 집중하기 어려워 집도의 외 다른 의료인이 설명을 시행하도록
한다. 또한 고령 등의 환자상태에 따라 다른 접근방법을 적용하여 수술 중의 신경손
상을 예방하도록 한다.

(2) 의료기관의 운영체제에 관한 검토사항

수술 전 의료진이 시행할 설명의 범위에 대하여 교육을 실시하고, 수술 중에 예상하지 못하였던 환자의 상태가 발견된 경우와 수술방법의 변경이 필요할 경우에는 수술을 중단하고 환자보호자에게 설명을 해줄 집도의 외 의료인을 수술 전에 지정해 두어야 한다.

(3) 학회·직능단체 차원의 검토사항

다른 수술방법이 있음을 알리는 자료 제작 및 배포, 교육 등을 실시한다.

┃참고자료┃ 사건과 관련된 의학적 소견[2]

가. 반측성 안면경련증의 원인

반측성 안면경련증의 원인은 대부분 안면신경이 뇌간에서 나오는 부위인 안면신경근 진입부에서 정상혈관에 의해 압박되어 발생하는 것이 대부분이나, 드물게 종양 등의 압박에 의한 경우도 관찰되는 바, 1995년 Barket 등의 발표에 따르면 1,080명의 반측성 안면경련증 중 혈관압박에 의한 경우가 99.3%, 종양이 0.4%, 뇌동맥류가 0.09%, 뇌동정맥기형이 0.09%이라고 한다.

나. 치료방법

반측성 안면경련증에 대한 치료방법으로는 약물요법, 보투리눔신경독 주사요법, 수술요법 등이 있으나, 약물요법은 치료효과가 떨어지고 근본적인 치료가 되지 않으며, 보투리눔신경독 주사요법은 효과가 일시적이고 재발이 잘 되며 안면근력의 약화를 초래하는 단점이 있다. 현재 반측성 안면경련증 치료는 미세혈관감압술이 치료의 성공률이 현저히 높고 재발률도 낮아 널리 이용되고 있다.

다. 미세혈관감압술의 시술방법 및 후유증

(1) 반측성 안면경련증에 대한 미세혈관감압술은 안면신경과 이를 압박하는 혈관을 분리하는 시술로서, 먼저 후두개골을 절제한 이후 9·10번 뇌신경부위의 지주막을 박리하고 소뇌를 견인하여 안면신경근 진입부를 노출시킨 후 안면신경과 원인혈관을 분리시키는 시술이다.

(2) 반측성 안면경련증 환자에 대한 미세혈관감압술을 시행할 경우 가장 많은 합병증은 청신경마비, 안면신경마비, 뇌척수액비루 등이다.

― 그 중 청신경마비의 후유증은, 미세혈관감압술 시행시 안면신경근 진입부 노출과정에서 불가피하게 소뇌를 견인하게 되고 이때 청신경도 함께 당겨지게 됨에 따라 청신경이 손상됨으로써 발생하거나, 수술시 직접적인 청신경의 손상에 기인한다. 일반적으로 반측성 안면경련증에 대한 미세혈관감압술 시행에 따른 후유증으로 발생한 청각장애율은 약 0.8%에서 9.1% 정도인데, 피고병원에서 시술한 통계에 따르면, 미세혈관감압술을 시행한 1,500건의 시술 중 약 2.3%에서 청력장애 후유증이 발생하였다. 신경의 견인정도가 청신경마비의 발생여부와 반드시 비례하는 것은 아니고 환자 개인에 따른 차이가 커서, 현재 미세혈관감압술 시행으로 인한 후

---

2) 해당 내용은 판결문에 수록된 내용임.

유승으로서의 청력장애를 100% 예방할 수 있는 방법은 없다.

라. 종양에 의한 안면경련증의 경우 시술방법

종양에 의한 안면경련증의 경우에도 정상뇌혈관에 의한 안면신경 압박의 경우와 수술접근방법이 동일하며, 같은 부위를 동일한 방법으로 노출시켜 종양을 제거하는 방법으로 시술하므로, 안면신경근을 노출시키는 과정에서 소뇌견인에 의한 청신경의 손상가능성은 유사하다. 다만, 종양에 의한 안면신경 압박의 경우 종양이 청신경과 안면신경을 감싸듯이 자라는 양상이 많아 그 유착정도가 강하므로, 신경과 종양을 분리하는 과정에서 신경손상이 발생할 확률이 높을 수 있으며, 종양을 완전 적출하려고 시도하는 경우 그 가능성은 더 높아질 수 있다.

판례 9. 두개골견입술(할로베스트 고정) 시행 후 핀 고정부위의 염증으로 인해 기질성 성격장애의 후유증을 보인 사건_의정부지방법원 2009. 9. 3. 선고 2008나9441 판결

1. 사건의 개요

제1 경추부 골절부위에 두개골견입술(할로베스트, Halovest)을 시행했지만 감염관리 소홀로 핀 고정 부위에 염증이 생겨나 그 후유증으로 정서조절이 어려운 기질성 성격장애 증세를 보인 사건이다[의정부지방법원 2008. 6. 18. 선고 2006가단50505 판결, 의정부지방법원 2009. 9. 3. 선고 2008나9441 판결]. 이 사건의 자세한 경과는 다음과 같다.

날짜	사건 개요
2005. 5. 29.	• 자전거를 타고 가다가 한탄강 주변에서 낙반사고를 당함(환자 1955. 12. 1. 생, 사고당시 49세 8개월, 남자) • 목과 다리를 다쳐 거동이 되지 않아 긴급호송차량을 이용하여 A병원에 내원 후 피고병원 전원 • 피고병원에 입원, 치료받기 시작함
	• 제1 경추골 골절상 및 우측 경골 근위부 골절상과 우측 하퇴부 피부 결손, 다발성 피부열창상 등 진단 받음 = 제1 경추부 골절부위에 두개골견입술(할로베스트, Halovest)을 시행하기로 결정
2005. 5. 30.	• 할로베스트 고정술 시행
2005. 6. 13.	• 우측 경골 근위부 골절에 대해 도수정복 및 경피적 나사삽입술 시행 • 우측 하퇴부 피부결손에 대해 피부 이식술 시행
2005. 6. 8.~ 2005. 7. 13.	• 의무기록지 상 경골 근위부 골절부위에 대한 소독을 시행하였다는 기재 있음
2005. 6. 30.까지	• 두 부위 모두를 위한 항생치료를 정맥주사로 처방함
2005. 6. 30.~ 2005. 8. 7.	• 두 부위 모두를 위한 항생치료를 경구용으로 처방함
2005. 8. 6.까지	• 피고병원에서는 할로베스트 핀 고정부위에 대한 소독이나 관리는 하지 않은 채 항생제 치료만을 시행함
2005. 8. 8.부터	• 두통과 할로베스트 핀 고정 부위의 동통 호소, 그 주변에 부종 및 발열증상 보임 = 피고병원은 얼음찜질과 함께 그동안 투여하던 경구용 항생제를 경구용 대신 정맥주사로 교체함

날짜	사건 개요
2005. 8. 8.부터	• 혈액검사 시행(항소심에는 2005. 8. 10.) = ESR 수치 31mm/hr(정상수치: 10mm/hr 이하)
2005. 8. 10.	• 37.2도의 미열, 통증호소 계속함
2005. 8. 11.	• 통증 계속 호소 • 혈액검사 재시행 = ESR 수치 47mm/hr로 상승, CRP 양성(Positive)으로 나타남
2005. 8. 12.부터	• 다시 경구용 항생제 투여함 • 할로베스트 고정부위에서 고름이 나오고 가벼운 종창, 삼출물도 보였으나, 피고 병원에서는 항생제 투여 외 별다른 조치를 취하지 않고 항생제를 다시 경구용으로 교체함
2005. 8. 13.부터	• 손을 떠는 등 발작을 일으키고 질문에도 제대로 대답하지 못하며 같은 말을 반복하는 등의 의식변화 소견을 보임
2005. 8. 17.	• 할로베스트 고정 부위에서 삼출물 나옴
2005. 8. 20.	• 뇌 CT촬영 시행 = 증상의 원인을 찾아내지 못함 • 환자 측이 퇴원 요구하여 B병원 응급실로 전원함 • 피고병원은 전원시킬 때까지도 환자에 대한 감염의심을 하지 못했고 균배양검사를 실시한 바 없음
	• B병원 의료진은 내원 당시 할로베스트 핀 고정 부위에 삼출물들이 나오고 내원 1주일 전부터 의식변화가 있다는 말을 듣고 이를 두개골 골수염 의증 진단 • 할로베스트를 제거하기로 결정
2005. 8. 22.	• 할로베스트 제거술 시행, 핀이 박혀있던 부위의 염증이 심하자 조직 및 농제거술 함께 시행, 소독하고 봉합함 • 균 배양검사 시행
2005. 8. 27.	• 균 배양검사 결과 할로베스트 핀 고정부위가 메티실린 내성 황색포도상구균(MRSA)에 감염된 것을 발견함 • 뇌 실실조직까지 위 세균에 감염되어 뇌부종과 뇌농양을 발생시킨 것을 발견.
2005. 9. 23.	• 뇌농양 제거수술 시행 • 내과 협진으로 염증에 대한 적절한 항생치료 병행, 염증에 의한 상처가 호전됨.
2005. 11. 2.	• B병원에서 퇴원
현재[3]	• 후유증으로 정서조절이 어려운 기질성 성격장애 증세를 보임

3) 통상 제1심 판결전 촉탁감정시점을 말함.

2. 사건에 대한 법원의 판단요지

가. 감염관리를 소홀히 한 과실 여부: 법원 인정(제1심, 항소심)

(1) 원고 측 주장

의료진들이 환자의 할로베스트 핀 부위를 매일 소독하고 발적이나 삼출물이 없는지를 살펴 MRSA에 감염되지 않도록 관리할 의무가 있음에도 이를 소홀히 하였으며, 환자가 MRSA에 감염된 후에도 균 배양검사를 통하여 감수성이 있는 항생제를 투여하여야 함에도 이를 게을리 한 과실이 있다(항소심).

(2) 법원 판단

○ 피고병원 의사는 ① 할로베스트 고정술을 시행한 경우 1주에 2, 3회 이상 핀이 박힌 두피를 소독하고 핀이 느슨해지지 않도록 점검할 필요가 있음에도 고정술을 시행받은 환자에 대하여 소독 등 필요한 관리를 하지 않은 점, ② 2005. 8. 8. 혈액검사 결과 환자의 체내 염증을 의심할 수 있는 결과가 나왔고, 이후 할로베스트 고정부위에서 고름과 삼출물이 나오는 등 감염을 의심할 수 있는 증상이 나타나 균 배양검사를 시행하여 감수성이 있는 항생제를 투여하는 등의 조치를 취할 필요가 있음에도 피고병원 의사는 사용하던 경구용 항생제만을 투여하였을 뿐, 별다른 조치를 취하지 않은 점, ③ 이러한 피고병원 의사의 의료과실이 환자의 할로베스트 핀 고정부위에 대한 감염을 초래하고, 감염된 세균이 뇌 실질조직까지 침투하도록 방치하여 환자에게 기질성 성격장애의 영구장애를 입게 한 점 등을 인정한다(제1심).

○ 제1심 판결에 추가하여 의료진은 ① 2005. 8. 8. 환자가 두통을 호소하고 발열이 있었고 2005. 8. 10.까지 계속되었으며 혈액검사 결과 ESR 수치가 31mm/hr, 2005. 8. 11. 혈액검사에서는 ESR 수치가 47mm/hr로 상승되었고, CRP도 양성으로 나타났으며, ② 일반적으로 상처감염부위에서 농이 배출되면 균배양검사 등이 필요한 점, ③ B병원 내원 당시 이미 상당한 농이 고여 있어 농 제거수술 시행이 불가피했던 점 등을 고려하여 환자의 주장을 인정한다(항소심).

3. 손해배상범위 및 책임제한

가. 의료진의 손해배상책임 범위: 1심 80% 제한 → 항소심 65% 제한

나. 제한 이유

(1) 환자가 당한 자전거 낙반사고가 의료사고의 발생과 손해확대의 요인인 점 (제1심)

(2) 제1심의 제한이유에 추가하여 환자의 경우 경추부 골절상을 치료하기 위해서는 할로베스트 시술이 필요하였고 할로베스트 시술 특성상 기기삽입부위의 감염가능성이 비교적 높은 점(항소심)

(3) 감염의 통상적인 증상은 고열인데 환자의 초기 감염 당시에는 미열수준 (37.2도)에 그쳐 피고병원이 쉽게 진단하기 어려웠을 것으로 보이는 점(항소심)

다. 손해배상책임의 범위

○ 제1심
(1) 청구금액: 73,589,330원
(2) 인용금액: 37,841,777원

   (가) 경제적 손해: 총 25,841,777원: (19,341,152원＋12,961,070원)×80%

     ① 일실수입: 19,341,152원

     ② 치료비: 12,961,070원

   (나) 위자료: 12,000,000원

○ 항소심
(1) 청구금액: 73,589,330원
(2) 인용금액: 32,996,444원

   (가) 경제적 손해: 총 20,996,444원: (19,341,152원＋치료비 등 12,961,070원)×65%

    ＝일실수입: 19,341,152원

    ＝치료비 등: 12,961,070원

   (나) 위자료: 12,000,000원

4. 사건원인분석

이 사건에서는 자전거 낙반사고로 제1 경추골 골절상 및 우측 경골근위부 골절상과 우측 하퇴부 피부결손, 다발성 피부열창상 등을 입은 환자가 할로베스트를 고정하는 수술을 받았으나 이에 대한 의료진의 감염관리가 소홀하여 메티실린 내성 황색포도상구균(MRSA)에 감염되어 뇌부종과 뇌농양이 발생하였다. 그로 인해 환자는 후유증으로 정서조절이 어려운 기질성 성격장애 증세를 보이고 있는 사건이다. 이 사건과 관련된 문제점 및 원인을 분석해본 결과는 다음과 같다.

첫째, 의료진이 환자에게 할로베스트고정술을 시행하고, 약 두 달 후인 2005. 8. 6.까지도 할로베스트고정술을 시행한 부위에 대한 소독이나 관리를 하지 않은 채 항생제 치료만을 하였고, 그 이후 염증소견을 보였음에도 균배양검사와 항생제 감수성검사를 실시하지 않아 제대로 된 감염관리가 되지 않은 점이 문제가 되었다. 이에 대

〈표 9〉 두개골 견입술 시행 후 핀 고정부위의 염증으로 인해 기질성 성격장애의
후유증을 보인 사건 – 원인분석

분석의 수준	질문	조사결과
왜 일어났는가? (사건이 일어났을 때의 과정 또는 활동)	전체 과정에서 그 단계는 무엇인가?	– 주기적인 환자관리 단계 – 협진 단계 – 진단 및 처치 단계
가장 근접한 요인은 무엇이었는가? (인적 요인, 시스템 요인)	어떤 인적 요인이 결과에 관련 있는가?	• 의료인 측 – 주기적인 환자관리 미흡 – 진료과목간 협진이 원활하지 않음 – 진단 및 처치 시행하지 않음(감염에 대한 의심, 원인규명, 처치 미시행)
	시스템은 어떻게 결과에 영향을 끼쳤는가?	• 의료기관 내 – 환자관리에 대한 의료인 교육 미흡 – 주말당직제 미흡 • 법·제도 – 환자관리에 대한 자료 부재

하여 정형외과 병동에 환자가 입원해있어 주치의는 정형외과 수술부위에 대한 드레싱만 시행한 것으로 추측되어 각 과의 협조가 원활하게 이루어지지 않은 것으로 생각된다는 자문의견이 있었다.

둘째, 할로베스트를 제거하기로 토요일에 결정한 후 월요일에 할로베스트 제거를 시행하였다. 주말인 이유로 감염부위의 할로베스트 제거가 늦어진 것은 아닌지 의문이 있다(〈표 9〉 참조).

5. 재발방지대책

원인별 재발방지대책은 〈그림 9〉와 같으며, 각 주체별 재발방지대책은 아래와 같다.

〈그림 9〉 두개골 견입술 시행 후 핀 고정부위의 염증으로 인해 기질성 성격장애의
후유증을 보인 사건 – 원인별 재발방지 사항

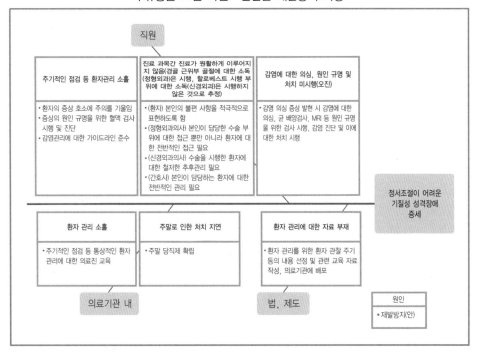

(1) 의료인의 행위에 대한 검토사항

환자의 증상 호소에 주의를 기울이고 주기적인 점검을 하여 환자관리를 철저히 해야 한다. 감염증상 발생 시 증상의 원인규명을 위해 균배양검사나 혈액검사 등을 시행하고 감염관리에 대한 가이드라인을 준수하여 감염의 발생에 대한 진단이 지연되지 않도록 하고 감염관리를 적절히 할 수 있도록 한다. 또한 환자가 본인의 불편사항을 의료인에게 적극적으로 표현하도록 하며, 본인이 수술을 시행한 환자에 대해 수술부위에 대한 접근뿐만 아니라 환자에 대한 전반적인 관리를 하도록 하며, 철저한 추후관리가 필요하다.

(2) 의료기관의 운영체제에 관한 검토사항

적절한 환자관리가 제대로 이루어질 수 있도록 의료인을 대상으로 주기적으로 환자를 점검하도록 하는 교육이 필요하다. 또한 주말당직제를 확립하여 주말로 인해 필요한 처치가 지연되지 않도록 한다.

(3) 학회·직능단체 차원의 검토사항

통상적인 환자관리를 위해 환자의 상태에 따른 관찰주기 등에 관한 내용을 구체적으로 설정하여 관련 교육자료를 작성하고 의료기관에 배포하여 이를 활용할 수 있도록 한다.

┃참고자료┃ 사건과 관련된 의학적 소견[4]

○ Halovest(할로베스트)

머리에 할로(halo)라는 원형고정기를 두개골의 양쪽에 금속 핀을 이용하여 고정하고 조끼
(vest)를 입힌 뒤 고정막대로 연결시켜 경추부의 운동을 제한함으로써 경추 손상이 치유, 유합
될 때까지 유지하는 장치이다. 할로베스트를 유지하는 동안에는 철저한 소독관리가 필요하며,
1주에 2~3회 이상 수시로 핀이 박힌 두피를 철저하게 소독하고 핀이 느슨해지지 않도록 확인
하는 점검이 필요하다. 통상적으로 할로베스트 고정핀 주위의 염증은 성인의 약 6%, 어린이의
약 35% 정도 흔히 발생하는 합병증으로 보고되고 있다. 감염될 경우에는 두피염, 골수염, 뇌막
염 및 뇌농양 병발 등의 위험이 따른다.

○ 감염의 진단을 위한 조사들

① ESR(Erythrocyte Sedimentation Rate, 적혈구침강속도)

기간에 따른 적혈구의 침강속도를 측정하는 검사로 비특이적인 현상이기는 하지만 감염과
같은 급성기 단백의 생성이 증가되는 질환들에서는 임상적인 유용성이 있다. 비감염의 정상수
치는 10mm/hr 이하이다.

② CRP(C-Reactive Protein test)

C반응성단백질검사, 급성기 반응물질로서 각종 체내 염증이나 급성 질환 시 증가한다.

○ 메티실린 내성 황색포도상구균(MRSA)

감염균 중 메티실린 항생물질에 내성이 생긴 포도상구균을 말한다. 이는 주로 직·간접적인
접촉에 의하여 감염되는 것으로 알려져 있다. 최근에 병원 내 감염의 주요 원인균으로 알려지
고 있다.

○ 뇌농양

외상, 인접부위의 감염, 혈행성 전염 등으로 미생물이 뇌조직에 침범하여 뇌실질에 농으로
된 낭을 형성하는 것을 말하는데, 농양의 뇌에서의 위치 및 범위에 따라 해당하는 신경학적 후

---

4) 해당 내용은 판결문에 수록된 내용임.

유증(언어장애, 인지력 저하, 반신마비, 의식저하) 등이 발생할 수 있다.

○ MRSA의 치료대책

MRSA는 건조한 환경에서도 오랫동안 살 수 있으므로 주위환경과 의료인의 손이나 비강이 중요한 전파요인이다. 따라서 원내감염률을 줄이는 최선의 방법은 병원감염의 감시체계를 확립하여 의료종사자들의 교육과 함께 의료인들이 손을 자주 씻는 등의 자기관리를 철저히 하는 것이다. 감수성이 있는 항생제를 투여하는 것이 근본적 치료인데, MRSA 감염에는 반코마이신 또는 타고시드 등의 항생제가 감수성이 있어 주로 투여하고 있다.

판례 10. 후궁절제 및 수핵제거술 시행 후 경막열상 및 척수액누출로 추간원반의 감염 및 추간판장애 등의 진단을 받은 사건_대법원 2009. 5. 14. 선고 2009다13033 판결

1. 사건의 개요

후궁절제 및 수핵제거술을 시행하였으나 수술과정에서 경막열상의 발생 및 이를 제대로 봉합하지 않아 척수액이 누출되어 결국 추간원반의 감염 및 추간판장애 등의 진단을 받은 사건이다[서울남부지방법원 2008. 4. 24. 선고 2006가합16230 판결, 서울고등법원 2009. 1. 13. 선고 2008나49761 판결, 대법원 2009. 5. 14. 선고 2009다13033 판결]. 이 사건의 자세한 경과는 다음과 같다.

날짜	시간	사건 개요
2005. 8. 17.		• 요통 및 하지방사통으로 개인정형외과병원에서 치료를 받다가 6일 전부터 걷지 못할 정도의 통증 및 감각 저하가 있어 아파서 똑바로 잘 수 없어 피고병원에 내원(환자 여자, 나이 미상) • MRI 촬영 등 검사 시행 = 제4-5번 요추 추간판탈출증으로 진단, 후궁절제 및 수핵제거술 권유
2005. 8. 18.		• 수술받기 위해 피고병원 입원 • 환자에게 수술의 후유증, 합병증, 부작용에 대하여 충분히 설명하고 동의서 받음

2005. 8. 19.		• 후궁절제 및 수핵제거술 시행(1차 수술)
		  = 수술부위 절개 결과 신경근이 탈출한 수핵과 황색인대 사이에서 심하게 유착되어 있는 것을 발견하였으나 계속 수술을 진행하였는데, 그 과정에서 등쪽 뿌리 부위 경막에 0.2cm정도의 열상이 발생함
		  = 열상부위를 환자의 근육조각으로 덮고 풀(surgical glue)을 이용하여 봉합함

	수술 후	• 통증은 멎었지만 수술부위로 척수액이 간헐적으로 누출됨 = 병원에 입원하도록 하여 경과를 지켜봄
2005. 8. 22.		• 혈액검사 시행 = 백혈구 수치 15,700cells/$\mu\ell$까지 증가

날짜	시간	사건 개요
2005. 9. 11.		• 척수액 누출부위를 다시 봉합하는 수술 시행 (2차 수술)
	수술 후	• 척수액의 누출이 멎음
2005. 9. 22		• 허리 MRI검사 시행 = 병원균에 의한 감염에 의한 염증이 아닌 수술 후 나타나는 염 증성 변화인 "inflammatory"이 보고됨
2005. 11. 11.		• CRP검사 실시 = 음성으로 나타나 감염의 징후가 보이지 않음 • 퇴원
2005. 11. 18.		• 가벼운 허리통증 호소하며 피고병원 내원 • 감염의 징후 나타나지 않음
2005. 11. 24.		• 감염 증세 나타남
2005. 11. 29.		• 5일 전부터 심한 요통 및 둔부통증이 있다고 호소하며 피고병원 에 다시 내원
		• 혈액검사 등 실시 = ESR(백혈구 침강속도)의 수치가 110mm/hr로 나타나고, CRP (C‒반응성 단백질)가 양성으로 확인됨 = 감염에 의한 염증으로 의심, 감염내과의 보조진료를 받을 수 있는 3차 병원으로의 전원 권유
2005. 12. 1.		• A병원에 입원
		• 추간원반의 감염 및 추간판장애 등의 진단을 받아 감염에 대한 치료를 받음

2. 사건에 대한 법원의 판단요지

가. 설명의무 위반 과실 여부: 법원 불인정(제1심)

(1) 원고 측 주장

피고병원 의사가 1차 수술 전 환자에게 수술에 의한 후유증이 뒤따를 것이라는
설명을 전혀 하지 않아 의사로서의 설명의무를 위반하였다.

(2) 법원 판단

피고병원 의사는 수술 전인 2005. 8. 18. 환자에게 "수술을 받더라도 간혹 수술
부위에 출혈이 있거나, 감염으로 염증이 발생하거나, 척수액이 누출되는 경우가 있는

데 그러면 재수술 또는 항생제투약을 해야 되고, 입원기간이 길어질 수 있으며, 디스크가 재탈출되면 증상이 재발한다."라고 하여 수술의 후유증, 합병증, 부작용 등에 대해 충분히 설명하였고 환자와 환자의 남편으로부터 이러한 사실이 기재된 수술동의서를 받았으므로 환자의 주장은 인정하지 않는다.

나. 보존적 치료를 하지 않고 성급하게 수술을 실시한 과실 여부: 법원 불인정(제1심)

(1) 원고 측 주장

피고병원에 내원할 당시 증상이 시작한 지 6일 정도밖에 지나지 않아 수술이 필요할 정도로 응급상태가 아니었음에도 피고병원에서 성급하게 수술을 시행한 과실이 있다.

(2) 법원 판단

의료진은 환자에게 2005. 8. 17.에 수술을 권유하고 2005. 8. 19.에 수술을 시행하였다. 일반적으로 추간판탈출증은 보존적 치료만으로도 증상이 호전되는 경우가 많지만 이 사실 만으로는 환자가 수술을 시행하여야 할 상태가 아니었다고 인정하기 부족하고, 환자는 요통 및 하지방사통으로 개인정형외과에서 치료를 받다가 내원하였으며 통증과 감각저하가 심해져 있었고 수핵과 신경근의 유착은 추간판 탈출의 정도가 심할수록, 탈출된 기간이 오래될수록 심할 수 있는데 환자의 경우 수술 당시 수핵과 신경근이 심하게 유착되어 있었던 점을 고려하여 환자에게 수술적 치료를 권유하고 시행한 것은 의사로서 선택할 수 있는 한 방법이었고 피고병원 의사의 선택이 합리적이지 않았다는 것을 증명할 증거가 없다.

다. 1차 수술시 경막열상의 발생 및 이를 봉합하는 과정상의 과실: 법원 인정(제1심, 항소심)

(1) 원고 측 주장

1차 수술 중에 피고병원 의사가 경막에 열상을 발생하게 하였고, 이 열상은 처음부터 단순봉합도 하지 않은 채 surgical glue만을 사용하여 봉합하여 수술 후 척수액이 누출되게 하였다.

(2) 법원 판단

1차 수술을 하는 과정에서 환자의 경막에 0.2cm의 열상이 발생하여 피고병원 의사는 열상부위를 환자의 근육조직 일부로 덮고 풀칠하는 방법으로 봉합하였고, 경막에 이러한 크기의 열상이 발생한 경우 대부분 단순봉합으로 치료가 가능하며 봉합이 어려운 부위에도 근막을 잘 봉합하고 2~3일간 환자를 눕혀 링거액을 주사하면 차후에 문제가 없는 경우가 대부분이다.

그러나 환자는 1차 수술 후 2005. 9. 11. 2차 수술을 할 때까지 약 20여일 동안 척수액이 계속 누출되어 2차 수술을 통하여 1차 수술 때와 동일한 방법을 이용하여 경막을 봉합하자 척수액이 더 이상 누출되지 않았다.

이런 점들을 고려할 때 피고병원 의사는 1차 수술 과정에서 경막을 파열하고 이에 대한 봉합을 제대로 하지 않아 척수액이 누출되도록 한 잘못이 있으며 환자의 수술 당시의 상태 등을 고려하여 경막 파열 및 척수액 누출이 불가피하였다는 증거가 없어 환자의 주장을 인정한다.

라. 수술 후 처치상의 과실: 법원 불인정(제1심)

(1) 원고 측 주장

피고병원 의사는 척수액의 누출로 인한 감염가능성을 인식하였고, 수술 후 백혈구 수치가 참고치 이상으로 나와 CRP검사를 하여 감염여부를 확인하여야 함에도 퇴원직전에야 CRP검사를 시행하는 등 수술 후 감염의 예방을 위한 처치를 소홀히 한 과실이 있다.

(2) 법원 판단

수술 후 혈액검사 결과 환자의 백혈구 수치가 증가한 사실과 퇴원무렵에 비로소 CRP검사를 실시한 사실은 인정하지만 ① 피고병원 의사는 2005. 8. 18.부터 2005. 11. 11.까지 혈액, 소변, 체온, 혈압, 맥박 검사를 꾸준히 실시하였고 그 결과 입원기간 중에는 감염의 징후가 없었던 점, ② 2005. 9. 22. 실시한 허리 MRI검사에서 병원균에 의한 감염에 의한 염증이 아닌 수술 후 나타나는 염증성 변화인 "inflammatory"만이 보고된 점, ③ 입원기간 중 수술부위의 회복과 감염방지를 위해 환자에게 계속 항생제 등의 약물을 투여한 점, ④ 2005. 11. 11.에 실시한 CRP검사에서도 그 결과가 음성으로 나타나 감염의 징후는 보이지 않은 점, ⑤ 2005. 11. 27. 시행한 ESR과 CRP검사 결과 염증의 징후를 발견하고 환자에게 감염내과가 있는 타 병원으로 전원을 권유한 점 등을 고려하여 수술 후 감염의 예방을 위한 처치를 소홀 히 한 과실이 있다고 인정하기 어려워 환자의 주장은 이유 없다.

마. 의료진의 사용자 과실 책임 여부: 법원 불인정(제1심, 항소심)

(1) 의료진 측 주장

의료진 측은 개인종합병원을 개설하면서 신경외과 전문의인 피고병원 의사를 채용하여 신경외과 진료업을 전담하게 하였고, 의료진의 직접적이고 실질적인 지휘, 감독을 받지 않고서 자기 자유재량에 의하여 독립적으로 일을 하여 의료진와 피고병 원 의사 사이에는 사용관계가 존재하지 않고, 사용관계가 존재한다고 하여도 선임 및 사무감독에 상당한 주의를 하여 의료진에게 책임을 물을 수 없다.

(2) 법원 판단

의료진이 피고병원 의사를 신경외과 전문의로 채용하여 신경외과 진료업무를 담당하게 한 이상, 의료진은 사용자로서 그 선임 및 감독상의 과실이 없음을 인정하 지 못하는 이상, 피고병원 의사의 과실로 인하여 발생한 손해를 배상할 책임이 있어 의료진의 주장을 받아들이지 않는다.

3. 손해배상범위 및 책임제한

가. 의료진의 손해배상책임 범위: 제1심 70% 제한

나. 제한 이유

피고병원 의사가 1차 수술에서 경막을 파열시키고 이를 제대로 봉합하지 못하 여 척수액이 누출되게 한 과실이 있고 그로 인해 입원기간이 길어져 2005. 11. 11.까 지 피고 병원에 입원하며 추가적인 치료를 받게 되었음을 인정한다. 그러나 1차 수술 후 환자의 척수액이 계속적으로 유출되었고, 수술부위를 통하여 척수액이 지속적으 로 누출되면 수술부위에 감염이 발생하기 쉽고 척추수술의 경우 수술 후 3개월 내지

6개월 후에도 감염이 발생할 수 있는데 1차 수술로 인하여 척수액이 누출되었던 시기(2005. 8. 19.~2005. 9. 11.)와 감염증세가 나타난 2005. 11. 24.과의 사이에 시간 간격이 존재하고, 2005. 11. 18.까지도 감염의 징후가 나타나지 않은 점을 고려하면 피고병원 의사의 1차 수술상의 잘못으로 척수액을 누출하게 한 과실과 그 후 수술 부위가 감염되어 발생한 장해 등의 손해 사이에 인과관계가 있다고 인정하기 어렵다.

그러므로 의료진이 환자에게 배상하여야 할 손해의 범위는, ① 후궁절제 및 수핵제거술 후 통상적으로 필요한 회복기간으로 인정되는 5일을 초과하여 환자가 피고병원에 입원함으로써 발생한 입원기간의 일실 소득, ② 같은 기간의 개호비, ③ 1, 2차 수술 및 입원 등으로 인하여 발생한 치료비 손해, ④ 위자료에 한정된다.

환자가 피고병원에 내원할 당시 이미 추간판과 신경근이 심하게 유착되어 있어 신경근과의 박리과정이 일반적인 환자에 비해 어려워 수술 중 경막파열의 위험이 컸을 것으로 보이고 이러한 환자 측의 사정과 이 사건 수술의 난이도 등을 고려하여 의료진의 손해배상책임 범위를 70%로 제한한다.

다. 손해배상책임의 범위

○ 제1심, 항소심

(1) 청구금액: 142,502,121원

(2) 인용금액: 15,667,220원

   (가) 경제적 손해: 총 5,243,208원: (3,140,524원 + 4,349,774원)×70%

      ① 일실수입: 3,140,524원

      ② 개호비: 4,349,774원

      ③ 치료비: 424,012원

   (나) 위자료 10,000,000원

4. 사건원인분석

이 사건은 요통 및 하지방사통으로 내원한 환자가 MRI 검사결과 제4-5번 요추 추간판탈출증으로 진단받아 후궁절제 및 수핵제거술을 시행하였으나 수술과정에서 경막열상의 발생 및 이를 제대로 봉합하지 않아 척수액이 누출되어 결국 추간원

반의 감염 및 추간판 장애 등의 진단을 받은 것이다. 자문위원들은 척추수술 후 척수
액 누출은 흔하며 불가피하게 발생된다고 하였다. 다만, 박리가 불가능할 정도로 유
착이 심하거나 경막이 찢어질 경우에는 척추후궁이나 비후된 추간관절을 부분적으로
절제하여 충분한 감압을 하기도 한다는 자문의견이 있었다. 만약, 척수액의 누출은
없었으나 감염되었다면 그 결과에 따라 달라질 것으로 보이며, 2차 수술을 1차 수술
과 다른 방법으로 했다면 과실 인정 여부가 어떻게 변할지 의문이 든다는 자문의견
도 있었다.

이 사건과 관련된 문제점 및 원인을 분석해본 결과는 피고병원 의사가 환자에
대한 후궁절제 및 수핵제거술(1차 수술) 시행 당시 신경근이 탈출한 수핵과 황색인대
사이에 심하게 유착되어 있는 것을 발견하였음에도 무리하게 수술을 진행하고 제대
로 봉합을 하지 않아 사건이 발생하였다(〈표 10〉 참조).

〈표 10〉 후궁절제 및 수핵제거술 시행 후 경막 열상 및 척수액 누출로 추간판 장애 등의
진단을 받은 사건 – 원인분석

분석의 수준	질문	조사결과
왜 일어났는가? (사건이 일어났을 때의 과정 또는 활동)	전체 과정에서 그 단계는 무엇인가?	– 수술 시행 단계
가장 근접한 요인은 무엇이었는가? (인적 요인, 시스템 요인)	어떤 인적 요인이 결과에 관련 있는가?	• 의료인 측 – 수술 중 과오(수술 중 경막에 열상 발생)
	시스템은 어떻게 결과에 영향을 끼쳤는가?	• 의료기관 내 – (추정) 수술 부위 봉합을 위한 기구 지원 미흡 – (추정) 의료기구의 사용 방법에 대한 의료인 교육 미흡 • 법·제도 – (추정) 수술부위 봉합을 위한 기구 사용을 위한 지원 미흡

5. 재발방지대책

원인별 재발방지대책은 〈그림 10〉과 같으며, 각 주체별 재발방지대책은 아래와 같다.

〈그림 10〉 후궁절제 및 수핵제거술 시행 후 경막 열상 및 척수액 누출로 추간판 장애 등의
진단을 받은 사건 – 원인별 재발방지대책

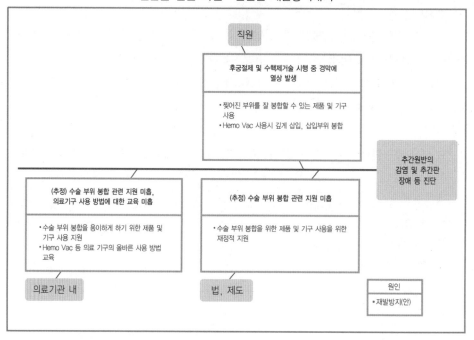

(1) 의료인의 행위에 대한 검토사항

수술 중 발생가능한 경막열상을 봉합할 시 찢어진 부위의 봉합을 가장 잘 할 수 있는 제품이나 기구를 사용해야 한다. 또한 Hemo Vac 등의 의료기기를 사용할 경우 올바른 사용방법을 익히고 적용해야 한다.

(2) 의료기관의 운영체제에 관한 검토사항

의료인이 수술부위의 봉합을 용이하게 하기 위한 제품과 기구를 사용할 수 있도록 지원하고 이를 사용하도록 권유한다. 또한 의료기기의 올바른 사용방법을 교육하

여 의료인이 의료기기의 사용방법을 제대로 적용할 수 있도록 해주어야 한다.

　(3) 국가·지방자치단체 차원의 검토사항

　수술부위의 봉합을 용이하게 하기 위한 제품과 기구, 의료기기의 사용을 위해 재정적인 지원을 한다.

┃ 참고자료 ┃ 사건과 관련된 의학적 소견[5]

○ 추간판탈출증

추간판은 상하 척추의 추체를 연결하는 조직으로, 각 추간판은 중심부에서 반고체성으로 이루어진 수핵과 이를 둘러싸고 있는 섬유륜 및 이들을 상하 척추체에 연결하는 연골성 종판으로 구성되어 있다. 추간판탈출증이란 부드러운 척수핵이 찢어진 섬유륜 틈으로 튀어나오거나 퇴행성 변화를 일으켜 수핵의 탄력성이 상실되어 굳어지고 섬유륜은 부분적으로 갈라지면서 약해져 굳어진 수핵의 일부가 밖으로 빠져나오는 증상이다. 추간판탈출증의 치료는 보존적 요법과 수술적 요법으로 나눌 수 있는데, 특별한 경우 외에는 침상안정, 골반견인, 물리치료, 요근부운동, 경막상 스테로이드 주사 등 보존적 요법을 실시하여 완전한 증세의 소실을 볼 수 있다. 그러나 배뇨장애를 동반하는 급성 마미총증후군을 보이는 경우, 6~12주간 보조적 요법을 시행해도 효과가 없는 경우, 견딜 수 없는 통증이 계속되어 잠을 자지 못할 정도인 경우, 하지근육의 운동약화나 족하수와 같은 신경마비 증상을 일으키는 경우, 장기적인 보존요법을 실시할 수 없는 경우에는 수술적 요법을 시행한다. 환자에게 실시한 수술의 경우, 수술 후 3일 내지 5일, 길면 1주일 정도의 입원 후 퇴원이 가능하다.

한편 척추수술의 경우 수술 후 감염의 가능성은 0.5~5% 정도로 보고된다. 당뇨병, 영양실조, 고도 비만, 스테로이드 투여자, 신체 타 부위에 염증이 있었던 경우, 수술 전 장기입원하던 자, 수술시간이 3시간 이상으로 긴 경우, 수술 후 척수액 유출이 있었던 경우 등 다양한 경우 수술 후 감염이 발생하기 쉬운 것으로 보고되었고, 감염은 수술 후 5일 내에 발생하는 경우가 보통이나, 척추수술의 경우 3개월에서 6개월 정도 후에도 감염이 발생할 가능성이 있다.

---

5) 해당 내용은 판결문에 수록된 내용임.

판례 11. 경막외신경차단술 시행 후 저혈당성 뇌병증 진단을 받고 폐렴 등으로 인한 심폐기능정지로 사망한 사건_대구고등법원 2010. 10. 20. 선고 2009나7381 판결

1. 사건의 개요

중증의 골다공증, 퇴행성 척수염, 다발성 진구성 요추다발성 골절과 척추증으로 진단받아 경막외신경차단술을 받았으나 갑자기 의식을 잃고 저혈당쇼크로 저혈당성 뇌병증 진단을 받은 후 치료과정 중 폐렴 및 패혈증으로 인해 심폐기능정지로 사망한 사건이다[대구지방법원 2009. 8. 19. 선고 2007가단17083 판결, 대구고등법원 2010. 10. 20. 선고 2009나7381 판결]. 이 사건의 자세한 경과는 다음과 같다.

날짜	시간	사건 개요
2003. 5. 11.		• 어깨관절의 염좌 및 긴장 증상으로 의료진으로부터 진료를 받음 (환자 1929. 1. 19.생, 사고 당시 78세, 여자, 과거 급성 심근경색증으로 치료를 받고 투약 중이었으며, 자궁탈출증으로 수술을 받고, 중풍으로 구음장애와 운동력이 약화되어 한의원에서 침을 맞는 등 치료받은 병력 있음)
2005. 8. 4. 2005. 8. 14. 2005. 9. 11. 2005. 9. 15.		• 척추증 등의 증상으로 4회에 걸쳐 경막외신경차단술을 시술받았던 사실이 있으나, 특별히 혈당 부분에 이상이 있다는 징후는 보이지 않음
2007. 1. 1.	13:40경	• 허리(항소심에는 등과 엉덩이부위) 통증을 느껴 피고병원 응급실에 내원
2007. 1. 1.		• 요추부 및 양측 골반, 양측 무릎 부위의 X-ray 시행 = 중증의 골다공증, 퇴행성 척수염, 다발성 진구성 요추다발성 골절 진단. 침상에서의 안정가료 및 관절주사의 시술, 통증치료가 필요하다는 진단으로 피고병원에 입원함
2007. 1. 2.		• 혈액검사 등의 임상병리검사와 심전도검사 시행 • 내과에서 상복부통증, 소화장애 등의 증상에 대하여 맥페란(진통제), 레보프람(복부팽만감에 대한 처방), 파라리딘(소화불량에 대한 처방) 처방. 적혈구 농축액 주사

날짜	시간	사건 개요
2007. 1. 2.		• 신경외과에서 등과 엉덩이부위의 통증에 대하여 척추증으로 진단. 경막외 신경차단술 시행
2007. 1. 3.	20:00경	• 마지막으로 상태 확인함
2007. 1. 4.	06:00경	• 갑자기 의식 잃음
	09:00	• 침상에서 의식을 잃은 상태로 발견됨

		• 흉부 X-ray 촬영, 혈액검사, 심전도검사, 소변검사 시행
		• BST 수치가 29mg/dℓ까지 떨어짐
		  = 저혈당쇼크 진단
		• 20%의 포도당 60cc 정맥주사함. 10% 포도당 1,000㎖와 전해질(염화칼륨) 1/2 앰플을 2회에 걸쳐 투여함
		  = BST 수치 50mg/dℓ으로 상승
		• 20%의 포도당 100cc 다시 정맥주사함
		  = BST 수치 174mg/dℓ까지 상승

2007. 1. 4.		• 의식 회복되지 않음. 전원 결정
	13:00경	• 피고병원 출발
	14:07경	• A병원 응급실로 도착
		• 뇌자기공명영상촬영 및 뇌파검사 시행 = 저혈당성 뇌병증(Hypoglycemic encephalopathy) 진단. 의식회복의 가능성이 없다는 진단받음
2007. 1. 6.		• 타병원으로 전원. 입원치료 받음
2007. 8. 24.		• 폐렴 및 패혈증으로 인한 심폐기능정지로 사망

2. 사건에 대한 법원의 판단요지

가. 진료행위 과실로 저혈당성 뇌병증을 발생시킨 여부: 법원 불인정(제1심) → 법원 인정(항소심)

(1) 원고 측 주장

 — 의료진이 충분한 검사를 통하여 망인의 건강상태를 정확히 진단하고, 입원치료 중에도 수시로 경과를 관찰하여 위급한 상황이 발생하면 적절한 대응을 하는 등 필요한 의료상 주의의무를 다하여야 함에도 이를 게을리하여 하트만솔루션 링거용액을 과다 투여하여 저혈당을 유발시켜 저혈당으로 인한 뇌손상을 입게 하여 혼수상태

에 빠지게 하였다(제1심).

 — (제1심 주장에 추가하여) 환자의 임상경과 관찰을 소홀히 하였거나 그 임상상태를 발견하였음에도 그 내용을 진료기록에 제대로 기재하지 않아 임상상태를 제대로 발견하여 조기에 적절한 치료를 받을 기회를 상실하게 하였다(항소심).

(2) 법원 판단

○ ① 환자는 사고가 발생하기 전부터 피고병원에서 진료를 받았으나 당뇨병이나 혈당이상 등의 증세를 호소하지는 않았고, 입원 시에도 특별히 혈당부분에 이상이 왔다는 징후를 보이지 않은 점, ② 피고병원이 투여한 포도당액이 망인에게 저혈당쇼크를 발생시켰다는 사정이 보이지 않는 점, ③ 피고병원은 환자가 저혈당쇼크 증상을 보이자 최선의 주의의무를 다하여 혈당을 상승시킨 다음 의식불명에 빠진 환자를 신속하게 A병원으로 전원시킨 점 등을 고려하면 의료진이 행한 치료 및 응급조치는 적절하였고, 의료진의 진료행위가 반드시 환자의 저혈당성 뇌병증과 인과관계가 있다고 보이지 않아 원고 측의 주장은 이유 없다(제1심).

○ 제1심의 판단과 달리 의료진은 환자를 진료함에 있어 간호기록지, 투약기록지, 활력징후기록지는 아예 작성하지 않았고, 입원기록지나 경과기록지에도 환자의 기저질환, 약물복용력, 구체적인 처치의 내용 및 시각, 환자에 대한 회진 여부, 환자의 식사량, 활력징후, 환자의 입원 중 상태 등을 기재하지 않은 사실을 인정하여, 의료진은 의료행위에 관한 사항과 소견을 충분히 상세하게 진료기록부에 기재하지 않아 환자의 입원 중 상태에 대한 경과를 전혀 알지 못하고 그 임상상태에 대응한 적절한 치료를 하지 않아 환자를 저혈당쇼크에 빠지게 하고 신속하게 적절한 조치를 취하지 못하였음을 인정한다(항소심).

① 환자가 입원을 한 후 3일 만에 저혈당현상이 발생하였으며, 그 전에는 당뇨병에 대한 과거병력이 특별히 발견되지 않았던 점을 보아 입원 후 식사량이 적었을 것으로 추정되는 점, ② 환자는 사고 당시 만 78세의 고령이고 기왕에 여러 질병을 앓아 매우 허약한 상태였으며 고령으로 인한 장기기능의 저하, 근육량 및 지방량의 감소로 저혈당에 취약한 상태였으며, 더구나 척추증 등의 증상으로 기왕에 의료진으로부터 수회 척추부위에 스테로이드제제를 투약하는 경막외신경차단술을 시술받았고, 2007. 1. 2.에도 의료진으로부터 경막외신경차단술을 시술받아 이로 인한 부신 기능

저하의 가능성이 있었던 점, ③ 저혈당이 발생하는 경우 특별한 증상이 없이 의식이 혼미해지므로 본인이 스스로 그와 같은 상태를 알고 조치를 취하기는 어렵고 주변사람이나 가족에 의해서 발견되는 점, ④ 환자가 입원하였던 병실은 의료진의 병원에서 고용한 간병인이 상주하고 있어 보호자가 병실에서 환자를 간호하지 아니한 것으로 보이는 점 등을 고려하면 의료진으로서는 수시로 환자의 경과를 관찰하여 이상증상이 발생할 경우 즉시 필요한 조치를 취하여야 할 진료상의 주의의무가 있음에도 약 13시간 동안(피고병원 의료진이 환자의 상태를 마지막으로 확인한 것이 2007. 1. 3. 오후 8시경이고 의식불명에 빠진 환자를 발견한 것이 다음날 09 : 00경임)이나 환자의 경과를 관찰하지 않아 저혈당쇼크 상태에 빠진 환자를 신속하게 발견하여 적절한 조치를 취하지 못한 의료상의 과실이 있음을 인정한다(항소심).

나. 활력징후 측정을 소홀히 한 과실 여부: 법원 불인정(항소심)

(1) 원고 측 주장

의료진이 2007. 1. 1. 입원 시 혈압, 맥박, 체온, 혈당 등 활력징후(Vital Sign)에 대한 기본적인 검사조차 하지 않아 저혈당쇼크를 일으킬 소인이 있다는 사실을 미리 발견하지 못하였다.

(2) 법원 판단

활력징후는 생명유지에 필수적인 작용을 하는 뇌, 심장, 폐의 기능을 간접적으로 반영하는 것으로서 의사가 환자를 진찰함에 있어 기본적으로 관찰하는 항목으로 이를 측정하여 환자의 신체기능의 이상상태를 파악하여야 하고, 의료진이 작성한 경과기록지에 활력징후를 체크한다는 기재가 있을 뿐 구체적인 활력징후의 수치 및 활력징후의 변화에 대하여는 상세하게 기재하지 않는 등 의료진이 작성한 진료기록에 당시 환자의 활력징후에 관하여 그 기재가 부실한 사실은 인정하나 그것만으로는 의료진이 환자에 대한 활력징후의 측정을 소홀히 하였다고 단정하기엔 부족하여 환자의 주장은 인정하지 않는다.

다. 의학적 검사를 게을리 한 과실이 있는지 여부: 법원 불인정(항소심)

(1) 원고 측 주장

의료진이 충분한 의학적 검사를 통하여 환자의 건강상태를 정확히 진단하여야 함에도 이를 게을리하였다.

(2) 법원 판단

의료진이 환자에 대하여 요추부 및 양측 골반, 양측 무릎 부위의 X-ray 촬영을 한 후 환자에 대한 입원결정을 하고, 환자가 피고병원에 입원한 후에도 혈액검사 등의 임상병리검사와 심전도검사를 시행하는 등 환자에게 필요한 검사를 시행한 사실을 보아 의료진이 환자에 대한 의학적 검사를 게을리하였다고 인정할 만한 증거가 없다.

라. 환자에게 당뇨약제를 투여한 과실 여부: 법원 불인정(항소심)

(1) 원고 측 주장

의료진이 당뇨병 환자가 아닌 환자에게 당뇨약제를 투여하여 저혈당을 발생하게 하였다.

(2) 법원 판단

기록을 보아도 의료진이 당뇨병 환자가 아닌 환자에게 인슐린 등의 당뇨약제를 투여하였음을 인정할 만한 증거가 없다.

마. 의료진의 의료상의 과실 여부: 법원 불인정(항소심)

(1) 원고 측 주장

환자는 저혈당을 가져올 어떠한 질병도 없었는데 피고병원에 입원하여 치료를 받던 중 갑자기 저혈당쇼크가 발생하였기에 의료진의 의료행위가 원인이 되었다.

(2) 법원 판단

환자가 이전에는 특별히 혈당부분의 이상징후는 보이지 않았던 사실은 인정하나, 의료상의 행위에 과실이 있음은 이를 주장하는 원고 측에서 입증하여야 하고 그

것이 매우 어려운 일이라고 하더라도, 발생한 결과의 원인이 될 만한 건강상의 결함이 의료행위 이전에 없었다는 사정만으로는 의료상의 과실을 추정할 수 없어 환자 측의 주장은 인정하지 않는다.

사. 전원을 지연한 과실 여부: 법원 불인정(항소심)

(1) 원고 측 주장

의료진이 2007. 1. 4. 09 : 00경 의식불명상태에 빠진 환자를 발견하였음에도 불구하고 무려 4시간이나 지체한 뒤에야 A병원으로 전원하는 등 전원을 지연한 과실이 있다.

(2) 법원 주장

의료진이 2007. 1. 4. 09 : 00경 의식불명 상태에 빠진 망인을 발견한 후 환자에 대하여 필요한 검사를 실시한 사실, BST수치가 29mg/㎗까지 떨어진 사실이 발견되자 망인의 상태를 저혈당쇼크로 진단하고 포도당과 전해질 앰플을 투여하여 BST 수치가 50mg/㎗로 상승한 사실, 그 후 다시 20%의 포도당 100cc를 정맥주사하자 BST 수치가 174mg/㎗까지 상승하였으나 환자가 계속 의식을 찾지 못하자 A병원으로 전원시킨 사실을 고려하여 의식불명 상태에 빠진 환자를 발견한 후 의료진의 조치가 늦거나 부적절했다고 보기는 어려워 원고 측의 주장을 인정하지 않는다.

3. 손해배상범위 및 책임제한

가. 의료진의 손해배상책임 범위: 제1심 기각 → 항소심 30% 제한

나. 제한 이유

환자가 고령인 점, 환자가 기왕에 여러 질환을 앓아 허약한 상태였던 것으로 보이는 점, 의료진이 환자의 저혈당쇼크를 조기에 진단하고 그에 대한 치료를 하였다 하더라도 사망의 가능성을 전혀 배제할 수는 없는 점 등을 고려한다.

다. 손해배상책임의 범위

○ 제1심

(1) 청구금액: 94,856,046원

○ 항소심

(1) 청구금액: 94,856,046원

(2) 인용금액: 20,275,839원(20,275,845원에서 상속하는 과정에서 원 단위 미만
은 버림)

  − 치료비: 2,375,845원(7,919,486원×0.3)

  − 장례비: 900,000원(3,000,000원×0.3)

  − 위자료: 17,000,000원

4. 사건원인분석

급성 심근경색증, 자궁탈출증, 중풍, 척추증 등의 과거력이 있고 어깨관절의 염좌 및 긴장증상으로 진료를 받아오던 환자가 등과 엉덩이 부위에 통증을 느껴 응급실로 내원하여 X−ray 촬영 결과 중증의 골다공증, 퇴행성 척수염, 다발성 진구성 요추다발성 골절과 척추증으로 진단받아 경막외신경차단술을 시행받았다. 그러나 시술 2일째 환자는 갑자기 의식을 잃었고, 검사결과 저혈당쇼크로 진단받고 전원하여 치료받았음에도 결국 폐렴 및 패혈증으로 인한 심폐기능정지로 사망하였다. 이 사건과 관련된 문제점 및 원인을 분석해본 결과는 다음과 같다.

의료진은 2007. 1. 3. 20：00경 환자의 상태를 확인하고 다음날 09：00까지 약 13시간 동안 환자의 임상경과를 관찰하지 않아 저혈당쇼크 상태에 빠진 환자를 신속하게 발견하지 못하였다. 2007. 1. 3. 20：00경부터 다음날 09：00경 사이에 간호사가 환자관찰 또는 활력징후를 체크하는 등의 환자관리가 제대로 이루어지지 않은 것으로 보이며, 사건과 같이 심근경색증이나 뇌졸중과 같은 급사위험이 있는 질병을 앓았던, 전신성 질병을 앓은 고령의 환자들에 대해서는 보호자에게 급사위험에 대한 설명과 함께 더 자주 점검하도록 해야 한다는 자문의견이 있다.

자문위원은 환자에게 그동안 건강상태의 검사 및 관리가 미흡하였거나 당뇨검
사 자체를 시행하지 않아, 당뇨가 있음에도 당뇨병 병력이 없다고 한 것은 아닌지 의
심된다고 하였다. 당시 78세의 고령과 통증으로 인해 거동이 어렵고 충분한 음식 섭
취를 하지 못하였으며 스테로이드제나 수액을 맞는 등으로 인하여 저혈당이 발생한
것으로 생각되며 이러한 고위험군 환자들에 대한 관리로 수술 전에 뇌경색증의 과거
력 유무 확인, 뇌혈관조영술, 치매검사, 혈액응고검사 등의 검사를 추가로 시행하는
등 강화하여야 한다고 하였다.

또한 이 사건은 보통의 의사들이 능히 진단하고 대처할 수 있는 경우가 아니며,
심근경색증이나 뇌졸중과 같은 급사위험이 있는 질병을 앓았던, 전신쇠약 상태에 있
는 노인환자의 예상하기 어려운 상태악화까지 의사에게 책임을 묻게 되면, 모든 의사
들이 고위험환자를 회피할 것으로, 이 경우 상급병원을 이용해야만 하는 환자나 보호

〈표 11〉 경막외 신경차단술 시행 후 저혈당성 뇌병증 진단받고 폐렴 등으로 인해
심폐기능정지로 사망한 사건 – 원인분석

분석의 수준	질문	조사결과
왜 일어났는가? (사건이 일어났을 때의 과정 또는 활동)	전체 과정에서 그 단계는 무엇인가?	– 수술 전 설명 단계 – 환자관리 단계 – 진료기록 단계
가장 근접한 요인은 무엇이었는가? (인적 요인, 시스템 요인)	어떤 인적 요인이 결과에 관련 있는가?	• 환자 측 – 고령, 기왕증, 허약함 • 의료인 측 – 수술 전 설명 미흡(취약환자에 대한 위험성 설명 미흡) – 환자관리 소홀(인수인계시 환자관리 미흡) – 기록 부실(요양병원, 통증치료 목적 병원의 기록 부실)
	시스템은 어떻게 결과에 영향을 끼쳤는가?	• 의료기관 내 – 취약환자 관리시스템 부재 – 기록 강화를 위한 의료인 교육, 지원 미흡 – 간병인 관리 및 교육 미흡 • 법·제도 – 취약환자 관리 가이드라인 부재, 지원 미흡 – 기록 관리 미흡

자의 부담이 커지게 되며 의사 입장에서는 사전에 더 많은 검사를 하여 더 많은 위험에 대한 경고를 해야 한다는 자문의견도 있었다(〈표 11〉 참조).

5. 재발방지대책

원인별 재발방지대책은 〈그림 11〉와 같으며, 각 주체별 재발방지대책은 아래와 같다.

〈그림 11〉 경막외 신경차단술 시행 후 저혈당성 뇌병증 진단받고 폐렴 등으로 인해 심폐기능정지로 사망한 사건 – 원인별 재발방지대책

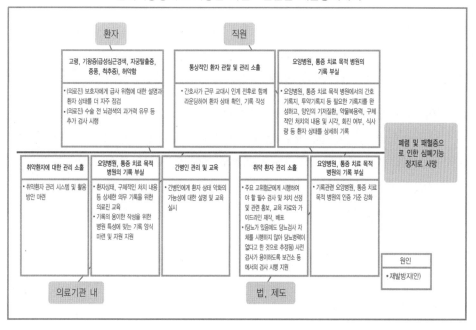

(1) 의료인의 행위에 대한 검토사항

간호사가 근무교대 시 인계 전후로 함께 라운딩하여 환자상태를 확인하는 등 통상적인 환자관리와 관찰이 제대로 이루어질 수 있도록 해야 한다. 요양병원이나 통증 치료 목적의 병원에서는 환자의 기저질환이나 약물 복용력, 구체적인 처치내용 등을 상세히 기록하여 기록지의 완성도를 높이도록 한다.

(2) 의료기관의 운영체제에 관한 검토사항

취약환자관리시스템과 이에 대한 활용방안을 마련하여 취약환자에 대한 관리를 강화한다. 요양병원이나 통증치료 목적 병원에서의 기록이 부실한 점을 보완하기 위해 환자의 상태, 구체적인 처치내용 등을 기재한 상세한 의무기록이 이루어질 수 있도록 의료인을 교육하여야 한다. 또한 병원의 특성에 맞는 기록양식을 마련하여 기록을 수월하게 작성할 수 있도록 한다. 간병인이 상주하는 병실에서 환자관찰 및 관리가 제대로 이루어질 수 있도록 간병인에게 환자의 상태가 악화될 수 있는 가능성에 대하여 설명하고 교육을 해야 한다.

(3) 학회·직능단체 차원의 검토사항

주요 고위험군환자에게 시행해야 하는 필수적인 검사와 처치를 선정하여 홍보, 교육 자료를 제작하고 해당 내용이 포함된 가이드라인을 제작하고, 각 의료기관에 배포하여 이를 활용할 수 있도록 한다.

(4) 국가·지방자치단체 차원의 검토사항

당뇨병 등의 병력이 있음에도 검사를 시행하지 않아 관리를 제대로 받지 못하는 환자들을 위해 사전검사가 용이하도록 보건소 등에서 검사를 시행할 수 있도록 지원하며, 요양병원이나 통증치료 목적 병원의 진료기록의 완성도를 높이기 위해 기록관련 인증기준을 강화해야 한다.

|참고자료|　사건과 관련된 의학적 소견6)

(1) 저혈당 및 저혈당쇼크

혈장 내의 포도당 농도가 60mg/dl 이하일 때 저혈당이라 하고 40mg/dl 이하면 저혈당쇼크라 한다. 저혈당은 주로 인슐린이나 인슐린분비제 등 당뇨약제가 투여되는 경우에 발생하며 그 밖에 뇌하수체기능저하증, 스테로이드제제 장기투여로 인한 부신기능저하증, 특정약물, 간기능장애, 신장기능장애 등에 의하여 발생할 수 있다. 저혈당을 유발하는 당뇨약제가 투여되지 않은 상태에서 저혈당이 발생하였다면 환자가 기본적인 질환이 있는 상태에서 식사량감소 등이 동반될 때 저혈당이 발생할 수 있으며, 환자가 고령인 경우 고령 자체가 장기기능의 약화를 가져오거나 근육량, 지방량의 감소를 가져와 저혈당에 좀 더 취약할 가능성이 있다. 저혈당의 경우 특별한 증상 없이 의식이 혼미해지므로 본인 스스로 증상을 발견하기 보다는 주변사람이나 가족에 의해서 발견되기 때문에 정기적인 혈당측정이 중요하다.

(2) 경막외 신경차단술

척추뼈 사이의 공간을 통하여 해당되는 신경을 싸고 있는 막(경막) 바로 바깥쪽까지 주사침을 넣어 주사제를 주입하여 척수신경을 차단하는 방법으로 국소마취제 외에 스테로이드제를 혼합하여 사용하는 경막외신경차단술은 수술 시나 수술 후의 통증제거뿐만 아니라 특히 만성통증으로 인한 척추증의 치료에 효과적인 주사요법이다.

(3) BST(Blood Sugar Test, 혈중 당농도 측정)

정상수치는 공복 시 110mg/dℓ 미만, 식후 1시간 180mg/dℓ 미만, 식후 2시간 140mg/dℓ 미만이다.

---

6) 해당 내용은 판결문에 수록된 내용임.

제5장

환자관리 관련 판례

환자관리 관련 판례

판례 12. 만성경막하혈종제거술 후 환자상태 관찰 소홀로 인한 폐렴 등에 의해 사망한 사건_서울고등법원 2005. 9. 20. 2005나29469 화해권고결정

1. 사건의 개요

만성경막하혈종제거술 시행 이후 환자상태 관찰을 소홀히 하고 설명을 충분히 하지 않아 혼수상태에서 사망으로 이어진 사건이다[서울중앙지방법원 2005. 3. 2. 선고 2002가단223037 판결, 서울고등법원 2005. 9. 20. 2005나29469 화해권고결정]. 이 사건의 자세한 경과는 다음과 같다.

날짜	시간	사건 개요
2002. 4. 1.		• 내원(환자: 나이 미상, 여자) = 대학병원 진료의뢰에 따라 피고병원 신경외과에 내원하였음 • 뇌 MRI 검사결과 양측 전두, 두정 후두엽에 걸친 만성 경막하혈종으로 진단하고 수술 위해 곧바로 입원시킴
2002. 4. 2.		• 피고병원 의사는 보호자들로부터 수술동의서를 받음
2002. 4. 3.		• 두개골 양쪽에 각각 두 개의 구멍을 뚫고 아래에 있는 경막을 절개한 후 만성 경막하혈종의 막을 뚫어 출혈을 씻어낸 후 좌, 우측에 각각 한 개의 구멍을 통해 두 개의 배액관을 넣는 수술을 시행함

날짜	시간	사건 개요
2002. 4. 6.	10 : 00경	• 회진 시 전날 촬영한 뇌 CT 검사결과 출혈량이 수술 전에 비해 줄어들었고, 왼쪽보다 오른쪽 반구가 더 차올라 있는 소견을 확인함
	11 : 45경	• 왼쪽 배액관은 잠그고, 오른쪽 배액관을 제거함
2002. 4. 7.	00 : 00	• 간호사에게 옆으로 돌아 누울 때 왼쪽 귀에서 물 흐르는 소리가 난다고 호소함
	10 : 00	= 당일 촬영한 CT 검사결과로는 기뇌증이 약간 좋아졌고, 왼쪽 반구도 거의 다 차올라 있었으며, 출혈도 거의 보이지 않았음
	17 : 00	
2002. 4. 8.	00 : 00	• 간호사에게 왼쪽 귀에서 여전히 물소리 나는 것 같다고 호소함
	09 : 00	
2002. 4. 8.	10 : 00경	• 피고병원 의사는 회진하면서 전날 촬영한 CT 소견상 이상이 없는 것으로 판단함 • 왼쪽 배액관을 열어보았고, 그 후 한시간 동안 배출된 2cc 정도의 뇌척수액 외에 더 이상의 배액이 없어 서서히 왼쪽 배액관을 제거함 = 제거 당시 피부절개부위 출혈은 없었고, 갑작스런 의식변화도 없었음
2002. 4. 8.	11 : 30경	• 회진하러 갔다가 자고 있다는 보호자의 말을 듣고 환자의 상태를 직접 관찰하지 않았음
	13 : 20경	• 간호사에게 환자가 이상하게 계속 자려고만 하니 와서 봐달라고 보호자가 요청함 = 혈압 180/110mmHg, 심박수 120회/min, 호흡수 28회/min, 체온 37.8℃, 동공은 좌우 4/4mm로 고정되어 있는 것을 알게 됨
	13 : 23경	• 담당의사에게 상태가 이상하다고 연락함 • 담당의사는 환자가 전혀 의식이 없는 E1M1V1 혼수상태임을 확인 후 뇌압강하제인 만니톨 20% 100cc 투여하였음
	13 : 40경	• 뇌 CT 검사결과 환자의 좌측전두측두 두정부에 급성 경막하출혈이 아주 심하게 생겼고, 혈종으로 인한 두개강내 병소의 확장으로 뇌중앙부의 구조물들이 심하게 밀려있는 것이 발견됨
	13 : 50경	• 응급개두술 및 급성경막하혈종제거술 시행함 = 이전의 천공에서 흡인하려 했으나 당시 혈종이 굳은 상태에서 나오지 않았음
2002. 4. 8.		• 이후 중환자실로 옮겨 집중치료하였음
2002. 4. 9.		• 추적 뇌 CT 검사결과 뇌실크기가 증가한 소견이 보여 뇌척수액의 순환과 흡수에 장애가 생긴 상태로 판단하고 다시 뇌압조절을 위해 보호자의 동의를 얻어 뇌실외배액관을 설치함

날짜	시간	사건 개요
2002. 4. 12.		• 설치 후 뇌의 대사를 떨어뜨리기 위해 펜토탈 지속적으로 주사함
2002. 4. 13.		• 세파졸린과 젠타마이신으로 체열이 조절되지 않아 감염내과와 협의하여 반코마이신과 세프타지딤으로 바꾸어 투약함
2002. 4. 17.		• 뇌척수액 검사수치가 다소 호전됨 • 체온 38℃ 이하로 조절되는 양상 보임
	22 : 00경	• 통증에 대해서도 M3 정도의 움직임 보임
2002. 4. 19.	밤	• 계속 38℃ 이상 열이 지속됨
2002. 4. 22.		• 감염내과에 항생제 사용에 대해 의뢰함
2002. 4. 22.	20 : 30경	• 보호자들에게 장기간의 기관삽관에 따른 합병증인 출혈, 감염, 기흉 등을 방지하기 위해 이비인후과에서 기관절개술을 시행할 것이라고 이야기하였음
2002. 4. 23.	17 : 00경	• 이비인후과는 신경외과 의뢰에 따라 기관절개술을 시행함 = 산소포화도: 시행 전 97~99%, 시행 후 96% 유지
	19 : 20	• 기관절개 부위에서 신선한 혈액이 계속 흡인되었음
	23 : 30	• 이비인후과에서는 일단 자주 흡인하면서 관찰하겠다고 함
2002. 4. 25.	22 : 00	• 이비인후과 당직의사가 48시간이 되어 T−캐뉼라를 교환하면서 특별한 출혈부위는 없으니 계속 흡인하면서 관찰하라고 하였음 = 교환 후에도 산소포화도 95%로 유지되었으나 오래된 혈괴가 조금씩 섞여 나왔고, 구강과 비강에서는 비교적 신선한 혈액이 섞여 나왔음
2002. 4. 26.		• 기관절개 부위에서 계속 혈액이 흡인되어 나왔음
2002. 4. 27.	14 : 00경	• 이비인후과 의사가 방문하여 내시경으로 관찰하면서 T−캐뉼라 재교환함
	17 : 00경	• 갑자기 수축기 혈압이 80mmHg으로 떨어지고 산소포화도 70%까지 감소함 = 담당의사는 흉부방사선검사 결과 나타난 왼쪽 폐의 전면 음영을 혈괴에 의한 기관지협착으로 판단하여 다시 이비인후과에 협진의뢰하였음
	18 : 00	• 이비인후과에서도 18 : 00 실시한 기관지경검사 결과 혈괴가 왼쪽 기관지 쪽을 막고 있는 것을 발견함
	22 : 00	• forceps, suction 등의 방법을 통해 혈괴를 제거한 후 T−캐뉼라 대신 E−tube로 교환하였음 = 산소포화도 100%로 오르고, 좌측 호흡음 들리기 시작하며, 흉부방사선의 음영도 낮아짐

날짜	시간	사건 개요
2002. 4. 28.		• 담당의사는 폐렴가능성 우려하여 기존에 투여하던 항생제 외에 clindamycin 300mg bid 추가하였으나 오전부터 38.5℃ 열이 생긴 이후 계속 체온이 떨어지지 않았음
2002. 4. 29.		• 일시 자가호흡 없어지고, 혈액검사상 왼쪽 폐에 DIC(파종성 혈관내 응고 증후군) 소견까지 나타날 정도로 상태 악화되었음 = 혈액종양내과에서는 위 DIC의 원인은 lung event 때문일 가능성이 높다고 하고, 신선동결혈장(FFP)과 항티트롬빈(AT) Ⅲ을 주면서 조절하라고 함
이후		• 신경외과 의사들은 이비인후과, 호흡기내과, 혈액종양내과, 소화기내과, 내분비내과 등과 협의하여 환자를 치료했음
2002. 5. 11.	14 : 16	• 사망 = DIC와 고열, 폐렴 증세 호전되지 못한 채 사망함

2. 사건에 대한 법원의 판단요지

가. 불필요한 수술을 강행함: 법원 불인정

(1) 원고 측 주장

환자가 피고병원 내원 당시, 단지 경미한 두통을 호소했을 뿐 신경학적 결손도 없었고, 뇌 MRI 검사결과 뇌심부에 1cm 미만의 작은 이상신호강도가 관찰되었음에도 불구하고 피고병원 의사는 약물요법이나 대증적 요법 시행하지 않은 채 수술적 치료를 강행하였다.

(2) 법원 판단

의사의 질병진단 결과에 과실이 없다고 인정되는 이상 그 요법으로서 어떠한 조치를 취해야 할 것인가는 의사 스스로 환자의 상황 기타 이에 터 잡은 자기의 전문적 지식·경험에 따라 결정해야 할 것이고, 생각할 수 있는 몇 가지의 조치가 의사로서 취할 조치로서 합리적인 것인 한 그 어떤 것을 선택할 것이냐는 당해 의사의 재량권 범위 내에 속하고 반드시 그 중 어느 하나만이 정당하고 이와 다른 조치를 취한 것은 모두 과실이 있는 것이라고 할 수 없다.

2002. 4. 1. 환자의 뇌 MRI 검사결과 뇌심부에 1cm 미만의 작은 이상신호강도

가 보였고 판독의사가 이를 Grade1으로 분류했던 사실은 인정되나, 이러한 분류는 일반적으로 통용되는 분류법이 아니어서 예후를 예측할 수는 없고 진료기록감정촉탁 결과에 의하면 만성 경막하혈종은 점차 두개강내압이 상승되어 측두엽 허니아를 일으키면 점차 의식이 혼미해지면서 동측의 동공이 산대되고, 더 진행되면 뇌간마비증상을 나타내는데 수술하지 않으면 사망하게 되는 사실과 환자의 뇌 MRI 소견상 나타난 출혈량은 대증적 요법이나 단순관찰로 자연소실을 기대할 수 있는 정도 이상이었던 사실을 인정할 수 있다.

나. 천공술 후 환자관리 및 관찰상의 주의의무 위반: 법원 불인정

(1) 원고 측 주장

천공술 후 오히려 두통이 지속되고 2002. 4. 5.부터 망인이 왼쪽 귀에서 물흐르는 소리가 난다고 수 차례 호소하였음에도 피고병원 의사는 환자의 증상을 상세히 관찰하지 않은 채 환자를 방치하였다.

(2) 법원 판단

환자가 간호사에게 수 차례 귀에서 물흐르는 소리가 난다고 호소한 사실은 인정된다. 뇌실외배액(EVD)의 제거는 배액량만으로 제거여부를 결정하기 어려우며, 통상적으로 수술 후 3~7일 후 환자상태 및 CT나 MRI 소견을 감안해 제거여부를 결정한다. 가능한 조기에 제거하는 것이 감염의 위험성을 줄일 수 있어 조기제거 그 자체에 따른 위험성은 없다고 할 것인데, 2002. 4. 5. 촬영한 CT 검사결과 출혈량은 수술 전에 비해 줄어들었고, 2002. 4. 7. 환자가 증상을 호소할 당시에도 의식상태는 명료하였으며, 당일의 CT 결과도 기뇌증은 약간 좋아졌고 뇌가 약간 더 차올라 보였으며, 다른 의무기록상으로도 감염이나 합병증에 대한 특별한 신경학적 이상 소견이 없었다. 2002. 4. 8. 10:00경 왼쪽 배액관을 푼 후로도 다른 의식변화는 없고, 1시간이 지나도록 더 이상의 출혈도 발견할 수 없었던 점에 비추어 피고병원의 진찰과 경과관찰에 어떤 과실이 있다고 단정하기는 어렵다.

다. 배액관 제거 전후의 주의의무 위반: 법원 인정

(1) 법원 판단

만성경막하혈종제거술 후 가장 큰 합병증 중 하나가 출혈이므로 배액관 제거 후 뇌압이 상승하면 변화될 수 있는 사항인 신경학적 상태에 대해 매 1시간 간격마다 주의깊은 관찰을 하는 것이 일반적이고, 재출혈시 발생할 수 있는 증상에 대해 환자 측에게 설명한 후, 조금이라도 이상 증세가 있으면 즉시 의료진에게 알려야 함을 설명해야 한다.

피고병원이 위와 같은 설명을 하지 않아 환자 측으로 하여금 배액관 제거 후 환자에게 나타난 의식저하를 그저 단순한 잠으로만 오인하게 하였고, 피고병원 역시 이러한 상태를 수술 후 나타나는 일반적인 증세 정도로만 가볍게 여기어 왼쪽 귀의 이상 증세를 지속적으로 호소했던 환자의 신경학적 상태를 한 번도 직접 확인하지 않은 채 일반적으로 요구되는 1시간을 넘어 혈종이 굳을 정도로 상당한 시간이 경과한 2002. 4. 8. 13:20에 이르러서야 비로소 혼수상태를 발견하고 응급조치를 취한 잘못으로 결국 치료시기를 놓쳐 환자로 하여금 폐렴이 선행사인이 되어 사망에 이르게 하였다고 봄이 상당하다.

피고병원은 의사와 간호사들이 병실에 들어가서 환자의 상태를 살피고 의료진이 특별한 이상이 없음을 확인하고 병실을 나왔다고 주장하나, 피고병원 의료진이 환자의 상태를 직접 확인했다고 보기 어렵고, 담당의사가 확인을 하지 않은 것이 환자 측의 요구에 의한 것이었다고 하더라도 이는 수술 직후 환자의 구체적인 상태를 관찰하고 적시에 그에 대한 조치를 취해야 할 의사의 책임을 제한하는 사정에 불과하다.

피고병원 의사가 혈종제거수술 후 환자의 상태를 제대로 관찰하지 않은 과실로 치료시기를 놓쳐 환자의 병세가 악화되어 결국 사망에 이르게 되었다고 할 것이다. 따라서 피고병원은 환자의 치료를 담당했던 모든 의사들의 사용자로서 손해를 배상할 의무가 있다.

라. 기관절개술과 관련된 주의의무 위반: 법원 불인정

(1) 원고 측 주장

2차 혈종제거술 후 중환자실로 옮겨 조금씩 호전되고 있던 중 피고병원의 잘못된 기관절개술로 인해 출혈이 발생하였고, 그 후 4일이 지난 후 환자의 왼쪽 폐가 완전 붕괴되자 그 때서야 기관지경검사를 시행해 폐를 막고 있던 혈전을 제거한 피고병원의 처치상의 지연으로 인해 T-캐뉼라의 내부 혈괴가 부분적인 협착을 초래하여 조직으로의 산소공급이 나빠지고 무기폐가 발생했고, 이로 인한 조직손상이 악화되어 혈액응고물질이 분비되어 망인에게 파종성 혈관내응고장애가 초래되었다.

(2) 법원 판단

기관절개술 후 절개부위와 기도점막에서 배어나온 출혈은 환자 개인의 혈액응고체계의 문제로 인한 출혈성 경향 때문이거나 불가항력적인 것으로 보이고, 달리 기관절개술 결정과 시행 및 그 후의 처치에 대한 피고병원의 과실을 인정할 증거가 없다.

마. 설명의무 위반: 법원 불인정

(1) 법원 판단

피고병원 의사가 2002. 4. 3.과 4. 8. 실시한 경막하혈종제거술과 관련하여 환자 측에게 그 필요성, 합병증, 사망 가능성 등 위험성에 대하여 충분히 설명하였고, 기관절개술에 대하여도 피고병원 의사가 2002. 4. 22. 20:30경 보호자에게 기관내삽관 상태로 14일 이상이 계속되면 호흡기 내벽에 미란과 궤양이 발생하고 폐렴 위험성이 증가하며, 구강위생이 악화될 수 있으며, 이를 방지하기 위해 기관절개술이 필요한데, 그 합병증으로는 혈관손상에 의한 급성출혈, 기관절개부위에서의 만성 삼출출혈이나 기도감염 및 폐렴, 기흉 등이 있다고 설명하자 보호자가 2002. 4. 23. 수술동의서에 서명한 사실을 인정할 수 있다. 따라서 피고병원 의사가 기관절개술 전 환자의 상태 및 시술로 인한 합병증과 그 위험성 및 예방가능성 등에 관한 설명의무를 다했다고 볼 수 있다.

3. 손해배상범위 및 책임제한

가. 의료진의 손해배상책임 범위: 제1심 40% 제한

나. 제한 이유

(1) 배액관을 제거하고 급성 출혈이 생기는 경우는 비교적 드문 경우이므로 미리 예견하기가 쉽지 않은 점

(2) 담당의사가 2002. 4. 8. 11 : 30경 환자를 방문했을 때 보호자가 "환자한테 특별한 변화가 없고 잘 자고 있으니까 깨우지 말고 나중에 봐달라"고 하여 환자상태를 직접 확인하지 못한 점

(3) 같은 날 13 : 40경 시행한 뇌 CT 검사결과 좌측 전두 측두 두정부에 급성 경막하출혈이 아주 심해 뇌 허니아 상태가 발생했으므로 미리 발견하여 수술 등 처치를 했다고 하더라도 어느 정도의 치료효과가 있었을 것인지는 단정하기 어려운 점

다. 손해배상책임의 범위

○ 제1심
(1) 청구금액: 66,323,179원
(2) 인용금액: 24,514,885원
    – 기왕치료비: 4,514,888원(11,287,220원의 40%)
    – 위자료: 20,000,000원

○ 항소심(항소심, 화해권고결정)
(1) 청구금액: 66,323,179원
(2) 인용금액: 17,000,000원(환자 측의 의료진에 대한 치료비지급 채무를 포함하여 계산한 금액)

4. 사건원인분석

본 사건은 만성경막하혈종제거술 후 배액관을 제거한 뒤, 환자상태 관찰을 소홀히 하고 설명을 충분히 하지 않아 혼수상태에 이르러서야 응급조치를 취한 잘못으로 치료시기를 놓쳐 환자로 하여금 폐렴이 선행사인이 되어 사망에 이르게 한 사건이다. 다만 환자가 왼쪽 귀에서 물흐르는 소리가 난다고 호소한 부분은 이 사건의 출혈과는 관계가 없는 것으로 생각되고, 배액관 제거 시 급성 출혈이 발생한 것으로 예상된다. 본 사건과 관련된 문제점 및 원인을 분석해본 결과는 다음과 같다.

첫째, 환자상태 관찰 소홀이다. 배액관 제거 후 환자에게 의식저하 증상이 나타났으나 환자상태 관찰 소홀로 발견하지 못하였고, 왼쪽 귀의 이상 증세를 지속적으로 호소했으나 신경학적 상태를 한 번도 직접 확인하지 않았다. 혈종이 굳을 정도로 상당한 시간이 경과한 2002. 4. 8. 13 : 20에 이르러서야 혼수상태를 발견하고 응급조치를 취하였다. 또 11 : 30경 보호자들이 환자가 자고 있으니 나중에 봐달라고 요구하였어도 10 : 00경 배액관을 제거하였기 때문에 상태를 관찰해야 했음에도 불구하고 환자상태를 직접 관찰하지 않았다. 배액관을 제거했을 때보다 오히려 배액관을 잠궈놓았을 때가 더 위험하고 피가 고이는지, 안 고이는 지를 더 잘 관찰해야 한다는 자문의견이 있다.

둘째, 보호자들에게 제대로 된 설명을 시행하지 않아 환자에게 나타난 의식저하 증상을 의료진에게 전달하지 못하였다. 11 : 30경 보호자들이 나중에 봐달라고 요청하였을 때, 환자에게 나타날 수 있는 의식저하 증상 등을 설명하고 이상이 있을 시 즉시 의료진에게 알릴 것을 설명했어야 한다(〈표 12〉 참조).

〈표 12〉 만성 경막하혈종 제거술 후 폐렴 등으로 사망한 사건 – 원인분석

분석의 수준	질문	조사결과
왜 일어났는가? (사건이 일어났을 때의 과정 또는 활동)	전체 과정에서 그 단계는 무엇인가?	– 수술 후 환자관리 단계(배액관 제거 후 환자 파악, 진단 지연) – 설명 단계(상태 악화의 가능성에 대한 설명 미흡)
가장 근접한 요인은 무엇이었는가? (인적 요인, 시스템 요인)	어떤 인적 요인이 결과에 관련 있는가?	• 환자 측 – 회진하러 온 의료진에게 자고 있으니 나중에 봐달라고 요청함 • 의료인 측 – 수술 후 환자 관리 소홀(배액관 제거 후 환자 파악, 진단 지연) – 설명 미흡(상태 악화의 가능성에 대한 설명 미흡)
	시스템은 어떻게 결과에 영향을 끼쳤는가?	• 의료기관 내 – 수술 후 설명 과정 관련 현황 파악 및 교육 미흡 • 법·제도 – 설명 관련 자료 부족

5. 재발방지 대책

원인별 재발방지 대책은 〈그림 12〉와 같으며, 각 주체별 재발방지 대책은 아래와 같다.

〈그림 12〉 만성 경막하혈종 제거술 후 폐렴 등으로 사망한 사건 – 원인별 재발방지대책

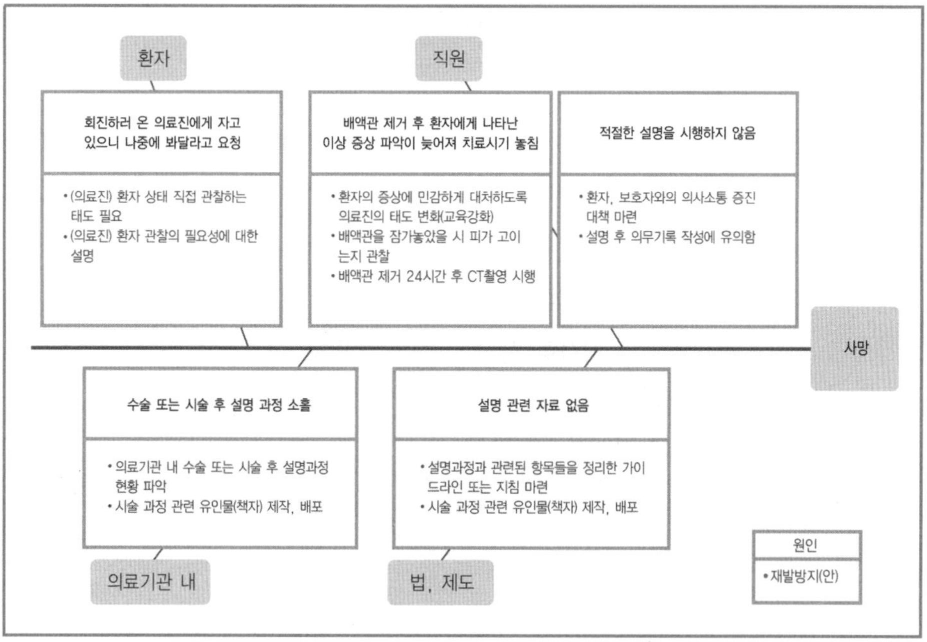

(1) 의료인의 행위에 대한 검토사항

환자에게 나타난 이상증상을 적시에 파악하지 못해 치료시기를 놓치는 사고의 재발방지를 위해서는 환자의 증상에 민감하게 대처하는 의료진의 태도변화와 환자상태를 직접 관찰하는 태도가 필요하다. 또한 교육강화를 통해 환자증상에 민감하게 대처하도록 한다. 배액관을 잠가놓았을 경우에는 배액관에 피가 고이는지 관찰해야 하며 배액관을 제거한 지 24시간이 경과된 후에는 CT촬영을 시행하여 환자의 상태를 확인하여야 한다.

의료인과 환자·보호자와의 의사소통을 증진시킬 수 있는 대책을 마련하고 설명 후 의무기록 작성에 유의하여 기록을 작성하도록 하여 적절한 설명을 시행하지 않아

악결과가 발생하는 것을 방지하도록 한다.

(2) 의료기관의 운영체제에 관한 검토사항

수술 또는 시술 후 설명과정이 어떻게 이루어지고 있는지 의료기관 내 현황을 파악하도록 한다. 현황파악 후에는 부족한 부분을 보충하는 작업이 필요하다. 배액관 제거와 같은 시술들의 시행방법과 주의사항 등을 유인물(책자)로 제작하여 시술 전에 환자·보호자에게 배포하여 설명의 이해를 돕도록 한다.

(3) 학회·직능단체 차원의 검토사항

배액관 제거와 같은 시술들의 시행방법과 주의사항 등을 유인물(책자)로 제작하여 의료기관에 배포하도록 한다. 또한 설명과정과 관련된 항목들을 정리한 가이드라인 또는 지침을 마련하도록 한다.

(4) 국가·지방자치단체 차원의 검토사항

시술들의 시행방법과 주의사항 등을 유인물(책자)로 제작하여 의료기관에 배포할 수 있도록 재정적 지원을 필요로 한다.

판례 13. 고혈압 증세를 가진 환자의 개두술 및 뇌동맥류결찰술 시행 이후 적절한 치료를 받지 않아 좌측 편마비, 보행불가, 지능 저하의 장애를 입은 사건_대법원 2006. 1. 26. 선고 2005 다65296 판결

1. 사건의 개요

고혈압 환자가 개두술 및 뇌동맥류결찰술 시행 후 타병원에서 진료를 받았으나 고혈압치료가 되지 않아 결국 소뇌출혈이 발생하여 개두술 및 혈종제거술을 받았지만 수두증과 함께 좌측 편마비, 보행불가, 지능저하의 장애를 갖게 된 사건이다[인천지방법원 2005. 1. 12. 선고 2003가합3153 판결, 서울고등법원 2005. 10. 11. 선고 2005나13204 판결, 대법원 2006. 1. 26. 선고 2005다65296 판결]. 이 사건의 자세한 경과는 다음과 같다.

날짜	시간	사건 개요
1997년 경		• 고혈압 진단을 받고 1달간 혈압약을 복용한 적 있으나 별다른 증상 없이 생활함(환자 1947. 10. 29.생, 사고 당시 54세 2개월, 여자)
2001. 7. 27.	10 : 40경	• 두통, 현기증, 구토 등의 증세로 A병원에 내원함 • 당시 혈압 230/100mmHg • 뇌단층촬영(CT)과 뇌혈관조영술 시행함 = 뇌동맥류 파열에 의한 지주막하출혈 진단. 혈압강하제(adalata, Hydralazine) 및 뇌압강하제 투여함
2001. 7. 31.		• 개두술 및 뇌동맥류결찰술 시행함
2001. 8. 2.~		• 혈압강하제로 아프로벨(Aprovel) 및 테놀민(Tenormine) 투여 함
2001. 9. 13.		• 혈압 150/90mmHg로 안정된 상태에서 퇴원함 • 퇴원하면서 고혈압치료제인 아프로벨(Aprovel) 처방함
2001. 10. 10.		• 아들과 함께 피고병원 신경외과로 내원함 • 접수대 앞의 혈압측정기에서 대기환자들이 스스로 혈압을 측정하여 혈압측정결과지를 가지고 의사와 면담을 하도록 하나, 환자는 혈압을 측정하지 않은 채 진료를 받았고, 진료실에서 간호사나 의사에 의하여 혈압측정이 되거나 혈압측정결과지의 제시가 요구된 바 없음

날짜	시간	사건 개요
2001. 10. 10.		• 고혈압이 있다고 하고, A병원의 약봉지를 건네주었고 의료진이 약봉지는 진료실에 두고 가라고 하였다 함 • 의사는 소화제인 베스자임(Beszyme), 뇌혈액순환개선제인 카니틸(Carnitil), 항경련제인 데파킨(Depakin), 뇌혈관확장제인 니모톱(Nimotop) 30일 분 처방함
2001. 11. 8.		• 환자의 아들만 피고병원에 내원하여 환자에게 우울증이 있는 것 같다고 함 ＝ 10. 10.에 처방한 약에 항우울제인 프로작(Prozac) 추가하여 30일분 처방. 다음에는 환자를 데리고 오라고 함
2001. 12. 7.		• 환자의 아들이 피고병원 외래로 내원. 진료 받지 않고 같은 약과 같은 내용의 처방전만 받아감
2002. 1. 4.		• 환자의 아들이 피고병원에 내원하여 환자의 수축기 혈압이 180mmHg 이상이라고 함 ＝ 혈압강하제인 테놀민(Temolmin) 50mg을 추가로 처방. 혈압이 높으므로 환자에게 즉시 혈압약을 복용시키고 안정을 취하도록 한 후 규칙적으로 혈압을 체크하여 알려달라고 말하였으나 환자가 타 지역에 있어 즉시 복용하지 못함
2002. 1. 5.	22 : 00경	• 구토하고 의식 잃은 채 쓰러져(소뇌출혈 발생) 인근 B병원으로 후송됨
2002. 1. 6.		• C병원으로 전원됨 • 혈압 160/100mmHg
		• 뇌단층촬영(CT) 시행 ＝ 소뇌출혈로 진단. 뇌혈압강하제 및 정맥성 혈압강하제 투여함 • 개두술 및 혈종제거술 시행
2002. 1. 7.		• 항고혈압약제인 하이드랄라진, 테놀민, 노바스크 투여함 ＝ 혈압 130/70mmHg로 감소
	수술 후	• 수두증 발생
2002. 1. 17.		• 뇌실복강단락술 시행
현재[1]		• 좌측 편마비(근력 4/5정도)의 증세를 보이며, 운동실조로 인해 혼자서 앉거나 서서 중심을 잡을 수 없어 보행이 불가능한 상태. 인지기능의 저하로 지능저하 및 기억력장애 상태. 우측대뇌손상으로 시각적 지각의 장애 보임

1) 통상 제1심 판결전 촉탁감정시점을 말함.

2. 사건에 대한 법원의 판단요지

가. 고혈압에 대한 처치를 제대로 하지 않은 과실 여부: 법원 불인정(제1심) → 법원 인정(항소심)

(1) 원고 측 주장

뇌동맥류파열에 의한 지주막하출혈로 개두술 및 뇌동맥류결찰술을 시행받았으며 고혈압의 증세가 있었으므로 고혈압이 적절히 조절되지 않을 경우 이로 인해 뇌출혈이 발생할 위험성이 매우 높아 정기적인 혈압측정 및 혈압강하제를 복용하는 등의 방법으로 적정의 혈압을 유지할 필요가 있어 피고병원에 내원하여 신경외과전문의에게 고혈압이 있다는 사실을 고지하였음에도 이를 무시한 채 혈압강하제를 처방하지 않고 고혈압 조절의 필요성 및 합병증 등에 대하여 설명하지도 않았다.

(2) 법원 판단

○ 제1심에서는 원고 측의 주장을 다음과 같은 점을 들어 인정하지 않았다. ① 환자가 2001. 10. 10. 피고병원에 내원 시 지참한 A병원의 진료소견서에는 고혈압 증세가 있다는 의미로 'phx : Ht(+)'라고 기재되어 있었으나 내원 당시 측정한 혈압은 정상범위에 있었으며, 환자가 뇌동맥류파열에 의한 뇌지주막하출혈로 수술을 받았다는 이야기 외에 환자에게 고혈압이 있다는 이야기를 하지 않았고 ○병원에서 받은 약봉지도 제시하지 않은 점, ② 처방한 니모톱의 주효능은 지주막하출혈에 의한 허혈성 신경장애의 예방 및 치료이기는 하나 혈관확장제의 일종으로 뇌혈관을 확장하는 효과가 있어 혈압을 어느 정도 떨어뜨리는 효능도 가지고 있는 점, ③ 고혈압은 생활습관개선방법이든 약물요법이든 관리가 필요하나 단지 이전에 고혈압 증세가 있었고 뇌동맥류파열에 의한 지주막하출혈의 전력이 있는 환자에게 고혈압을 관리하는 것이 중요하다는 사정만으로는 혈압이 정상범위 내에 있음에도 바로 혈압 강하를 위한 약물요법을 시행할 수는 없는 점 등을 고려하여 비록 환자가 이전에 뇌동맥류파열에 의한 지주막하출혈이 있었고 고혈압의 병력을 가지고 있어 혈압을 관리하는 것이 뇌출혈을 방지하는 데에 중요하다고 하더라도 진료 당시에 혈압이 정상범위 내에 있었으므로 의료진으로서는 현상유지를 위해 뇌혈관확장제인 니모톱이라는 보조적인 약물을 처방한 상태에서 혈압경과를 지켜본 후에 정상범위를 벗어나는 경우에 혈압

강하제를 투여하는 등 적절한 방법으로 혈압이 정상범위 내로 유지되도록 주의를 기울이면 될 뿐 혈압상승을 우려하여 정상범위 내에 있음에도 불구하고 적극적인 혈압강하제를 투여하는 등의 처치를 할 필요까지는 없다고 판단하였다.

또한 환자는 2001. 10. 10. 이후에는 피고병원에 내원하지 않았고, 2002. 1. 4. 이전에는 환자 측에서 환자의 혈압이 어느 정도인지에 대해 고지하지 않은 점을 보아 고혈압을 진단하는 유일한 방법은 혈압을 측정하는 것이며 고혈압을 조절하는 방법도 약물요법과 생활습관개선방법이 있고 약물도 이뇨제 등 여러 종류가 있어 담당의사로서는 진료 당시의 환자의 혈압과 건강상태 등을 고려하여 적절한 방법을 선택하여야 하는데 환자가 내원하지도 않으면서 스스로 혈압을 측정하여 그 결과를 의료진에게 고지하지도 않았다면 의료진은 환자의 혈압이 정상범위를 벗어나 고혈압이 발생하였다는 사실을 알 수 없었으며 혈압을 정상범위로 유지시키기 위한 처치를 할 수도 없어 환자의 주장을 인정하지 않는다(제1심).

○ 항소심에서는 ① 고혈압이 뇌동맥류 파열의 중요한 위험인자로 알려져 있는데 환자는 뇌동맥류파열에 의한 지주막하출혈로 수술을 받은 후 ○병원의 진료소견서를 갖고 피고병원에 내원한 점, ② 진료소견서에 환자에게 고혈압증세가 있음이 나타나 있었던 점, ③ 환자 측에서 고혈압이 있음을 이야기하고, ○병원에서 처방받은 1회분 약봉지를 교부하였음에도 환자가 내원하였을 때 혈압을 측정하지 않고 뇌동맥경화증 개선을 목적으로 한 니모톱 등의 약만을 처방한 점, ④ 피고병원으로부터 고혈압에 대한 적극적인 치료제를 처방받지 못하고 있다가 2002. 1. 4.에야 환자의 아들이 피고병원에서 혈압강하제인 테놀민을 처방받았으나 이를 복용하지 못한 채 2002. 1. 5. 소뇌출혈을 일으킨 점, ⑤ 소뇌출혈의 주된 원인은 고혈압으로 추정되는 점 등을 고려하여, 2001. 10. 10. 환자 내원 시 진료소견서와 환자를 통하여 환자의 고혈압에 대한 고지를 받았고, 당시 환자로부터 A병원에서 처방받은 항고혈압제인 아프로벨이 들어있는 약봉지를 교부받았음에도 환자의 혈압도 측정하지 않고 혈압강하제를 처방하여 주지 않았고 이로 인한 소뇌출혈이 발생하게 되었으므로 의료진의 과실을 인정하였다(항소심).

3. 손해배상범위 및 책임제한

가. 의료진의 손해배상책임 범위: 제1심 기각, 항소심 60% 제한

나. 제한 이유(항소심)

(1) 환자는 1997년경 고혈압 진단을 받았고, 2001. 7. 27. 뇌동맥류파열에 의한 지주막하출혈이 있었으므로, 스스로 혈압의 측정 및 그 치료에 주의를 기울여야 함에도 2001. 10. 10. 한 차례 피고병원에 방문하여 한 달분 약을 처방받은 이후에는 피고병원에 내원하지 않아 혈압 측정 및 이에 대한 치료에 협조하지 않은 점

(2) 환자의 아들이 2002. 1. 4. 혈압강하제인 테놀민을 처방받았으나 환자가 당시 경남 창녕의 동생 집에 거주하고 있어서 이를 복용하지 못한 점

(3) 환자의 현 장애는 2001. 7. 27.경 뇌동맥류파열의 병인이 함께 영향을 미치고 있는 것으로 판단되는 점

다. 손해배상책임의 범위

○ 제1심

(1) 청구금액: 337,641,651원

○ 항소심

(1) 청구금액: 337,641,651원
(2) 인용금액: 132,034,102원

   (가) 총 112,034,102원: (60,627,204원＋24,354,605원＋1,933,546원＋
      15,675,000원)×60%

     ① 일실수입: 60,627,204원

     ② 기왕치료비: 24,354,605원

     ③ 보조구 구입비: 1,933,546원

     ④ 기왕개호비: 15,675,000원

     ⑤ 개호비: 84,133,149원

  (나) 위자료: 20,000,000원

4. 사건원인분석

고혈압의 증세가 있었던 환자가 두통, 현기증, 구토 등의 증세로 내원하여 뇌 CT와 뇌혈관조영술을 시행한 결과, 뇌동맥류 파열에 의한 지주막하출혈로 진단받아 개두술 및 뇌동맥류결찰술을 시행하였다. 퇴원한 지 약 한 달 후 타병원에 내원하였는데 당시 혈압은 정상범위 내에 있었고 신경외과 의사에게 뇌동맥류파열에 의한 뇌지주막하출혈로 수술을 받았다는 이야기와 고혈압이 있다고 하고 전에 내원하였던 병원에서 처방한 약봉지를 건네주었으나 혈압을 측정하지도 않고 혈압강하제를 처방하여 주지도 않았다. 약 3달 후 환자의 아들이 내원하여 환자의 수축기혈압이 180mmHg 이상이라고 하여 혈압강하제를 처방하였으나 환자가 즉시 복용하지 못하여 소뇌출혈 발생으로 개두술 및 혈종제거술을 받았고, 수술 후 수두증이 발생하였으며 좌측 편마비, 보행불가, 지능저하 등의 장애를 보이고 있다. 이 사건과 관련된 문제점 및 원인을 분석해본 결과는 다음과 같다.

첫째, 내원 당시 환자의 혈압이 정상범위 내에 있었지만 타병원의 진료소견서상에 고혈압증세가 있었음이 기재되어 있었고 환자가 복용하던 고혈압치료제를 건네받았다. 그러나 의료진은 이를 가볍게 여겨 환자의 혈압 측정을 시행하지 않고 혈압강하제를 처방하지 않았으며, 시행하였던 뇌동맥류결찰술에 대한 추후관리만을 시행한 것으로 생각된다. 자문위원에 의하면 전원 시 통상 환자 본인의 연고지병원으로 가도록 하거나 수술을 받은 병원에서 고혈압에 대한 진료를 받기 원할 경우에는 내과에 연결해주어 진료를 받을 수 있도록 한다고 한다. 또한 진료소견서에는 환자의 내원경위, 진료기록 등을 비롯하여 약물복용내용을 기재하여 앞으로 진료를 담당할 병원에서 추후 투약처방에 참고할 수 있도록 해야 하고, 환자에게는 반드시 연고지병원에서 혈압, 당뇨의 관리를 받으라고 설명하여야 한다고 한다. 또한 환자를 받는 병원에서는 환자의 기록을 면밀히 검토하고 고혈압 등의 관리를 철저히 하여야 한다는 의견을 주었다.

둘째, 환자는 사정 상 직접 내원하지 않고 가족만이 내원하여, 의료진이 환자를 직접 관찰하지 못해 환자의 상태를 면밀히 관찰하지 못하였다. 환자가 직접 내원하지 않고 보호자만이 내원하여 환자의 상태를 설명하는 경우에는 환자의 상태를 파악하는 데에 한계가 있다고 생각되며 의료진이 보호자에게 환자의 혈압에 대해 물어봐

환자의 혈압상태를 사전에 파악하였다면 혈압약 복용이 가능하였을 것이라 생각된
다. 또한 의료진은 아들을 통하여 혈압강하제를 처방하였음에도 환자가 타 지역에 있
어 이를 복용하지 못하였다. 이에 대하여 원칙적으로는 환자가 직접 병원을 방문해야
하고, 의사도 환자를 직접 진찰한 뒤에 처방을 해야 하지만, 직접 방문이 어려운 환
자의 편의를 위해 보호자의 설명에 따라 간접진료를 할 수도 있다는 자문의견이 있
었다. 다만, 오랜기간 동안 보호자의 내원에 의한 간접진료를 제공하는 것은 바람직
하지 않으며, 최소한 2~3개월에 한 번 정도는 환자의 방문을 통한 직접진료를 시행
하여야 한다고 한다(〈표 13〉 참조).

〈표 13〉 개두술 및 뇌동맥류결찰술 시행 이후 적절한 치료를 받지 않아 좌측 편마비,
보행불가, 지능저하의 장애를 입은 사건 – 원인분석

분석의 수준	질문	조사결과
왜 일어났는가? (사건이 일어났을 때의 과정 또는 활동)	전체 과정에서 그 단계는 무엇인가?	– 환자관리 단계 – 전원 단계
가장 근접한 요인은 무엇이었는가? (인적 요인, 시스템 요인)	어떤 인적 요인이 결과에 관련 있는가?	• 환자 측 – 자의 전원(환자가 직접 내원하지 않음) • 의료인 측 – 환자관리 소홀(타병원에서 수술한 환자에 대한 관리 소홀, 고혈압의 주기적인 관리에 대한 권유, 교육 미시행) – 전원 시 진료소견서 작성 소홀
	시스템은 어떻게 결과에 영향을 끼쳤는가?	• 의료기관 내 – 환자에 대한 교육 미흡(주기적인 고혈압 관리에 대해 환자 교육하지 않음)

5. 재발방지대책

원인별 재발방지대책은 〈그림 13〉과 같으며, 각 주체별 재발방지대책은 아래와
같다.

〈그림 13〉   개두술 및 뇌동맥류결찰술 시행 이후 적절한 치료를 받지 않아 좌측 편마비,
보행불가, 지능저하의 장애를 입은 사건 - 원인별 재발방지대책

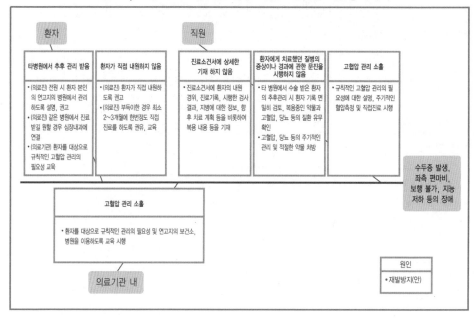

(1) 의료인의 행위에 대한 검토사항

수술을 받은 환자가 타병원에서 추후관리를 받을 경우 의료인은 반드시 환자 본
인의 연고지병원에서 관리를 받도록 설명하고 이를 권고하여야 한다. 또한 고혈압 관
리를 규칙적으로 받아야 함을 설명하여야 한다. 진료소견서에는 환자의 내원경위, 진
료기록, 시행한 검사결과, 지병에 대한 정보, 복용중인 약물, 향후 치료계획 등을 기
재하여 전원받을 병원에서 환자관리를 철저히 할 수 있도록 제공하여야 한다. 타병원
에서 수술받은 환자를 추후관리하는 경우에는 환자기록을 면밀히 검토하고, 특히 복
용중인 약물과 고혈압, 당뇨병 등의 지병이 있는지 확인하여야 하며 이에 대한 주기

적인 관리와 약물을 적절하게 처방하여야 한다. 만일 고혈압이 있는 환자가 수술을 받은 병원에서 추후관리를 받기 원할 경우에는 내과 등에 연결해주어 고혈압에 대한 관리를 받을 수 있도록 해주어야 한다.

환자가 직접 내원하지 않고 보호자만이 내원하여 간접진료를 받는 경우에는 보호자에게 환자가 직접 내원하도록 권고하며 부득이한 경우에는 최소 2~3개월에 한 번 정도는 직접 진료를 받도록 환자에게 교육하여야 한다.

(2) 의료기관의 운영체제에 관한 검토사항

환자의 고혈압 관리가 철저히 이루어질 수 있도록 환자를 대상으로 고혈압에 대한 규칙적인 관리의 필요성을 설명하고, 환자 본인의 연고지의 보건소나 병원을 이용하여 반드시 고혈압에 대한 관리를 받을 수 있도록 교육하여야 한다.

┃참고자료┃ 사건과 관련된 의학적 소견[2]

○ 뇌동맥류와 지주막하출혈

뇌동맥류란 두개강 내 동맥이 부분적으로 꽈리처럼 부풀어오른 상태를 말하고, 선천적으로 혈관벽에 이상이 있거나 동맥경화증 등으로 인해 발생하는 경우가 대부분인데, 이러한 뇌동맥류가 고혈압, 과로, 음주, 정신적 스트레스 등으로 일시적으로 혈압이 높아지면 파열된다.

지주막하출혈은 뇌의 지주막과 연막 사이에 있는 지주막강에 출혈을 하는 것을 말하며, 출혈의 원인으로는 뇌동맥류파열에 의한 것이 전체의 65% 가량을 차지하는 것으로 알려져 있다.

○ 수두증

여러 가지 원인들에 의하여 뇌척수액의 생성과 흡수에 장애가 생겨 뇌척수액이 뇌실이나 두개강 내에 축적되는 것을 말한다.

○ 뇌실복강단락술

수두증치료로 가장 많이 쓰이는 치료방법은 단락술이며, 단락술의 목적은 뇌실과 같은 뇌척수액강과 신체의 다른 배액강간의 통로를 만드는 것이다. 여러 가지 단락술 중 가장 많이 사용되는 방법이 뇌실복강단락술인데 측뇌실에 삽입된 튜브를 피하를 통해서 복강 내로 이끌어 배액시키는 방법이다.

○ 소뇌출혈

자발성뇌내출혈은 외상의 수반없이 뇌실질 내에 발생한 출혈로서 이중 소뇌출혈이 약 5~10%를 차지하는 것으로 알려져 있다. 소뇌출혈은 소뇌의 치상핵부위에서 출혈이 시작되어 정중선을 거쳐 반대측으로 파급되기도 한다. 가장 흔히 발생하는 증상은 심한 후두통 및 구토인데 2/3 이상에서 발생한다. 일반적으로 심한 운동실조가 있어 서거나 걷기가 힘들면서 환자는 병소측으로 넘어지게 되고, 출혈량이 적을 경우는 어지럼증을 호소하거나 중심을 잡지 못해 잘 서거나 걷지 못하고 비틀거리게 되며 손이 떨리고 몸의 움직임이 부자연스럽게 된다. 구음장애도 가끔 발생하고, 동공은 정상이거나 축소되며 수평안구진탕이 동측으로 나타나고 의식이 저하됨에 따라 말초성 안면신경마비와 각막반사의 소실이 동측으로 흔히 나타난다. 소뇌출혈의

---

2) 해당 내용은 판결문에 수록된 내용임.

증상은 다양한 속도로 진행되고, 말기징후로 기면상태가 발생하고, 호흡마비가 경고없이 갑자기 발생하기도 한다.

자발성 뇌내출혈은 국내 뇌졸중환자의 약 50%를 차지할 정도로 빈도가 높고 뇌내출혈의 2/3가 45~75세에서 발생한다. 뇌내출혈의 위험인자는 연령분포에 따라 달라서 청년층에서는 동, 정맥기형이 높은 점유율을 차지하는 반면, 장, 노년층에서는 고혈압과 뇌종양에 의한 출혈이 대부분이다. 뇌출혈의 약 60%는 고혈압이 원인이 되어 발생하고, 약 5~6%는 뇌동정맥기형의 출혈이나 뇌혈관조영술상 나타나지 않는 뇌혈관기형의 출혈로, 약 3%는 뇌종양의 출혈로 인하여 발생된다.

○ 고혈압

18세 이상 성인의 경우에 적정혈압은 120/80mmHg 미만, 정상혈압은 130/85mmHg 미만, 높은 정상혈압은 130~139/85~89mmHg으로 정의한다. 수축기혈압이 140~1590mmHg, 확장기혈압이 90~99mmHg이면 1단계(경증) 고혈압이라 하고, 수축기혈압 160~179mmHg, 확장기혈압 100~109mmHg이면 2단계(중등도) 고혈압이라 한다. 3단계(중증) 고혈압은 가장 심한 고혈압으로 수축기혈압 180mmHg, 확장기혈압 110mmHg 이상을 말한다. 혈압은 안정된 상태에서 2회 이상 측정하여 평균을 구하는 것이 원칙이나 실제로는 5분 안정 후 1회 측정한 값을 기준으로 한다. 고혈압은 동맥경화를 촉진시키는 효과와 혈관 내 압력의 증가에 의한 효과가 있는데 압력상승작용에 의해 대동맥박리, 뇌출혈, 급성심부전 등의 합병증을, 동맥경화촉진작용에 의해 협심증, 심근경색증, 뇌경색증 등의 합병증을 유발할 수 있다.

고혈압의 치료방법으로는 약물요법과 소금섭취량 감소, 체중 감소, 규칙적인 운동, 적당량의 음주, 금연 등 생활습관개선방법이 있는데, 약물요법은 중증고혈압의 경우에는 즉시 시행하고, 경증고혈압의 경우에는 위험도가 높으면 즉시, 낮으면 6개월 생활습관개선 후 시행하며, 중등도 고혈압의 경우에는 위험도가 높으면 즉시, 낮으면 3개월 생활습관개선 후 정상화되지 않으면 시행한다. 고혈압에 대한 치료약물로는 이뇨제와 중추아드레날린억제제, 알파차단제, 베타차단제 등 아드레날린억제제 및 직접혈관확장제, 칼슘통로길항제, 전환효소억제제, 안지오텐신 II 수용체길항제 등 혈관확장제가 있다.

○ 니모톱(Nimotop)

혈관확장제 중 칼슘통로길항제의 일종으로서 지주막하출혈 후에 따르는 뇌혈관경련에 의한 허혈성 신경장애를 예방하거나 치료하는 효능이 있다. 니모톱은 뇌혈관에 선택적으로 작용하여 세포 내로의 과도한 칼슘의 유입을 차단하여 뇌혈관을 이완시킴으로써 산소 및 포도당의 추가

적인 공급이 이루어지게 하여 뇌세포의 기능적, 구조적 병변을 예방, 치료하는 작용을 하며 동
시에 뇌혈관의 이완으로 인해 뇌혈류를 개선하는 작용을 함으로써 혈압을 강하시킬 수 있다.

판례 14. 뇌수막종 종양제거술 시행 후 호흡기 기관삽관이 빠지면서 저산소성 뇌손상으로 인한 혼수상태에 이른 사건_서울고등 법원 2007. 12. 18. 선고 2006나52893 판결

1. 사건의 개요

뇌수막종으로 진단받은 후 종양제거수술을 받았지만 호흡기에서 기관삽관이 빠지면서 저산성성 뇌손상으로 혼수상태에 빠진 사건이다[수원지방법원 2006. 5. 19. 선고 2004가합523 판결, 서울고등법원 2007. 12. 18. 선고 2006나52893 판결]. 이 사건의 자세한 경과는 다음과 같다.

날짜	시간	사건 개요
1996. 4. 15.		• 시력장애, 두통, 어지럼증을 호소하면서 피고병원에 내원(환자 1950. 2. 24.생, 사고 당시 46세 2개월, 여자)
		• 검사결과 뇌수막종으로 진단. 입원. 종양제거술 실시하기로 함
1996. 4. 23.	07 : 30	• 종양제거술 시행 = 전두엽을 바깥쪽으로 견인한 후 안쪽에 위치한 종양(수술기록지 상 크기: 4.0cm×4.5cm×2.2cm)을 제거하는 것이었으며, 수술 동안 환자는 좋은 상태였음
	21 : 30	• 수술 종료 • 수술 전후 진단명은 뇌기저부(터어키안) 결절로부터 유래된 수막종 (tuberculum sellae menigioma)
1996. 4. 23.	수술 직후	• 두부 CT 촬영 시행 = 뇌수막의 종양은 모두 제거됨. 출혈성 음영은 없었으며, 다발성의 공기음영 및 경미한 두부부종이 관찰되었으나, 비정상적인 음영결과는 보이지 않음 = 피고병원 의사는 향후 치료계획으로 두개강 내압 관리를 위해 ① 펜토탈 혼수 치료, ② 만니톨 정맥주사, ③ 스테로이드 정맥주사를 계획하고, 별도로 상처 치료 및 통제기계환기(CMV: Controlled Mechanical Ventilation)에 의한 호흡기관리 지시 • 흉부 및 두부 X-ray 촬영 시행 • 신경외과 중환자실로 전원

날짜	시간	사건 개요
1996. 4. 23.		• 전원 당시 의식수준은 깊은 기면상태. 기관 내 삽관 및 기계호흡기가 유지된 상태. 혈압 120/70mmHg, 동공크기 3+/3+, 운동상태 정상소견을 보였으며, 오한 증세가 있고, 부분적으로 지시 동작이 가능한 상태임
	23 : 00경	• 펜토탈 혼수치료 중인 상태이나, 양안의 동공크기 3mm 정도, 대광반사 존재하는 등 완전한 혼수상태 아님
	23 : 10경	• 피고병원 의사 A는 환자가 계속 설친다는 보고를 받음 = 펜토탈 100mg, 노큐론(근육이완제) 4mg 투여
	23 : 42경	• 동맥혈 가스검사 시행 = 이산화탄소분압은 20mmHg로 정상보다 낮은 상태, 혈중 탄산염 수치는 13.5mmol/L로 역시 정상보다 낮은 상태였음
1996. 4. 24.	00 : 10경	• 기관 삽관이 호흡기에서 빠짐 = 피고병원의 간호사는 이를 확인하고 앰부배깅(ambu bagging) 실시함. = 피고병원 의사 B가 기관 내 삽관 교환함
1996. 4. 24.	00 : 30경	• 동맥혈 가스검사 재시행 = 이산화탄소 분압 30.7mmHg으로 적정 수준으로 회복됨. 혈중 탄산염 수치도 18.8mmol/L로 어느 정도 회복됨 • 노큐론(근육이완제) 4mg 투여
	01 : 45경	• 혈압 체크되지 않고, 청색증의 소견을 보임. "뿌르락 뿌르락"하는 호흡음이 관찰됨. 심장박동수는 23회/분으로 급감함 = 간호사가 앰부 배깅 실시하면서 담당의사 호출함
	01 : 55	• 피고병원 의사 C가 기관 내 삽관을 교환함 • 호흡부전에 대한 응급처치로서 심폐소생술 실시 • 동공 대광반사 6−/6−, 혈압 140/80mmHg로 관찰됨
1996. 4. 24.	01 : 57경	• 혈압 198/116mmHg까지 상승 • 동맥혈 가스검사 및 일반혈액검사 실시
	02 : 00경	• 혈압 170/100mmHg, 동공크기 5−/5− • 의사 A는 계속하여 앰부 배깅 실시함.
	02 : 05경	• 혈압 144/66mmHg, 동공크기 3−/3− • 기계호흡기의 산소분압을 40%에서 60%로 변경함
1996. 4. 25.		• 혈압 130/110mmHg, 체온37.2℃ • 동공크기 3+/3+, 운동 상태는 좌우측 상지 굴곡 양호상태. 좌우측 하지 신전 가능상태. 통증 유발 시 눈을 뜨기도 함 • 빈번한 기관 내 흡입을 통한 호흡기 치료, 펜토탈 감량, 상처 부위 치료를 계획

날짜	시간	사건 개요
1996. 4. 26.		• 혈압 130/80mmHg, 체온은 미열 • 펜토탈 혼수치료로 인하여 신경검사가 안 되는 상태. 동공크기 2+/2+, 운동 상태는 좌우측 상지는 펜토탈 정지상태. 좌우측 하지는 반응이 없음 • 삽관 제거, 상처치료, 삽관 제거 후 비기관 내 흡입을 통한 흉곽치료, 일반 치료를 계획
1996. 4. 27.		• 혈압 120/80mmHg, 동공크기 3+/3+에서 4s/6s로 변함 • 두부 CT 촬영 시행 = 뇌부종과 뇌기저 허탈, 좌측 전두부의 고음영소견이 관찰됨 • 펜토탈 혼수치료와 인공호흡기 처치, 만니톨 정맥주사, 스테로이드 정맥주사, 흉부치료를 계획
1996. 5. 2.		• 펜토탈 혼수 치료 중단
이후		• 의식이 계속하여 '깊은 혼미 상태' 내지 '혼미 상태'임
10년 후		• 식물인간 상태로 피고 병원에 입원 중임 • 병명은 뇌종양(뇌수막종), 뇌부종임 • 혼수상태에 빠지게 된 원인은 저산소성 뇌손상임

2. 사건에 대한 법원의 판단요지

가. 저산소성 뇌손상을 발생시킨 주의의무 위반 여부: 법원 인정(제1심)

(1) 의료진 측 주장

저산소증의 증상이 발생하기 직전인 1996. 4. 24. 00 : 10경 완전한 혼수상태에 진입하기 전의 상태로 환자가 스스로 기관삽관을 잡아당겨 뺀 것이다.

○ 법원 판단

환자가 뇌종양으로 인한 수술을 마친 직후이고, 뇌압 상승 방지를 위하여 펜토탈 혼수치료를 시행하고 있는 중이어서 자가호흡이 거의 이루어지지 않은 상태였으며, 환자에게 저산소증의 증상이 발생하기 직전인 같은 날 00 : 10경 환자에게서 기관삽관이 제거되어 호흡이 곤란하게 된 상황이 발생하였다. 그러므로 재삽관 이후 환자에게 청색증이 발생하게 된 시기까지 분비물 등으로 삽관이 막히지 않도록 주의 깊게 관찰, 처치하여야 할 의무가 있고, 나아가 당시 환자가 있던 중환자실은 환자보호자의 출입이 제한되어 보호자가 환자의 상태를 관찰할 수 없었으므로 의료진으로서는 환자를 세밀히 관찰하여 호흡곤란이 발생하지 않도록 주의하고, 호흡곤란으로 인한 저산소증이 심각하게 우려될 수 있는 청색증을 확인하였으면 즉각 이에 대한 조치를 하여 산소공급이 원활히 이루어질 수 있도록 유지할 의무가 있었다. 그러나 의료진은 이와 같은 주의의무를 다하지 않아 환자에게 부착된 삽관튜브가 폐쇄되었고 그로 인하여 저산소성 뇌손상이 발생하게 되었음을 인정한다.

1996. 4. 24. 00 : 10경 기관 내 삽관이 빠져 재삽관하는 상황이 발생하였는데, 기관 내 삽관이 제거되었다가 재삽관된 이후 이산화탄소 분압 등 생체활력징후가 어느 정도 회복되었으나, 환자는 그 무렵 대부분의 산소공급을 기관 내 삽관을 통한 인공호흡에 의존하고 있었으며 저산소성 뇌손상은 뇌에 산소공급이 4~8분 정도로 공급되지 않을 경우에도 비가역적인 중추신경계 손상이 발생할 여지가 있는 점 등을 고려하면, 기관 내 삽관이 빠지게 된 상황이 환자가 저산소성 뇌손상을 입게 된 데 영향을 미쳤을 가능성도 배제하기 어렵다. 나아가 피고병원 의료진으로서는 당시 환자가 펜토탈 혼수치료를 받고는 있었으나 완전히 혼수상태는 아닌 상태임을 알고 있었으므로, 환자가 일시적인 정신혼동상태에서 또는 무의식적으로 기관 내 삽관을 스스로 뽑을 염려가 있으므로 이를 예방하기 위하여 물리적 제어제를 이용하거나, 환자를 상시 관찰하였어야 함에도 이러한 조치를 소홀히 한 과실이 있다.

나. 설명의무 위반 여부: 법원 불인정(제1심)

(1) 원고 측 주장

의료진이 뇌종양제거술에 관하여 환자의 남편에게만 설명하였을 뿐 당사자인 환자에게는 설명하지 않았다.

(2) 법원 판단

환자 본인에게 직접 설명하는 것이 환자의 건강에 나쁜 영향을 줄 위험이 있는 경우에는 환자의 가족 등 대리권자에게 설명하는 것으로 충분하며, 피고병원에 입원하여 안정 중인 환자에게 전신마취 후 뇌종양을 제거하는 수술의 내용이나 그 효과, 부작용 등에 관하여 자세한 설명을 하는 것이 오히려 환자에게 악영향을 미칠 것이라고 충분히 추단할 수 있으므로, 환자 측의 주장은 이유 없다.

다. 의료진 측 주장(뇌부종에 의한 저산소성 뇌손상 발생) 인정 여부: 법원 불인정(항소심)

(1) 의료진 측 주장

환자는 뇌종양제거수술 후에 불가피하게 발생한 심한 뇌부종에 의해 뇌 내의 압력이 증가하였고, 그로 인하여 환자에게 저산소성 뇌손상이 발생한 것이라고 주장한다. 수술을 담당한 의사 또한 당시 피고병원에 장시간 환자의 기관 내 삽관이 빠지거나 그 튜브가 폐쇄될만한 사정이 없었으므로 뇌부종으로 인하여 저산소성 뇌손상이 발생하였다고 증언한다. 또한 피고병원의 중환자실에 설치된 인공호흡기는 기계적 호흡 혹은 자발호흡이 일어나지 않는 경우 무호흡경보장치가 30초 간격으로 작동하기 때문에, 삽관튜브가 폐쇄되거나 일시적으로 삽관이 빠져나갔다면 장치의 경보가 울렸을 것이므로 기관삽관이 빠진 것으로 청색증이나 저산소증이 발생할 수 없다.

(2) 법원 판단

수술을 담당한 의사의 증언은 뇌기저부 종양수술을 한 경우 뇌부종이 발생할 가능성이 높다는 일반적인 의료지식에 기인한 추정일 뿐, 당시 환자에게 심한 뇌부종이 발생하여 갑작스런 뇌압상승이 있었다고 볼 만한 객관적인 의학적 근거를 전혀 제시하지 못하고 있으며, 증언을 한 의사 또한 수술을 담당하였을 뿐 수술 후 환자를 중환자실로 옮긴 이후에는 현장에 없었으므로 환자의 기관 내 삽관이 빠지거나 튜브가 폐쇄될 리 없다는 주장도 추정에 근거한 것으로 보아 의료진의 주장을 인정하지 않는다.

오히려 ① 수술 이후 촬영한 CT촬영 결과, 기관 삽관튜브를 교체한 이후 환자의 생체징후가 안정되었던 점, ② 사고 전 환자의 폐, 심장 등에 이상징후가 없었던 점, ③ 수술결과 환자의 뇌종양은 완전히 제거되었고 수술 이후 사고 전까지 환자의 활력지수, 동맥혈가스분석결과 등을 분석하면 수술은 성공적이어서 수술후유증으로 인하여 급격하게 뇌부종이나 폐부종이 발생하였다고 보기 어려운 점, ④ 환자에게서 들린 "뿌르락 뿌르락"하는 호흡음은 산소공급의 중단으로 인한 폐의 환기능력의 급속한 감소로 인한 것으로 보이는 점 등을 고려하여 환자의 저산소성 뇌손상은 기관 내 삽관이 빠지거나 그 튜브가 폐쇄된 것에 의한 것으로 보여 의료진의 주장을 받아들이지 않는다.

환자에게 설치된 인공호흡기의 경보장치를 일시적으로 중지시켜 놓았거나 원인 불명의 이유로 장치가 작동하지 않았을 수도 있고, 장치의 경보음을 작게 설정하여 피고병원 의료진이 못 들었을 가능성을 배제할 수 없을 뿐만 아니라(진료기록지, 특히 간호기록지에 위와 같은 경보음이 울렸다거나 이를 들었다는 기재는 없음), 당시 환자에게는 인공호흡기 모니터뿐만 아니라 그 밖에 심전도, 혈압, 맥박, 호흡, 혈중산소농도 등 활력징후를 측정하는 장비가 설치되었을 것이고 그와 같은 장비에도 이상징후가 나타날 경우 경보음이 작동하도록 되어 있었을 것인데, 1996. 4. 24. 01 : 45경 환자의 혈압이 측정되지 않고, 청색증을 보이며, 심장박동수가 분당 23회로 급감한 상태로 발견될 때까지 경보음이 작동하지 않았다는 것은 믿기 어려우므로 피고병원 의료진이 환자에 대한 관찰을 소홀히 하여 경보음을 듣지 못하였거나 뒤늦게 듣게 된 것이라고 볼 수밖에 없어 의료진의 주장을 인정하지 않는다.

3. 손해배상범위 및 책임제한

가. 의료진의 손해배상책임 범위: 제1심 60% 제한 → 항소심 55% 제한

나. 제한 이유

(1) 피고병원 의료진은 환자에게 청색증, 심박정지 등의 증상이 발생한 직후 기관삽관을 교체하여 저산소성 뇌손상의 정도를 최소화하기 위한 조치를 즉각 시행한 점(제1심)

(2) 뇌종양제거술 이후 통상 불가피하게 발생하게 되는 뇌부종으로 인하여 위 환자의 뇌손상의 정도가 더욱 심해졌을 수도 있는 점(제1심)

(3) 뇌종양제거술로 인한 합병증인 뇌부종 등으로 사망할 확률은 5%에 이르는 점(제1심)

(4) 환자는 피고병원에 내원하기 약 1년 전부터 뇌수막종으로 인한 시각장애의 증상을 가지고 있었던 점(제1심)

(5) 제1심의 제한 이유에 추가하여 사고 후 지금까지 환자를 성실하게 치료해 오고 있는 점 등

다. 손해배상책임의 범위

○ 제1심

(1) 청구금액: 333,014,514원

(2) 인용금액: 252,588,296원

　　(가) 총 231,588,296원: (123,466,108원＋30,220,170원＋1,627,060원＋

　　　230,667,156원)×60%

　　　　① 일실수입: 123,466,108원

　　　　② 기왕치료비: 30,220,170원

　　　　③ 보조구 구입비: 1,627,060원

　　　　④ 개호비: 230,667,156원

　　(나) 위자료: 21,000,000원

○ 항소심

(1) 청구금액: 333,014,514원

(2) 인용금액: 231,789,271원

　　(가) 총 212,289,271원:(123,466,108원＋30,220,170원＋1,627,060원＋

　　　230,667,156원)×55%

　　　　① 일실수입: 123,466,108원

　　　　② 기왕치료비: 30,220,170원

　　　　③ 보조구 구입비: 1,627,060원

　　　　④ 개호비: 230,667,156원

　　(나) 위자료: 19,500,000원

4. 사건원인분석

　　시력장애, 두통, 어지럼증 등을 호소하면서 뇌종양으로 내원한 환자가 뇌수막종을 진단받았고 종양제거술을 시행하였으나 수술 후 기관삽관이 호흡기에서 빠져 앰부 배깅을 실시하고 기관 내 삽관을 교환하여 재삽관하였다. 그러나 약 한 시간 후 다시 혈압이 측정되지 않고 청색증을 보이며 '뿌르락 뿌르락'하는 호흡음이 관찰되었으며 심장박동수는 23회/분으로 감소되어 이에 대한 조치를 취하였으나 결국 저산소성 뇌손상으로 혼수상태에 빠져 식물인간상태가 되었다. 이 사건과 관련된 문제점 및 원인을 분석해본 결과는 다음과 같다.

첫째, 펜토탈 혼수치료 중 약물이 충분히 투여되지 않아 환자가 깨어나 스스로 기관삽관을 뺀 것으로 추정된다. 또한 1996. 4. 24. 00 : 10경 시행한 기관삽관이 제대로 되지 않았을 가능성이 있으며, 00 : 30경 근육이완제까지 투여하여 환자의 호흡이 더욱 어려워졌을 것으로 보인다. 근육이완제를 투여한 이후에 chest X−ray를 찍어야 했던 것으로 보이며, 01 : 45경 심정지가 발생하기 전에 SaO2가 떨어지며 모니터에 변화가 생겼을 것인데 이를 발견하지 못한 것으로 보아 중환자실이었음에도 환자의 상태관찰이 잘 되지 않은 것으로 보인다는 자문의견이 있다.

둘째, 수술 후 환자의 기관삽관이 호흡기에서 빠졌음에도 인공호흡기의 경보음이 울리지 않았거나 의료진이 이를 듣지 못하였던 것으로 보인다. 만약 인공호흡기

〈표 14〉 뇌수막종 종양제거술 시행 후 저산소성 뇌손상으로 인한
혼수상태에 이른 사건 − 원인분석

분석의 수준	질문	조사결과
왜 일어났는가? (사건이 일어났을 때의 과정 또는 활동)	전체 과정에서 그 단계는 무엇인가?	− 중환자실에서의 환자관리 단계 − 환자치료 단계
가장 근접한 요인은 무엇이었는가? (인적 요인, 시스템 요인)	어떤 인적 요인이 결과에 관련 있는가?	• 의료인 측 − 중환자실에서의 환자 관리 미흡(기관삽관이 빠짐에도 이를 확인하지 못함, 인공호흡기의 경보기가 켜 있지 않음) − 환자치료 단계(적절치 못한 혼수치료 시행)
	시스템은 어떻게 결과에 영향을 끼쳤는가?	• 의료기관 내 − 중환자실에서의 환자관리 미흡 − 중환자실의 운영에 대한 점검, 관리, 지원 미흡 • 법·제도 − 중환자실의 운영 실태에 대한 감시 관리 미흡 − 중환자실 운영에 상응하는 수가 문제, 지원 미흡

오작동이 문제였다면 의료기관 차원에서 인공호흡기의 오작동 여부를 점검하지 않은 것도 문제가 되었다고 생각한다.

셋째, 기관삽관이 호흡기에서 빠진 후 재삽관 조치를 언제 취하였는지 정확한 진료기록이 기재가 되지 않았다(〈표 14〉 참조).

5. 재발방지대책

원인별 재발방지대책은 〈그림 14〉와 같으며, 각 주체별 재발방지대책은 아래와 같다.

〈그림 14〉 뇌수막종 종양제거술 시행 후 저산소성 뇌손상으로 인한 혼수상태에 이른 사건 - 원인별 재발방지대책

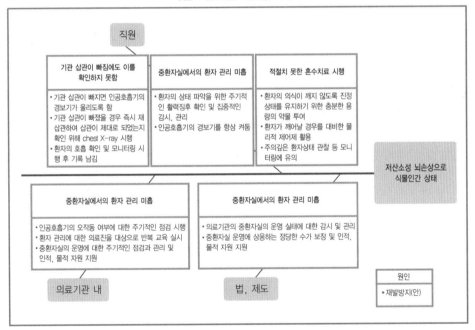

(1) 의료인의 행위에 대한 검토사항

환자에게 삽입한 기관삽관이 빠질 경우 반드시 인공호흡기의 경보기가 울리도록 하며 즉시 재삽관한 후 chest X-ray를 시행하여 삽관이 제대로 되었는지 확인하

여야 한다. 또한 환자의 호흡 등을 모니터링을 하고 이를 기록으로 남겨야 한다. 중환자실에서는 주기적으로 환자의 활력징후를 확인하고 집중감시하여 환자의 상태를 파악하여야 하고 인공호흡기의 경보기를 항상 켜두어야 한다. 환자에게 혼수치료를 시행할 경우에는 환자의 의식이 깨지 않도록 충분한 용량의 약물을 투여하여야 하고 환자가 깨어날 경우를 대비하여 물리적인 제어제를 활용하여야 하며 환자상태를 주의깊게 관찰하여야 한다.

(2) 의료기관의 운영체제에 관한 검토사항

의료기관에서는 인공호흡기를 주기적으로 점검하여 오작동 여부를 확인하여야 하며, 중환자실의 운영을 원활히 하기 위하여 인적, 물적 자원을 지원하고 관리하여야 한다.

(3) 국가·지방자치단체 차원의 검토사항

각 의료기관의 중환자실 운영이 어떻게 이루어지고 있는지 감시하고 관리하며, 중환자실 운영에 필요한 정당한 수가를 보장해주어야 한다.

┃참고자료┃ 사건과 관련된 의학적 소견[3]

(1) 뇌종양(brain tumor)은 뇌실질이나 뇌실 등 뇌조직 자체에서 발생하는 종양을 말하고, 그 중 뇌를 싸고 있는 수막에서 발생하는 종양을 뇌수막종(meningioma)이라 한다. 뇌종양이 확진된 경우 일차적으로 수술적 방법을 통해 최대한 종양을 제거하는 것이 치료의 기본이며 소수의 악성 수막종을 제외하고는 완전적출 시 치유가 가능하다.

(2) 펜토탈 혼수치료는 마취약의 일종인 펜토바비탈(pentobarbital) 또는 치오펜탈(thiopental) 등을 사용하여 인위적으로 혼수상태를 유도하여 환자의 뇌 내 신진대사를 감소시킴으로써 뇌압의 상승을 억제하는 치료법으로 뇌종양제거술 이후 발생할 수 있는 뇌부종을 방지하기 위하여 사용된다. 이 치료를 시행하는 경우 일반적으로 인위적인 혼수유도에 의해 의식상태가 저하되고 자의적인 움직임이 불가능하게 되는데, 체중 기준 5mg/kg 정도를 10분에 걸쳐 주사하여 혈중 치오펜탈(thiopental) 농도를 치료수준에 도달시킨 후 체중 기준 120mg/kg을 24시간에 걸쳐 주사하여 혈중 농도를 유지한다.

(3) 마취시작단계에서 환자의 기관삽관을 위해 근육이완제인 노큐론을 투입하게 되는데, 투여 목적은 ① 마취심도를 낮게 유지하여 심혈관계 억제를 줄임으로써 심혈관계 불안정성을 줄이고, ② 기도유지를 위한 기관 내 삽관을 용이하게 하며, ③ 장기적 환기보조가 요구되는 중환자가 강압적인 환기기의 적절한 환기형태를 수용하여 최적의 호흡요법에 적응할 수 있도록 하기 위함이다. 일반적으로, 체중 기준 kg당 0.6~1.0mg을 정맥 내 주사한 뒤 기관 내 삽관을 하거나 기계호흡을 유지하며 필요에 따라 반복적으로 주입하게 된다.

(4) 저산소증(hypoxia)은 저혈당쇼크, 저혈압, 기도폐쇄 등과 같이 신체조직 내로 산소가 적절히 전달되지 아니한 상태를 말하는데, 산소농도의 저하 또는 이산화탄소농도의 상승이 발생할 경우 청색증{cyanosis, 입술이나 조상(爪傷) 등 피부 및 점막이 암청색을 띠는 상태}이 나타나게 된다. 청색증은 심폐기능에 문제가 있는 경우 심폐질환 증세의 하나로써 매우 위독한 상태임을 나타내는 중요한 지표가 된다.

---

3) 해당 내용은 판결문에 수록된 내용임.

판례 15. 후방추체간유합술 시행 후 수술부위 감염(MRSA 검출)에도 적절한 수술이 진행되지 않아 심각한 요추손상으로 인해 요통, 하반신마비를 갖게 된 사건_서울고등법원 2009. 2. 3. 선고 2006나43639 판결

1. 사건의 개요

제4~5요추간 척추전방전위증 척추관협착증으로 진단 후 수술을 받았지만 수술부위가 감염되고 더 악화되었다. 응급수술을 받았지만 요통과 하반신마비로 인한 보행 및 이동장애가 생긴 사건이다[서울동부지방법원 2006. 3. 23. 선고 2004가합3404 판결, 서울고등법원 2009. 2. 3. 선고 2006나43639 판결]. 이 사건의 자세한 경과는 다음과 같다.

날짜	시간	사건 개요
		• 4개월 내지 5개월 전부터 다리가 당기고 저린 증상으로 오래 서 있지 못함(환자 67세, 성별 미상)
2003. 10. 8.		• 척추수술전문병원인 피고병원의 척추센터신경외과의원 내원 • 의료진은 요추 제4~5번 척추 전방전위증과 척추관협착증으로 진단. 수술 권유
2003. 10. 10.	06 : 00경	• 수술받기 위해 입원. 수술을 위한 제반검사 시행 = 특이소견이 없어 수술에 지장이 없는 것으로 결과 나옴
2003. 10. 10.	08 : 00경	• 제4~5요추간 후방추체간유합술(1차 수술) 시행 • 감염예방 위해 수술실에서 항생제 반코마이신(vancomycin) 사용
2003. 10. 11.		• 병동 내에서 보행함. 운동기능 및 감각기능상태도 좋게 나타나는 등 상태가 호전됨
수술 후부터 퇴원 시까지		• cephalosporin 계열의 항생제 제노세프(Zenocef, 1.0g을 하루 2회 정맥주사)와 aminoglycoside 계열의 항생제 큐레신(Curesin, 60mg 하루 2회 근육주사)을 각 투여함
2003. 10. 13.		• 퇴원 • 수술부위의 통증 호소 = 통증에 민감한 것 같으니 참아보라고 하면서 14일치 진통제와 항생제를 처방함

날짜	시간	사건 개요
퇴원 후		• 수술부위의 통증이 점점 심해져 거의 누워 지냄
2003. 10. 15. 2003. 10. 17. 2003. 10. 18		• 3회에 걸쳐 외래진료를 받으면서 통증 호소 = 수술부위를 드레싱하고 진통제를 투여하였을 뿐 혈액검사나 수술부위에 대한 CT나 MRI촬영 등의 특별한 검사를 실시하지 않음
2003. 10. 20.		• 다시 의료진 A를 찾아가 극심한 요통을 호소함 = 염증이 발생한 것인지를 확인하기 위하여 혈액검사, C-반응성 단백질(CRP) 검사, 적혈구침강속도(ESR) 검사 각 실시함
2003. 10. 21.	04 : 00경	• 수술부위에서 많은 양의 피와 고름이 나와 즉시 피고병원 응급실 내원
2003. 10. 21.		• 2003. 10. 20.에 시행한 검사 결과 = 백혈구 수치 21,100/㎣, C-반응성 단백질(CRP) 2.3㎎/㎗, 적혈구 침강속도(ESR) 68㎜/h로 모두 증가된 소견 = 수술부위가 염증에 감염된 것으로 판단
	14 : 10경	• 수술부위를 개방하여 창상을 세척하고 케이지(cage)와 나사못을 제거하는 수술(2차 수술) 실시
2003. 10. 21.	수술 후	• 계속하여 요통, 하지통증을 겪음 • 수술부위에 삽입한 배액관을 통하여 반코마이신 1.0g과 생리식염수의 혼합액으로 염증을 세척하도록 함 • 수술 당일부터 매일 반코마이신 1.0g 및 퀴놀린계 항생제 싸이신 1바이알을 하루 2회 정맥주사로 투여함 • 수술부위에서 나온 분비물을 채취하여 세균배양검사 및 항생제내성 검사 시행함
2003. 10. 24.		• 세균배양검사 및 항생제내성검사 결과 = 메치실린내성황색포도당구균(MRSA, Methicillin Resistant Staphylococcus Aureus)이 배양된 것으로 확인. 균이 반코마이신에 대하여도 중간내성을 가진 것으로 나타남 • 반코마이신과 싸이신의 처방을 중단하고 항생제내성검사 결과 감수성이 있는 것으로 확인된 co-trimoxazole(sulfamethoxazole 80㎎+trimethoprim 16㎎) 3바이알을 하루 4회 정맥 내로 투여함
2003. 10. 26.		• 수술부위에 삽입된 헤모백 제거
2003. 10. 27.		• 혈액검사와 흉부방사선촬영 검사 시행 = 백혈구수는 8,400으로 정상으로 돌아옴. CRP 6.2, ESR 55는 여전히 높은 상태

날짜	시간	사건 개요
2003. 10. 30.경		• 수술부위가 불룩하게 튀어나와 간호사에게 뼈가 튀어나온 것이냐고 물었으나 간호사는 그런 것은 아니라고 대답하였을 뿐, 의료진이 이를 확인하거나 하지는 않음
2003. 11. 1.		• 혈액검사 시행 = CRP 18, ESR 51. CRP가 지속적으로 증가하는 것으로 보아 항생제에 의한 치료효과가 좋은 편은 아님
2003. 11. 1.		• 수술 후 계속하여 수술 부위의 압통, 부종, 하지 통증을 겪었는데 항생제와 진통제를 투여하면서 활력징후와 삼출물 유무를 확인한 것 외 달리 정밀검사를 실시하지 않음
	08 : 30경	• 전해질에 이상 생기면서 혼수상태에 빠짐
	11 : 30경	• B병원으로 전원 • 전원 당시 수술부위가 부어 있었고, 지남력이 전혀 없고 딸을 잘 알아보지 못하는 등 상황 판단력이 없었음
	전원 후	• 혈액검사 시행 = 백혈구 수치 10,170, ESR 38, CRP 162 • 요추 X선 검사와 MRI검사 시행 = 제4~5요추에 고름이 대량으로 차 있고 고름이 척추를 타고 올라감. 제4~5요추 전방전위증이 더 심해졌고, 제4~5요추 뼈가 반쯤 손상되어 있음
	전원 즉시	• 전해질 교정, 기계호흡, 항생제 투여 시작
2003. 11. 2.		• 소화기내과, 순환기내과, 감염내과 협진 • 수술부위 재교정수술과 염증으로 인하여 유착된 부위를 제거하고 제4요추 척추궁절제술과 척추경막 외에 염증으로 인한 육아조직을 제거하고 수십 차례 염증부위를 세척하는 응급수술(3차 수술) 시행
2003. 11. 7.		• 재교정수술 실시
2003. 12.경 까지		• 제4~5요추간 추간판염이 지속됨 • 제4~5요추 전방전위증이 더 진행됨
2004. 7. 7.		• 세균배양검사 시행 = MRSA가 배양됨
현재[4]		• 요통과 하반신 마비로 인한 보행 및 이동 장애 = 감염 당시 요추 4~5번 부위의 신경근 압박이나 감염으로 인한 후유증 때문이거나 4~5요추척추체의 불안정성 때문에 해당 부위의 신경근이 압박되고 있기 때문인 것으로 보임

---

4) 통상 제1심 판결전 촉탁감정시점을 말함.

2. 사건에 대한 법원의 판단요지

가. 1차 수술 과정상의 과실로 인한 MRSA감염 발생 여부: 법원 불인정(제1심)

(1) 원고 측 주장

환자가 1차 수술 전까지는 건강한 상태였는데 1차 수술 직후 수술부위에서 채취된 삼출물에서 MRSA가 배양되었으므로, 환자가 MRSA에 감염된 것은 의료진이 1차 수술 당시 MRSA감염을 예방하기 위한 무균적 조작을 소홀히 한 과실로 인한 것이다.

(2) 법원 판단

수술과정에서 아무리 철저한 소독체계를 갖춰도 MRSA감염을 완전히 예방하는 것은 불가능하다는 점을 고려하여, 의료진이 수술 당시 수술도구나 수술실의 청결상태, 수술부위에 대한 멸균소독 등 수술과정에서 당연히 요구되는 무균조치를 게을리 하였다는 점에 대하여 인정할 증거가 없어 환자의 주장은 이유 없다.

나. 1차 수술 후 경과 관찰을 소홀히 하여 MRSA감염 진단 및 치료가 지연된 과실 여부: 법원 불인정(제1심)

(1) 원고 측 주장

척추수술의 경우 약 2~3주간은 감염의 예방 및 치료를 위하여 입원치료가 필요함에도 의료진은 환자에게 조기퇴원을 종용하였고, 수술부위의 관찰 및 드레싱을 직접 시행하지 않고 간호조무사에게 드레싱을 지시하였으며, 퇴원 후 외래진료 시에도 환자가 여러 차례 통증을 호소하였음에도 감염의 가능성을 예상하지 못하고 상태가 악화되는 것을 방치함으로써 결국 진단 및 치료가 지연되게 한 과실이 있다.

(2) 법원 판단

환자가 호소한 통증의 정도가 척추수술 후 통상 환자들이 호소하는 정도를 넘어선 것이라거나, 의료진이 환자의 수술부위를 확인하지 않았다거나(드레싱의 직접 실시 여부는 감염진단과는 관련이 없는 것으로 보임), 그 외에 당시 환자에게 발열이나 부종, 출혈 등과 같이 감염을 시사하는 소견이 있었다는 점을 인정할 증거가 없어 의료진이 환자를 조기퇴원시킨 조치가 부적절했다고 보기는 어렵고, 퇴원 이후 외래진료를 하면서 수술부위 및 환자의 전신상태를 확인한 이상 감염 여부를 확인하기 위하여 반드시 혈액검사를 추가로 실시하였어야 한다고 보기도 어렵다.

오히려 의료진은 그 후 환자의 극심한 통증 호소에 2003. 10. 20. 혈액검사를 실시하였고, 2003. 10. 21. 환자의 수술부위에서 출혈과 삼출물 배출이 확인되자 즉시 세균배양검사를 실시하는 한편 2차 수술을 시행하고 MRSA균에 감수성을 가진 것으로 알려진 반코마이신과 광범위 항생제 싸이신을 함께 투여하였는 바, 이와 같은 의료진의 진단 및 처치는 적절하였다고 보여지고, 달리 의료진의 과실로 인하여 MRSA감염 진단 및 치료가 지연되었다는 점을 인정할 만한 증거가 없어 환자의 주장을 인정하지 않는다.

다. 설명의무 위반 여부: 법원 불인정(제1심)

(1) 원고 측 주장

의료진이 1차 수술을 시행함에 있어 MRSA감염으로 인한 부작용이나 후유증이 발생할 수 있다는 점에 관하여 충분한 설명을 하지 않았다.

(2) 법원 판단

환자는 1차 수술을 받기 이틀 전에 의료진을 만나 1차 수술에 관하여 상담한 다음 수술을 받기로 결정한 점, 수술승낙 및 요청서에는 '본인은 본인에게 행하여질 수술의 필요성을 충분히 이해하고 이로 인한 의학적인 제반 합병증도 있을 수 있음을 양지하면서 수술로서 뜻하지 않은 결과가 발생하더라도 아무 이의를 제기하지 않을 것과 이에 협력할 것을 서약하고'라는 내용이 부동문자로 기재되어 있고 수술신청서 하단에 환자의 자필서명이 있는 점을 고려하여 환자는 1차 수술 및 그로 인한 발생 가능한 부작용에 대하여 물어보고 설명을 들을 기회가 충분히 있었다고 보이고, 그러한 설명을 듣고 1차 수술에 동의하였다고 보아 환자의 주장을 인정하지 않는다.

라. 전원의무 위반 여부: 법원 인정(제1심)

(1) 원고 측 주장

의료진이 2차 수술을 시행한 후 상태가 악화되었는데도 신속하게 전원하지 않은 과실로 환자의 상태가 현저하게 악화되었다.

(2) 법원 판단

① 환자는 2차 수술을 실시하기 직전 수술부위에서 피와 고름이 터져 나왔으므로, 환자의 경우 감염의 초기가 아니라 이미 농양까지 생긴 상황이었던 것으로 보이는 점, ② 요추부위에 농양이 생기는 경우 신경근을 압박하여 심각한 장애를 초래할수도 있으므로, 일단 농양이 발생한 경우에는 항생제의 사용도 중요하지만 필요한 경우 즉시 농양제거술 및 세척술 등의 시술을 효과적으로 시행하는 것도 매우 중요한점, ③ 환자는 만 67세의 고령이었고 환자가 감염된 MRSA균은 반코마이신에 중간내성을 가진 강력한 균이었으며 의료진이 항생제내성검사 후 처방한 항생제는 의료진에게도 생소한 것이어서 항생제의 효과를 장담할 수 없었을 것으로 보이는 점 등을고려하면 의료진에게는 만연히 2차 수술 후 항생제를 처방하는 데에 그칠 것이 아니라 입원 중인 환자의 상태를 관찰하고 항생제의 효과 여부, 척추부분의 농양이나 육아조직 발생 여부, 척추신경 압박 여부 등을 수시로 확인하면서 필요한 경우 즉시 추가로 농양제거술 및 세척술을 시행하는 등 염증이 척추손상으로까지 이어지지 않도록 노력하여야 한다.

만일 적절한 대처를 하기 어려우면 적절한 대처를 할 수 있는 병원으로 전원할주의의무가 있다. 그러나 의료진은 2차 수술 이후 항생제를 투여하고 혈액검사를2차례 실시한 것 외에는 수술부위에 대한 정밀검사를 한 차례도 실시하지 않는 등사실상 환자를 방치하였고, 수술 이후 상태가 더욱 악화되어 제4~5 요추뼈가 손상될지경에 이르기까지 이를 발견하지 못하여 환자의 상태에 대한 적절한 조치를 취하거나 전원시켰어야 할 주의의무를 소홀히하였음을 인정한다.

마. 반코마이신 사용으로 내성을 갖게 한 과실 여부: 법원 인정(항소심)

(1) 원고 측 주장

피고병원에서 1차 수술 당시 함부로 반코마이신을 사용함으로써 향후 MRSA 발현 시 반코마이신에 중간내성을 갖게 하여 그 치료를 곤란하게 하였다.

(2) 의료진 측 주장

1차 수술 시에 반코마이신을 사용한 것은 특히 척추감염에서 가장 치료가 힘든

MRSA 감염을 예방하기 위한 조치였으며, 이는 임상의학교과서인 '척추외과학(The Textbook of Spinal Surgery)'에서 명시할 정도로 임상의학 분야에서 실천되고 있는 의료행위의 수준적 지식으로서의 의학상식이다.

(3) 법원 판단

의료진은 수술전후에 항생제를 그 용도와 용법에 맞도록 적절하게 사용하여야 할 주의의무가 있음에도 1차 수술 시에 가장 강력한 항생제의 일종으로서 최후의 항생제라고 할 수 있는 반코마이신을 그 용도가 불분명하게 함부로 사용하였고, 그로 인해 환자가 보균하고 있던 포도상구균을 반코마이신에 중간내성을 가지는 슈퍼박테리아의 일종인 VRSA로 전이시켰으며, 그 후 환자를 전원시킬 때까지 더 이상 반코마이신을 사용할 수 없게 하여 수술부위의 염증에 대한 항생제치료가 거의 효과를 거둘 수 없는 상태를 초래하였다고 인정한다.

또한 그로부터 상당기간이 경과한 후에 전원된 타병원에서 실시한 균배양검사 결과 환자에게서 검출된 MRSA가 반코마이신에 감수성을 가진 것으로 판단되어 그 후 반코마이신 치료를 받았다는 사정만으로는 의료진의 과실이 환자의 장애와 인과관계가 없다고 볼 수 없다.

'척추외과학(The Textbook of SpinalSurgery)' 교과서에서는 예방적 항생제요법(prophylatic antibiotics)으로 수술 전과 수술 후 반코마이신 1g을 12시간 간격으로 사용하고 이와 함께 겐타마이신(gentamycin) 80mg을 8시간 간격으로 사용하면서 위의 약들은 수술 전에 시작하여 24시간이나 48시간 사용하도록 권유하고 있어, 의료진이 1차 수술 시에 사용한 반코마이신의 용량과 횟수 및 그 사용기간이 척추외과학 교과서에서 권유하는 바에 훨씬 미달됨을 알 수 있을 뿐이므로 의료진들의 주장을 인정하지 않는다.

3. 손해배상범위 및 책임제한

가. 의료진의 손해배상책임 범위: 제1심 40% 제한, 항소심 60% 제한

나. 제한 이유

(1) MRSA 감염은 감수성을 가진 항생제를 처방하는 것 외에는 별다른 치료방법이 없는 점(제1심)

(2) 골수염, 추간판염 등의 골 관련 감염의 경우 감염된 골 또는 조직의 수술적 제거가 완벽하기 어려운 점(제1심)

(3) 환자는 이 사건 수술 및 입원치료 당시 고령으로 면역상태가 떨어져 있어 정상면역을 가진 환자와 비교하여 볼 때 감염의 가능성은 높은 반면 치료에 대한 반응은 더디었을 것으로 보이는 점(제1심)

(4) 제1심의 제한이유에 추가하여 비록 의료진들에게 환자를 외부의 MRSA에 감염시킨 잘못이 있다거나, 1차 수술 후에 경과관찰을 소홀히 한 잘못이 있음을 인정하기 어려운 점 등을 고려함(항소심)

다. 손해배상책임의 범위

○ 제1심

(1) 청구금액: 479,236,297원

(2) 인용금액: 101,689,946원

  (가) 총 금 86,689,946원: (32,356,000원+15,581,700원+813,600원+ 4,340,000원+163,633,565원)×40%

   ① 기왕치료비: 32,356,000원

   ② 향후치료비: 15,581,700원

   ③ 보조구대구입비: 813,600원

   ④ 기왕개호비: 4,340,000원

   ⑤ 향후개호비: 163,633,565원

  (나) 위자료: 15,000,000원

○ 항소심

(1) 청구금액: 479,236,297원

(2) 인용금액: 145,034,919원

(가) 총 130,034,919원: (32,356,000원+15,581,700원+813,600원+
4,340,000원+163,633,565원)×60%

① 기왕치료비: 32,356,000원

② 향후치료비: 15,581,700원

③ 보조구대 구입비: 813,600원

④ 기왕개호비: 4,340,000원

⑤ 향후개호비: 163,633,565원

(나) 위자료: 15,000,000원

4. 사건원인분석

4~5개월 전부터 다리가 당기고 저린 증상으로 내원한 환자가 요추 제4~5번 척추전방전위증 척추관협착증으로 진단받아 제4~5요추간 후방추체간유합술을 시행받았고 수술실에서 의료진은 감염예방을 위해 반코마이신을 사용하였다. 수술을 시행한지 3일경부터 계속하여 수술부위의 통증을 호소하여 의료진은 진통제와 항생제만을 처방하다가 수술을 시행한 지 10일경에 혈액검사를 시행하였고 그 결과 수술부위가 감염된 것으로 판단되었으며, 수술부위에서 출혈과 삼출물이 나와 세균배양검사를 시행한 결과 MRSA가 검출되었으나 반코마이신에 중간내성을 가진 것으로 나타났다. 그 후에도 혈액검사와 약물치료를 하였으나 전해질에 이상이 생기면서 혼수상태에 빠져 전원하였고 X선과 MRI검사 결과 제4~5요추에 고름이 대량으로 차있고 고름이 척추를 타고 올라가 제 4~5요추 전방전위증이 심해지고 뼈가 반쯤 손상되어 있어 응급수술을 시행했음에도 요통과 하반신 마비로 인한 보행 및 이동장애가 발생하였다. 이 사건과 관련된 문제점 및 원인을 분석해본 결과는 다음과 같다.

첫째, 1차 수술 이후 입원기간 동안 혈액검사 등 염증발생의 여부를 확인하기 위한 검사를 시행하지 않았고, 퇴원 후 외래진료를 받으며 통증을 호소하였음에도 수술부위를 드레싱하고 진통제 투여만을 하였다. 자문위원은 수술부위감염의 진단은 실험실 검사 소견만으로는 어려워 환자의 혈액검사소견은 감염을 의심해볼 수 있으나 수술부위 감염이라고 확정할 수는 없어 수술 시 검체배양과 균의 감수성검사가 꼭 필요하다고 하였다.

또한 수술 3일 후에도 열이 나거나 수술부위의 부종이 있을 경우, 혈액검사결과 백혈구수치나 적혈구침강속도, C반응성단백시험의 수치가 감소하였다가 다시 상승하는 경우에 감염을 의심하며 최소한 1주일에 2번 정도 혈액검사를 시행하여 감염 여부를 확인해야 한다는 자문의견도 있다.

둘째, 2차 수술 시행 직전에 환자는 수술부위의 통증을 호소하고 수술부위에서 출혈과 고름이 나왔기 때문에 심각한 상태였음에도 의료진은 적절한 정밀검사나 수술 시행을 하지 않고 만연히 항생제를 투여하고 혈액검사만을 시행하여 제4~5요추가 손상될 때까지도 이를 발견하지 못하였고 전원조치 등의 신속한 조치 또한 취하지 않았다. 자문위원은 일반 방사선사진, 동위원소, 자기공명영상 등의 검사나 백혈구수(WBC)나 혈액침강속도(ESR) 또는 C반응단백(CRP) 등의 검사를 이용하더라도 수술 후 심부감염의 조기진단은 어렵다고 하였는데, 감염증상 발생 시 항생제 투여나 MRI검사를 통하여 수술부위에 대한 검사를 실시했어야 하며, 사전검사에도 패혈증이나 요추의 상태악화 등을 막지 못하였을 수도 있지만 사전에 검사를 통하여 수술 후 상태가 좋지 않은 부위가 있는지 확인하여 위험성을 인식하고 전원 등의 조치를 취

〈표 15〉 후방추체간유합술 시행 후 수술부위 감염에도 적절한 수술이 진행되지 않아 요통, 하반신 마비가 발생한 사건 – 원인분석

분석의 수준	질문	조사결과
왜 일어났는가? (사건이 일어났을 때의 과정 또는 활동)	전체 과정에서 그 단계는 무엇인가?	– 검사 시행 및 진단 단계
가장 근접한 요인은 무엇이었는가? (인적 요인, 시스템 요인)	어떤 인적 요인이 결과에 관련 있는가?	• 의료인 측 – 검사 미시행(염증 발생 여부 확인을 위한 의심, 검사 시행하지 않음)
	시스템은 어떻게 결과에 영향을 끼쳤는가?	• 의료기관 및 법제도 측 – 감염관리 미흡

해야 한다는 의견도 있다.

마지막으로, 의료진은 수술 중 감염예방을 위하여 반코마이신을 사용하여 내성을 갖게 하였고 그 용도에 대한 기록 또한 불분명하였다. 자문위원은 이 사건에서 반코마이신을 수술 중 수술부위를 세척하는 용도로 사용되었을 것으로 생각된다고 하였다(〈표 15〉 참조).

5. 재발방지대책

원인별 재발방지대책은 〈그림 15〉와 같으며, 각 주체별 재발방지대책은 아래와 같다.

〈그림 15〉 후방추체간유합술 시행 후 수술부위 감염에도 적절한 수술이 진행되지 않아 요통, 하반신 마비가 발생한 사건 – 원인별 재발방지대책

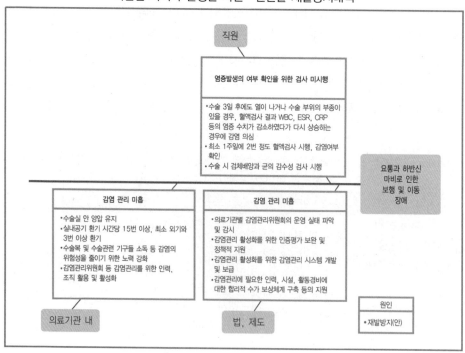

(1) 의료인의 행위에 대한 검토사항

환자가 수술 후 3일이 경과한 후에도 계속하여 열이 나거나 수술부위에 부종이 있을 경우와 혈액검사결과 백혈구수치(WBC)나 혈액침강속도(ESR) 또는 C반응단백 (CRP) 등의 염증수치가 감소하였다가 다시 상승하는 경우에는 감염을 의심하여야 하며 최소한 1주일에 두 번 정도 혈액검사를 시행하여 감염 여부를 확인하여야 한다. 특히 수술 시에 검체배양과 균의 감수성검사를 실시하여 수술부위의 감염을 진단할 수 있도록 한다.

(2) 의료기관 내 검토사항

수술 실 안을 양압으로 유지하며, 실내공기는 시간당 15번 이상 거르고 최소 외기와 3번 이상 환기하도록 한다는 자문의견이 있었다. 수술복 및 수술관련 기구들 소독 등 감염의 위험성을 줄이기 위한 노력 강화해야 하며, 감염관리위원회 등 감염관리를 위한 인력을 확보하고, 조직을 적극 활용하며 활성화해야 한다는 자문의견이 있었다.

(3) 국가·지방자치단체 차원의 검토사항

의료기관 별 감염관리위원회의 운영실태를 정확히 파악하고 적절히 운영되도록 감독하여야 한다. 또한 감염관리업무 활성화를 위한 인증평가체계 보완 및 정책적 지원과 감염관리시스템 개발 및 보급 등을 지원해야 한다. 더불어 감염관리에 필요한 인력, 시설, 활동경비에 대한 합리적 수가 보상체계 구축 등도 지원해야 한다.

┃ 참고자료 ┃ 사건과 관련된 의학적 소견[5]

(1) 요추 전방전위증과 후방추체간유합술

(가) 요추 전방전위증이란 척추체가 아래 척추체에 대하여 전방으로 전위된 것을 말하며, 발생원인에 따라 선천형 또는 이형성형, 협부형, 퇴행성, 외상형, 병적형, 수술후형으로 구분된다.

(나) 후방추체간유합술이란 신경근 압박을 경감시켜 통증을 제거하고, 더 이상의 전방전위증 진행을 막기 위하여 실시하는 수술로서, 요추 4~5번 전방전위증의 경우 환자를 전신마취시킨 후 엎드린 자세에서 요추 3~5번 사이 피부를 절개한 후 요추후궁을 절제하고 인대를 제거하여 압박된 신경을 감압시켜 주고, 요추 4~5번 사이 추간판을 제거하고 자신의 뼈조각을 채운 케이지(cage)를 삽입하여 동시에 골유합을 촉진시킨다. 그리고 요추 4번 및 5번 척추경에 금속 나사못을 삽입하고 막대를 걸어서 단단히 고정한 후 충분히 지혈을 한 뒤 배액관을 삽입하고 봉합하게 된다.

(2) 수술 후 창상감염

(가) 병원감염이란 입원 당시 나타나지 않았음은 물론 잠복상태가 아니었던 감염이 입원기간 중에 발생한 경우를 말하는데, 수술 후 창상감염은 병원감염의 19% 정도를 차지한다고 알려져 있는 것으로서, 병원규모나 수술의 종류에 따라 감염율이 다양하게 나타나고, 복부수술에서 감염율이 가장 높다.

(나) 수술부위가 감염된 경우 전신적인 증상으로는 발열, 오한 등이 있을 수 있고, 국소적인 증상으로는 수술부위의 발적, 통증, 농배출 등이 있을 수 있다.

(다) 수술부위의 감염을 예방하기 위해서는 수술 시행 전에 예방적 항생제를 투여하고 수술 시 무균조작을 철저히 하여야 하나, 완벽한 예방은 불가능하므로, 수술 후에 환자의 상태, 즉, 통증, 발열 여부와 수술부위의 부종 등 발생 여부를 관찰하여야 하고, 필요한 경우 백혈구수치, ESR, CRP 등에 대한 검사를 시행하여 감염 여부를 조기진단하도록 노력하여야 한다.

(3) MRSA감염

(가) MRSA는 메티실린계 항생제에 내성을 갖는 포도상구균으로서 병원감염의 주요 병원균인데, 장기간의 입원, 광범위한 항생제의 사용, 항생제의 장기간 사용, 중환자실 입원 등의 경

---

5) 해당 내용은 판결문에 수록된 내용임.

우 그 감염위험성이 높으나 최근에는 병원 밖에서 획득하는 경우도 증가하고 있다. 감염된 환자와 접촉하게 되는 의료인이나 환자보호자의 손 등을 통하여 다른 환자에게 전파되기 쉽고, 공기를 통하여 전파되는 것도 가능하다.

(나) 병원에서 MRSA의 전파를 차단하기 위해서는 의료인이 손을 자주 씻고 MRSA균을 가지고 있는 환자와 접촉할 때 균에 의한 오염을 차단시키려는 노력이 필요하다. 그러나 아무리 철저한 소독체계를 갖춘다 하더라도 완전한 감염예방은 불가능하다.

(다) MRSA감염에는 적절한 항생제 투여 외에는 특별한 치료방법이 없는 바, 효과적인 항생제를 투여하기 위해서는 항생제 감수성검사를 시행하여 MRSA인지 여부를 확인하고, MRSA로 확인되면 MRSA에 감수성을 가진 것으로 알려진 항생제(반코마이신, 테이코플라닌이 대표적이다. 그 외에는 효력을 가지는 항생제가 거의 없으나, 최근 리네졸리드 혹은 quinupristin/dalfopristin과 같은 항생제들이 개발되어 사용될 수 있다)에 대한 감수성검사를 확인하여 감수성이 확인되면 이를 치료약제로 사용하여야 한다.

제6장

수술 지연 등의 판례

제6장 수술 지연 등의 판례

판례 16. 낙상 후 좌측 출혈성 이루 및 두통이 있음에도 검사소홀, 수
술동의 지연으로 수술시행에도 불구하고 의식저하로 사망한
사건_대법원 2005. 5. 26. 선고 2005다5096 판결

1. 사건의 개요

음주상태에서 낙상한 환자에 대한 검사소홀, 수술동의 지연 등으로 감압성 개두
술 및 혈종제거술을 시행했으나 의식저하로 결국 사망한 사건이다[서울지방법원 2001.
12. 26. 선고 2000가합24332 판결, 서울고등법원 2004. 12. 16. 선고 2002나9204 판결, 대법원
2005. 5. 26. 선고 2005다5096 판결]. 이 사건의 자세한 경과는 다음과 같다.

날짜	시간	사건 개요
2000. 1. 4.	02 : 00 ~ 03 : 00경	• 음주상태에서 2층에서 1층으로 떨어짐(환자 1969. 2. 28.생, 사고당 시 30세 10개월, 남자)
	03 : 25경	• 좌측 출혈성 이루(耳漏, 귀의 출혈), 두통 및 복통 증세로 A병원 응 급실 내원 = 내원 당시 의식 기면상태(drowsy), 혈압 120/80mmHg, 맥박 88 회/분로 활력징후 정상
	03 : 35경	• 두개골 전면 및 우측면 두부 방사선검사 시행 = 골절 소견 없음
2000. 1. 4.	03 : 55경	• 뇌 CT 촬영 시행 = 양측 전두부 출혈성 뇌좌상 의심

날짜	시간	사건 개요
2000. 1. 4.		• 일반외과 및 흉부외과 의사의 진료 받음
	13 : 45경	• 신경외과의사 진찰 = 이학적 검사 결과 의식명료(alert), 양측 동공크기 동일, 대광반사 정상, 안면부의 운동 및 감각기능 정상, 두통 및 좌측 출혈성 이루 증세 지속됨 = 두개골 기저부 골절 의심. 양측 전두부 출혈성 뇌좌상, 좌측 두정 엽에 경미한 외상성 지주막하 출혈의 소견 있음으로 진단 = 환자를 중환자실에 입원시켜 경과 관찰하기로 함
		• 중환자실의 정원 초과로 입원 어렵고 환자의 증상이 가벼운 두부손상 으로 며칠간 항생제 치료만 받으면 된다고 설명함 • 연고지에서 치료를 받기 위하여 B가 운영하는 C병원으로 전원해줄 것을 요구
	14 : 40경	• 전원 결정 = C병원 의사에게 전화를 걸어 좌측 기저부 골절 및 뇌 CT 촬영 상 출혈성 뇌좌상이 의심되므로 항생제 등 약물치료와 경과관찰이 필 요하다고 알림. 전원승낙 받음
2000. 1. 4.	15 : 00경	• 뇌압강하제인 20% 마니톨(mannitol) 100cc 등 투여
	16 : 00경	• 응급환자이송의뢰서와 함께 C병원으로 전원 • 전원 당시 혈압 130/80mmHg, 맥박 84회/분으로 활력징후 정상
2000. 1. 4.	17 : 05경	• C병원 응급실에 내원 • 내원 당시 혈압 100/60mmHg, 맥박 68회/분으로 이전보다 감소. 의 식은 기면상태(drowsy), 좌측 출혈성 이루, 두통, 오심, 구토, 불안정 증세 보임
		• 항경련제, 항생제, 진통제 등을 처방하고 망인을 일반병실에 입원시 켜 경과관찰을 하기로 하였으나 뇌부종이나 뇌압상승에 대한 검사나 처치를 한 바는 없음 • C병원의 신경외과 의사 등은 환자에게 뇌 CT 촬영 권유하였으나 A병원에서 촬영한 뇌 CT 필름을 가져오겠다고 함
	20 : 00경	• 가져온 뇌 CT 필름 판독 결과 뇌출혈은 확실하지 않고 경미한 뇌부 종 소견이 나타남 = 별도로 뇌 CT 촬영 등의 처치하지 않고 경과를 관찰하기로 함
	22 : 00경 부터	• 의식이 명료(alert)해짐. 맥박 62회/분으로 감소, 좌측 출혈성 이루는 계속됨
2000. 1. 5.	01 : 20경	• 심한 두통 및 어지러움 증세를 보여 당직의사가 진찰

날짜	시간	사건 개요
2000. 1. 5.		= 증세 변화가 없어 별다른 처치 없이 경과를 관찰하기로 함
	02 : 00경	• 맥박 62회/분
	06 : 00경	• 맥박 60회/분으로 감소
		• 좌측 출혈성 이루 계속되었으나 경과관찰 외 별다른 치료하지 않음
	08 : 00경	• 외부 자극에 대한 반응이 느려지고 말하기 힘들어하는 등 의식상태가 기면상태(drowsy)로 저하됨
	10 : 00경	• 뇌 CT 촬영 시행 = 뇌부종 외에 A병원의 뇌 CT 필름에서 나타나지 않았던 좌측 측두골 골절, 좌측 전두-두정부 급성경막하출혈, 좌측 전두부 외상성 지연성 뇌실질내 출혈 등 응급 소견이 나타남
	10 : 20경	• 중환자실로 옮김 • 뇌수술을 계획하고서도 보호자의 수술동의를 받지 못하여(환자의 외삼촌으로부터는 이미 수술동의를 받음) 수술 지연
	13 : 00경	• 뇌압 낮추기 위해 15% 마니톨 300cc 투여
	15 : 30경~ 17 : 30경	• 감압성 개두술 및 혈종제거술 시행 = 경막 하 출혈 및 뇌실질 내 출혈에 의한 혈종 제거, 두개골 일부 제거
	18 : 40경	• 수술실에서 복귀 • 기면상태(drowsy)의 의식상태
	20 : 00경	• 깊은 기면상태(deep drowsy)로 저하됨
2000. 1. 6.	00 : 30경	• 다시 혼미 또는 반혼수 상태(deep stupor~semicoma)로 저하됨
	01 : 00경	• 뇌 CT 촬영 = 좌측 전두부의 지연성 뇌실질 내 출혈로 출혈량이 증가하고 뇌중심축이 이동한 소견 보임
	01 : 40~ 02 : 25경	• 혈종배액술 시행
2000. 1. 6.	07 : 00경	• 반 혼수상태(semicoma)로 떨어짐 = 집중적인 중환자실 치료를 위해 타병원으로 전원하여 치료받음
2000. 1. 11.		• C병원에 재입원 • 혼수상태(coma)로 인공호흡기를 부착한 채 치료 받았으나 폐침윤, 폐렴 발생
2000. 1. 18.		• 사망 = 직접 사인은 뇌간마비, 급성폐부전, 중간 사인은 두개강 내 출혈, 폐렴, 선행 사인은 두부손상

날짜	시간	사건 개요
2000. 1. 18.		= 부검 결과 고도의 뇌부종 소견 및 좌측 측두엽 하방을 중심으로 광범위한 뇌좌상 및 뇌경막하출혈 소견을 보이고, 좌측 중두개와에서 후두골 좌측으로 형성된 12㎝ 길이의 두개골 골절 소견을 보임

2. 사건에 대한 법원의 판단요지

가. A병원의 검사를 소홀히 한 과실 여부: 법원 불인정(제1심) → 법원 인정 (항소심, 상고심)

(1) 원고 측 주장

① 뇌의 좌측이 아닌 우측에 대해 두부방사선검사를 시행한 잘못으로 두개골기저부골절을 발견하지 못한 점, ② 뇌 CT 촬영결과 뇌부종을 판독하지 못한 잘못으로 뇌압강하제를 뒤늦게 투여한 점으로써 망인이 사망하였다.

(2) 법원 주장

○ A병원의 의사들이 두부방사선검사결과 두개골기저부골절을 발견하지 못하였으나, 좌측 출혈성 이루의 증세에 대하여 두개골기저부골절을 의심하고 이에 따른 치료를 하여 검사상 과실과 망인의 사망 사이 인과관계가 있다고 보기 어렵다. 그리고 A병원에서 뇌 CT를 판독하여 경미한 뇌부종을 확인하지 못하였으나 그러한 정도의 뇌부종은 특별한 치료가 필요 없고 의식상태의 변화를 관찰하는 것으로 충분한 점을 고려하면 당시 뇌압강하제를 즉시 투여할 필요가 없었던 것으로 보여져 검사상 과실로 인하여 뇌압강하제의 투여시기가 지체되었다고 보기 어렵다(제1심).

○ 제1심의 판단과 달리, 두부방사선검사를 함에 있어서 피가 나는 좌측을 촬영해야 함에도 우측을 촬영하였고, 뇌 CT 촬영 결과 뇌부종이나 뇌압상승 소견 또한 판독하지 못하여 망인이 뇌부종이나 뇌압상승의 증세가 있는 중증의 두부손상환자임을 진단하지 못하여 2000. 1. 4. 13:45경까지 추적 뇌 CT 촬영이나 뇌압강하제 투여 등의 적합한 치료를 하지 않은 과실이 있다고 판단하였다. 그러나 제1심의 판단과는 달리 신경외과의사가 뒤늦게 진찰할 때까지도 망인은 두통과 출혈성 이루 증세를

계속 보여 CT 촬영결과를 더욱 면밀히 판독하거나 적극적으로 추적 뇌 CT 촬영 등을 통하여 뇌부종이나 뇌압상승 등 망인의 증상 악화 여부를 파악하여 합당한 치료를 할 필요가 있음에도 15 : 00경 마니톨 100cc를 투여하는 외에는 별다른 처치를 하지 않고 경과관찰만 지시하다가 망인을 전원시킨 잘못이 있다고 하였다. 추가로 개인병원인 A병원에서는 통상 대학병원으로부터 전원하여 오는 환자에 대하여는 특별한 사정이 없으며 환자의 상태가 중하다고 여기지 않을 수도 있어, 전원 시 A병원 의료진은 망인의 증상을 충분히 설명하여 C병원 의료진이 진단을 소홀함이 없도록 하여야 할 주의의무가 있음에도 두개골기저부골절 및 출혈성 뇌좌상이 의심되므로 관찰이 필요하나 연고지 관계로 전원을 한다고만 알려줌으로써 C병원 의료진이 망인의 증상을 가볍게 판단하게 하고 그에 대한 치료를 소홀하게 한 원인을 제공하여 적절한 진단과 치료를 받을 시기를 놓치게 되었다고 판단하여 A병원의 과실을 인정한다(항소심 및 상고심).

나. 전원의무 위반 여부: 법원 불인정(제1심)

(1) 원고 측 주장

A병원에서 C병원으로 전원할 당시 ① 의료법 상 초진기록을 송부하여야 함에도 이송의뢰서만 보냈고, 이송의뢰서에 뇌압강하제의 투여시간과 뇌부종이 있음을 기재하지 않은 점, ② 의료진을 동행시키지 않은 점, ③ 신경외과가 아닌 일반외과로 전원시킨 점으로 인해 망인을 사망에 이르게 하였다.

(2) 법원 판단

A병원의 의사는 C병원 의사에게 전화를 걸어 망인의 증세를 알리고 이송의뢰서에 망인의 증세, 진단 및 치료내용을 비교적 상세히 기재하였으며, 뇌압강하제의 투여시간과 뇌부종 증상을 기재하지 않았지만 C병원에서 투여시간을 알 필요가 있는 경우 A병원으로 전화를 걸어 알 수 있었고, ① C병원에서 A병원의 뇌CT를 판독하여 경미한 뇌부종을 확인하였으므로 전원기록 미비와 망인의 사망 사이에 인과관계가 있다고 보기 어려운 점, ② 전원 당시 의료진이 동반하여야 할 필요가 있었음을 인정할 증거가 없는 점, ③ 일반외과로 전원시켰음을 인정할 증거가 없는 점을 고려하여 환자의 주장을 인정하지 않는다.

다. C병원의 검사를 소홀히 한 과실 여부: 법원 인정(제1심, 항소심, 상고심)

(1) 법원 판단

○ C병원으로 전원할 당시 좌측 출혈성 이루증세가 계속되어 두개골기저부골절로 말미암은 중증의 두부손상이 의심되었고, 두통, 기면상태 외에도 A병원에서 보이지 않던 오심, 구토, 맥박수 감소 등 뇌압상승을 의심할 수 있는 임상증상의 변화까지 나타나 처음 뇌CT 소견이 정상이었다고 하더라도 지연성 뇌실질 내 출혈이 발생할 가능성이 있으므로 C병원 의사들은 A병원에서 뇌 CT 촬영을 한 때로부터 24시간이 지나기 전인 2000. 1. 5. 03 : 55경까지는 뇌 CT 촬영을 시행하였어야 한다. 그러나 C병원 의사들은 A병원의 뇌 CT 필름에서 경미한 뇌부종소견 외에는 별다른 이상이 없다는 이유로 필요한 검사를 하지 않다가 망인의 의식이 저하되기 시작하자 2000. 1. 5. 10 : 00경에 뒤늦게 뇌 CT 촬영을 시행한 잘못이 있고 그로 인해 급성 경막하출혈, 지연성 뇌실질내출혈 등에 대한 적절한 진단 및 치료시기를 놓쳐 사망하게 되었음을 인정한다(제1심).

○ 제1심의 판단과 더불어 ① 10 : 00경 뇌CT촬영 결과 즉각적인 뇌압강하조치 및 혈종제거술이 필요한 상황이었음에도 뇌수술시인 15 : 30경까지 뇌압강하제 투여 등의 뇌압강하조치를 취한 바 없고, ② 비록 중요 수술에서 보호자의 동의가 필요하다고 하더라도 응급수술이 필요한 상황이고 외삼촌의 수술동의까지 받은 상태였다면 수술을 할 필요가 있었음에도 보호자의 수술동의를 받지 못하였다는 이유로 5시간 이상이나 늦게 수술을 시행하여 망인의 증상을 악화시켰으며, 두부손상 및 치료지연으로 발생한 급성 경막하출혈 및 지연성 뇌실질내출혈에 대하여도 적절한 진단과 치료를 받을 시기를 놓치게 되었음을 인정한다(항소심 및 상고심).

라. 의료진 측 주장(망인의 두부손상 정도 진단 과실 여부): 법원 불인정(항소심)

(1) 의료진 측 주장

의료진은 망인이 경도의 두부손상환자에 해당하므로 이를 전제로 한 의료진들의 진료에는 과실이 없다고 주장한다.

(2) 법원 판단

망인이 A병원 응급실에 내원하여 두통과 출혈성 이루증세는 사고 시로부터 수술을 받을 때까지 36시간이나 지속되었고, 사고 직후 촬영한 뇌 CT 검사결과 뇌좌상으로 인하여 뇌부종양상이 나타나고 좌측 전두엽부위 뇌좌상이 심하고 뇌압이 상승되어 뇌실이 작아진 양상을 나타내었다. 또한 사고 시부터 약 30시간 경과 후 촬영한 뇌 CT에서 좌측 전두−두정부 급성 경막하출혈, 좌측 전두부 외상성 뇌실질내출혈이 발생하여 뇌수술을 받았고 부검결과 추락으로 인하여 좌측 중두개와에서 후두골 좌측으로 형성된 12cm 길이의 두개골골절상을 입은 것을 보아 망인은 의료진1병원 응급실 내원 당시 중증의 두부손상환자였으므로 의료진들이 뇌 CT 촬영 결과를 잘못 판독하고 이를 토대로 진료를 한 사실을 인정하여 의료진들의 주장은 이유 없다.

3. 손해배상범위 및 책임제한

가. 의료진의 손해배상책임 범위: 제1심 30% 제한, 항소심 50% 제한

나. 제한 이유

(1) 환자들은 전원 당시 C병원의 의사들로부터 새로 뇌 CT 촬영을 권유받았음에도 이를 거부한 점(제1심)

(2) C병원의 의사들에게는 환자들의 거부로 뇌 CT 촬영을 지체한 이외에는 진료상 뚜렷한 잘못이 없는 점(제1심)

(3) 급성경막하출혈은 중증 두부외상의 20~30%에서 발생할 가능성이 높고 60% 이상의 사망률을 보이므로, 24시간 내에 뇌 CT 촬영을 하여 이를 진단하고 치료를 하였어도 사망의 결과를 피할 수 있었다고 단정하기 어려운 점(제1심)

(4) C병원으로 전원할 당시 의료진으로부터 뇌 CT 촬영을 권유받았음에도 A병원에서 촬영한 뇌 CT 필름을 가져오겠다고 하여 C병원 의료진이 추적 뇌 CT 촬영을 적극적으로 시행하지 못한 점(항소심)

(5) 급성 경막하출혈은 중증 두부외상의 20~30%에서 생길 정도로 발생빈도가 높고 수술할 경우 50% 이상의 사망률을 보이며, 뇌실질내출혈의 경우 사망률 또한

25~60%로 비교적 높아 망인은 중증 두부손상환자로서 적시에 적절한 진료를 받았
더라도 사망이라는 결과를 피할 수 있었을 것으로 단정하기 어려운 점(항소심)

다. 손해배상책임의 범위

○ 제1심

(1) 청구금액: 238,067,949원

(2) 인용금액: 78,774,358원

    (가) 경제적 손해

        ① 일실수입: 49,627,358원(166,952,653원×30%－458,437원)

        － 치료비 공제: 458,437원(654,910원×70%)

        ② 기왕치료비: 147,000원(490,000원×30%)

    (나) 위자료 29,000,000원

○ 항소심[1]

(1) 청구금액: 293,226,175원

(2) 인용금액: 130,288,577원

    (가) 경제적 손해

        ① 일실수입: 96,755,732원(201,781,465원×50%－4,135,000원)

        － 장례비 대납금 공제: 4,135,000원

        ② 기왕치료비: 532,845원(1,065,590원×50%)

    (나) 위자료: 33,000,000원

---

1) 의료진1병원에서의 치료비 575,690원 인정.
   의료진2병원은 미지급치료비 1,450,380원 중 환자들의 과실 비율에 상응하는 금액의 공제를 주
   장하나 주의의무를 다하지 못하여 망인의 증상이 악화되어 사망하였으므로 인정하지 않음.

4. 사건원인분석

음주상태에서 2층에서 1층으로 떨어져 좌측 출혈성 이루, 두통 및 복통 증세로 내원한 환자에게 의료진은 두개골 전면 및 우측 두부 방사선검사와 뇌 CT 촬영을 시행하였다. 시행결과 골절소견은 없었고 양측 전두부 출혈성 뇌좌상을 의심하였다. 신경외과의사의 진찰결과 두개골기저부의 골절이 의심되고 양측 전두부의 출혈성 뇌좌상, 좌측 두정엽에 경미한 외상성 지주막하출혈의 소견이 있다고 진단하였다.[2] 의료진은 이를 가벼운 손상으로 생각했고 전원한 병원에서는 뇌 CT 촬영을 권유하였으나 환자는 전에 촬영하였던 CT 필름을 가져오겠다고 하여 하루가 지난 후에야 뇌 CT 촬영을 시행하였고 좌측 측두골 골절, 좌측 전두-두정부 급성경막하출혈, 좌측 전두부 외상성 지연성 뇌실질내 출혈 등 응급소견이 나타났음에도 수술동의서를 받지 못하여 수술이 지연되었다. 약 5시간 후에 감압성 개두술 및 혈종제거술을 시행하였으나 의식이 저하되었고 결국 사망하였다. 이 사건과 관련된 문제점 및 원인을 분석해 본 결과는 다음과 같다.

첫째, 응급실에서 뇌 CT를 촬영하였음에도 신경외과의사가 너무 늦게 진찰한 것이 원인으로 생각된다. 두개골골절이 의심되고 뇌 CT를 촬영하였으므로 신경외과의사가 진찰을 하여야 함에도 약 10시간이나 경과한 후에 신경외과의사가 진찰을 하였다.

둘째, 전원 시 망인의 증상을 충분히 설명하지 않아 전원을 받은 의료진이 망인의 증상을 가벼운 것으로 여겼고 이송의뢰서에는 뇌압강하제의 투여시간과 뇌부종이 있음을 기재하지 않았다. 전원 시, A병원에서 촬영했던 뇌 CT 기록을 송부하지 않은 것도 문제로 보인다는 자문의견이 있었지만 첫 뇌 CT를 복사해서 함께 보냈다고 하더라도 위중한 소견이 없었기 때문에 위중하다는 판단을 하기는 어려울 것이라고 생각되며 전원에 대하여 특기할만한 지침은 없다는 자문의견도 있었다.

셋째, 처음 촬영한 뇌 CT 소견 상 망인의 상태가 정상이라고 판단되었어도 지연

---

2) 자문의견으로는 통상적으로 골절이 의심될 시 skull AP, Both lateral, Town's view(후두골)을 찍는다고 하였다. 또한 다친 뒤 뇌진탕으로 의식을 잃었다가 의식을 되찾아 의식이 명료하고, 정상인 상태이며, CT에서 응급수술이 필요한 이상소견이 관찰되지 않아 안심하기 쉬우나 머리 속에 피가 고이면서(경막하혈종) 뇌압이 상승하고 의식이 나빠지게 되는데 이 때 원인을 찾기 위한 CT를 바로 찍었어야 한다는 자문의견도 있었음.

성 뇌실질내출혈이 발생할 가능성이 있어 망인의 증상변화를 면밀히 진단하여야 함
에도 망인 측에서 뇌 CT를 가져오겠다고 하여 즉시 추가 뇌 CT 촬영을 하지 않았다.

마지막으로, 응급수술이 필요한 상황이고 외삼촌으로부터 수술동의를 받은 상태
였음에도 보호자의 동의를 받지 못하였다는 이유로 5시간이나 수술이 지연되었다
(〈표 16〉 참조).

〈표 16〉 낙상 후 검사소홀, 수술동의 지연으로 수술 시행에도 불구하고 의식저하로
사망한 사건 – 원인분석

분석의 수준	질문	조사결과
왜 일어났는가? (사건이 일어났을 때의 과정 또는 활동)	전체 과정에서 그 단계는 무엇인가?	– 수술 전 설명 단계 – 검사 및 진단 단계 – 수술 동의 단계 – 전원 단계
가장 근접한 요인은 무엇이었는가? (인적 요인, 시스템 요인)	어떤 인적 요인이 결과에 관련 있는가?	• 환자 측 – CT 촬영 거부 • 의료인 측 – 수술 전 설명 미흡(검사 거부 시 검사의 필요성에 대 한 설명, 권유 미흡) – 검사 및 진단 지연(의식변화 발생에도 진단 지연) – 수술 동의 지연(수술 동의를 받지 못하여 응급 수술 지연) – 전원 조치 미흡(환자의 기록 송부하지 않음)
	시스템은 어떻게 결과에 영향을 끼쳤는가?	• 의료기관 내 – 의료인 교육 미흡(환자 관찰에 대한 의료인 교육 미흡) • 법·제도 – 수술 동의 절차 관련 교육 미흡 – 검사에 대한 수가 문제(추적 검사 시 과잉진료로 오해) – 각 과목에 연락할 수 있는 시스템 부재

5. 재발방지대책

원인별 재발방지대책은 〈그림 16〉과 같으며, 각 주체별 재발방지대책은 아래와
같다.

〈그림 16〉 낙상 후 검사소홀, 수술동의 지연으로 수술 시행에도 불구하고 의식저하로
사망한 사건 – 원인별 재발방지 사항

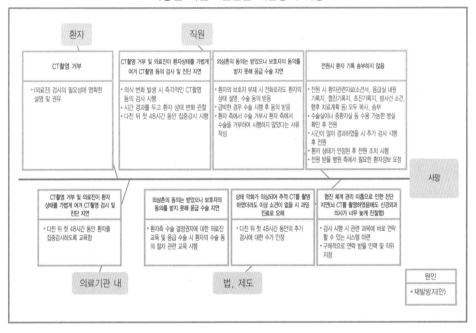

(1) 의료인의 행위에 대한 검토사항

환자가 검사받기를 거부할 경우 검사의 필요성에 대하여 환자에게 명확히 설명
하여야 한다. 또한 환자에게 의식변화가 발생하면 즉각적으로 뇌 CT 등의 검사를 시
행하며 경과관찰을 해야 한다. 특히 환자가 다친 뒤 첫 48시간 동안은 환자를 집중
감시해야 한다.

응급수술이 필요함에도 환자의 보호자가 부재할 경우에는 전화로라도 환자상태
를 설명하고 수술동의를 받도록 하며, 급박한 경우는 수술을 시행한 후 동의를 받을
수도 있다. 만일 환자 측에서 수술을 거부하면 환자 측에서 수술을 거부하여 시행하

지 않았다는 서류를 작성하도록 한다.

전원할 때는 진료소견서, 응급실 내원기록지, 협진기록지, 초진기록지, 방사선소견, 향후 치료계획 등 환자와 관련된 자료를 모두 복사하여 송부하며, 전원받을 병원에 수술실이나 중환자실 등 수용가능한 병실이 있는지 전원 이전에 확인해야 하고, 검사를 시행한지 시간이 많이 경과되었을 경우에는 추가검사를 시행하고 환자가 안정된 후에 전원하여야 한다. 전원을 받는 병원에서는 필요한 환자에 대한 정보를 전원을 보낸 병원 측에 요청하여 환자관리를 철저히 하도록 한다.

(2) 의료기관의 운영체제에 관한 검토사항

환자가 다친 뒤 첫 48시간 동안은 환자를 집중감시해야 함을 의료인에게 교육하여 환자에 대한 철저한 경과관찰이 이루어질 수 있도록 한다.

(3) 학회·직능단체 차원의 검토사항

환자 측의 수술결정권에 대해 의료인을 교육하며 응급수술 시 환자의 수술동의 절차에 대한 교육을 시행하여 수술동의를 받지 못하여 응급수술이 지연되는 경우를 감소시킬 수 있도록 한다.

또한 검사 시행 시 관련 진료과에 바로 연락할 수 있는 시스템을 마련하여 해당 진료과 의료인의 진찰이 지연되지 않도록 하며 이를 위해 구체적으로 연락을 받을 인력이나 직위를 지정해야 한다.

(4) 국가·지방자치단체 차원의 검토사항

환자가 다친 뒤 첫 48시간 동안의 추가검사에 대한 수가를 인정해주어 과잉진료로 오해받지 않도록 한다.

┃ 참고자료 ┃ 사건과 관련된 의학적 소견[3]

○ 기면상태(drowsy)

의식이 기면상태(drowsy)에 있고, 오심, 구토, 두통 등의 증상이 나타날 경우 뇌 CT 촬영을 시행하고 뇌압상승 유무를 관찰하는 것이 중요하다. 또한, 중증의 두부손상환자에서는 처음 뇌 CT 소견이 정상이었다고 하더라도 지연성 뇌실질내출혈이 일어나는 경우가 25% 정도 되고, 임상증상의 악화 없이 지연성 뇌실질내출혈이 발생할 수 있기 때문에, 반드시 12~24시간 이내에 추적 뇌 CT 촬영을 시행할 필요가 있다. 이러한 지연성 출혈은 예후가 불량하나, 그렇더라도 조기 뇌 CT 촬영에 의하여 지연성 출혈 병소를 보다 일찍 발견하는 것이 결과를 조금이라도 향상시킬 수 있다.

○ 이루(耳漏, 귀의 출혈)

임상적으로 두부손상 후 귀의 외이도에서 출혈이 있을 경우 두개골기저부골절을 의심하여 이에 대한 치료를 시행한다. 두개골골절이 있다는 것은 커다란 충격에너지가 가해져 뇌손상이 유발되었을 가능성을 암시하며, 손상의 중증정도를 나타내는 지표가 된다. 두부손상환자의 이루증세가 12시간 이상 지속되는 경우 출혈부위에 감염이 되지 않도록 항생제 등을 투여하며, 두개강내혈종이 생기는지 확인하기 위하여 일정시간 간격으로 뇌 CT 촬영을 하고 뇌압상승여부도 확인하여야 한다.

두개골이란 운동기능과 무관하기 때문에 골절 자체로 증상을 유발하지는 않고 골절의 고정이나 수술이 필요하지 않지만, 골절이 경막이나 뇌조직을 손상시킬 수 있기 때문에 두부손상의 중증정도를 나타낼 뿐만 아니라 골절의 이차적인 손상으로 발생할 수 있는 병소에 유의해야 한다. 뇌기저부의 두개골골절은 일반 뇌 CT에서는 나타나지 않는 경우도 있고 특수 CT를 촬영해야만 나타나는 경우도 있으므로, 임상적으로 두부손상 이후 이루가 있는 경우에는 뇌기저부 두개골골절을 의심하여 이에 대한 치료를 시행한다.

○ 의식상태

의식상태는 크게 5단계로 나뉘는데, 1단계는 의식이 정상인 상태로 청명 또는 명료(alert)라고 하고, 2단계는 졸리는 듯하나 어느 정도 의사소통이 가능한 상태로 기면상태(drowsy)라고

---

3) 해당 내용은 판결문에 수록된 내용임.

하며, 3단계는 말을 할 수도 사람을 알아보지도 못하는 상태로서 혼미(stupor)라고 하고, 4단계는 반혼수(semicoma), 5단계는 혼수상태(coma)라고 한다.

○ 출혈성 뇌좌상

출혈성 뇌좌상이란 두부손상에 의하여 뇌혈관 주위에 점상의 미세출혈이 일어나 응결됨으로써 국소성 혈종을 형성하게 되는 것을 말한다. 출혈성 뇌좌상의 경우 뇌압상승의 가능성이 높고 경우에 따라서는 혈종의 양이 증가할 수 있으므로, 계속적으로 신경학적 증세를 관찰하고, 뇌압감시장치를 이용하거나 뇌 CT 촬영을 반복적으로 시행할 수도 있다.

○ 뇌부종

뇌부종이란 뇌수분량이 과다해져 뇌기능이 저하되는 상태로, 두개내에 발생하는 대부분의 병변(뇌좌상, 두개내혈종, 뇌종양, 뇌출혈 등)이 뇌부종을 일으킬 수 있다. 이것은 외상 후 수 시간 내에 일어나며 수일 지속될 수 있다. 뇌에 지속적인 혈류 증가는 혈관성 부종을 초래할 수 있고 결과적으로 두개강 내압상승과 뇌허니아현상을 일으킬 수 있다. 뇌부종은 대게 그 원인(뇌출혈, 종양, 뇌경색 등)에 대한 치료가 우선이고, 일반적 처치로는 체온 및 체위 유지, 적절한 정맥 배액 등이 있고, 수술로는 원인제거 및 감압술이 있다.

뇌부종에 의한 두개강 내압항진을 치료할 목적으로 마니톨이 보편직으로 사용되나, 뇌압이 증가된 모든 환자에서 마니톨을 투여하지는 않으며 경미한 뇌압상승의 경우에는 투여하지 않을 수도 있다. 뇌손상 이후 특히 경미한 뇌실질내출혈의 경우 마니톨 투여로 오히려 뇌압이 감소함으로써 손상된 혈관에서 재출혈의 위험이 있을 수 있다. 그러나 뇌압상승이 확인될 경우에만 뇌압강하제를 사용하는 것은 아니며 그것이 의심되면 뇌압강하제를 사용할 수 있다.

○ 급성 경막하출혈

급성 경막하출혈이란 외상 후 3일 이내에 경막과 거미막 사이에 혈종이 고인 것을 말한다. 급성 경막하출혈은 두부외상의 3.5~11.8%, 중증 두부외상의 20~30%에서 생길 정도로 발생빈도가 높고 사망률이 60%가 넘으며, 두개강 내 다른 병소, 특히 골절(18~60%, 50~75%라는 문헌도 있음), 뇌좌상(50~70%), 뇌실질내출혈(15~30%), 경막외출혈(5~15%) 등을 동반한다. 진단은 뇌 CT 촬영이 가장 효과적이다. 수술할 경우 사망률이 30~80%로 대부분 50%가 넘는 사망률을 보이고, 수술 후 합병증으로 재출혈, 지연성 뇌실질내출혈 등이 발생할 수 있다. 급성 경막하출혈은 조기에 진단하고 수술로 혈종을 제거함으로써 사망률을 낮출 수 있다고 보는 견해가 유력하다.

○ 뇌실질내출혈

뇌실질내출혈은 80~90%가 전두엽이나 측두엽에 발생하고, 뇌좌상이나 경막하출혈 등과 동반되기도 하고 때로는 지연성으로 발생하기도 한다. 지연성 뇌실질내출혈은 두부외상 후 아무런 출혈이 없다가 수 시간 또는 수 일 후 출혈이 생기는 것을 말한다. 생성기전에는 많은 이론이 있으나 외상으로 인해 혈관의 자율조정이 마비되면 혈관이 늘어나고 증가된 혈압으로 다친 혈관에 출혈이 생긴다고 한다. 뇌 CT 촬영으로 진단할 수 있고, 사망률은 25~60%로 비교적 높다.

판례 17. 환자의 뇌동맥류 파열 및 혈종크기의 증가로 개두술 및 혈종 제거술을 받았지만 수술지연으로 결국 뇌간기능부전에 의한 심폐정지로 사망한 사건_서울고등법원 2010. 10. 21. 선고 2009나75088 판결

1. 사건의 개요

좌측 중대뇌동맥 거대동맥류 결찰술 시행 후 뇌동맥류 파열 및 혈종크기 증가가 있었지만 수술지연과실로 결국 뇌간기능부전에 의한 심폐정지로 사망에 이른 사건이다[서울중앙지방법원 2009. 7. 23. 선고 2008가합68437 판결, 서울고등법원 2010. 10. 21. 선고 2009나75088 판결]. 이 사건의 자세한 경과는 다음과 같다.

날짜	시간	사건 개요
2006. 1. 10.		• A병원에 내원하여 검사 시행 = 좌측 뇌에 파열은 없으나 동맥류 소견을 보임. 피고병원에 입원
2006. 1. 24.		• 좌측 중대뇌동맥 거대동맥류 결찰술(뇌동맥류를 클립으로 고정하는 수술) 시행
2006. 1. 31.		• 퇴원
2007. 9. 10.		• 피고 병원에서 외래 진료 시행 = 3년 후 뇌혈관조영술을 받으라는 소견 및 계획
2008. 3. 23.	19 : 00경	• 사우나에 감
	22 : 00경	• 정신을 잃음
	깨어난 후	• 의식이 저하되고 우측 무력감 증세가 나타남
	23 : 35경	• B병원 응급실에 도착
		• 피고병원에서 수술받은 뇌동맥류의 파열 추정소견으로 피고 병원으로 이송
2008. 3. 24.	00 : 03경	• 피고병원 응급실에 도착 • 글라스고우 혼수척도 점수(GCS) 측정 = 신경외과 전공의는 E3M6V1, 응급의학과 전공의는 E2M6V1, 응급실 간호사는 E2M5V1으로 평가함. 빛에 즉각적인 반응 보임

날짜	시간	사건 개요
2008. 3. 24.	00 : 08경	• 5L/분의 산소 주입

	00 : 14경
	(항소심에는
	00 : 10경~
	00 : 26로 기재됨)
		• 1차 뇌 CT 촬영 시행
		  = 좌측 뇌 중 이전에 결찰술을 시술받은 부위에 6×5.5×
		  4cm(약 66ml) 크기의 혈종(대뇌내출혈)이 발견됨. 뇌실질
		  내 출혈, 약간의 정중선 이동, 천막뇌이탈이 관찰됨
		• 1차 뇌 CT 촬영 과정에서 구토 증세 보임

		• 응급 뇌실외배액술, 뇌혈관조영술과 필요한 경우 응급개두술 을 시행할 것을 계획함
	00 : 45	• 산소량 6L/분으로 증가시킴
	00 : 46	• 동공이 고정되고 의식수준이 저하되어 GCS가 E1M3V1이 됨
	00 : 47~	• 마니톨 투여
	00 : 48	• 혈관조영술 위해 양측 대퇴부 피부준비 시행

	01 : 03경
	(00 : 53~01 : 05)
		• 2차 뇌 CT 촬영 시행
		  = 혈종이 약간 더 증가하고, 뇌수두증 소견 있음. 다른 소견
		  은 1차 뇌 CT 촬영 결과와 동일함
		• 피고병원 의료진은 2차 뇌 CT 촬영 당시 재출혈이 있었을 것
		  이라고 예상함

2008. 3. 24.		• 구토증세 보임
		• 두 차례 기관삽관 실패함
	01 : 22	• 기관내관을 삽입, 고정함
	01 : 50	• 뇌실외배액술 시행
	01 : 53	• GCS는 E1M5VE(기관삽관으로 인해 언어반응을 측정할 수 없는 상태를 의미함)
	02 : 30	• 혈관조영실 입실

	02 : 25~03 : 16
	(항소심에는
	02 : 55~03 : 40)
		• 뇌혈관조영술 시행
		  = 혈종, 뇌실내 출혈, 뇌지주막하출혈이 동반되었음을 재확
		  인. 이전에 결찰술을 받은 부위의 클립이 미끄러진 형태로
		  이동되어 크게 증가한 뇌동맥류 확인

	04 : 12	• GCS는 E1M1VE. 동공확대, 반사소실의 증세 보임

	04 : 38경
	(04 : 29~04 : 48)
		• 3차 뇌 CT 촬영 시행
		  = 혈종의 크기가 현저하게 증가. 재출혈이 발생하여 뇌 정중선이
		  이동하고 아래쪽으로 뇌경천막이탈이 악화되고 있다는 소견

	05 : 30경 (05 : 18~08 : 14)	• 개두술 및 혈종제거술(항소심에는 개두술, 두개골 절제술) 시행

날짜	시간	사건 개요
2008. 3. 24.	09 : 27	• GCS는 E1M1VE, 동공 고정 등의 상태로 별다른 호전 없음
	수술 후	• 입원치료 받음
2008. 6. 25.		• 뇌간기능부전에 의한 심폐정지로 사망

2. 사건에 대한 법원의 판단요지

가. 뇌동맥류에 대한 수술 지연 과실 여부: 법원 불인정(제1심)

(1) 원고 측 주장

망인에게 뇌동맥류의 과거력이 있었기에 1차 뇌 CT 촬영을 하여 혈종을 확인하였다면 과거 수술한 부위의 출혈가능성이 높았으므로 곧바로 그 동맥류의 형상을 파악하기 위해 뇌혈관조영술을 시행한 후 즉시 개두술 및 혈종제거술을 시행하였어야 함에도 뇌혈관조영술이 지연되었고 불필요한 2, 3차 뇌 CT 촬영으로 인하여 수술이 지연되어 망인을 사망에 이르게 하였다.

(2) 법원 판단

첫째, 망인은 뇌혈관 사이가 부풀어 오르는 일반 뇌동맥류와는 달리 뇌혈관 자체가 부풀어 오르는 방추형 동맥류환자로서 그 수술이 매우 어려워 철저한 수술준비가 필요하였던 점, 둘째, 1차 뇌 CT 촬영 후 망인의 의식수준이 저하되어 2차 뇌 CT 촬영을 통해 뇌혈종형상의 변화를 파악할 필요가 있었고, 뇌혈관조영술을 준비하면서 망인의 뇌압력을 낮추기 위하여 뇌실외배액술을 시행하는 등 조치가 이루어졌으나 뇌혈관조영술 시행 이후 망인의 동공이 확대되고 반사가 소실되어 뇌혈종의 형상을 수술 전에 다시 한 번 파악할 필요가 있어 3차 뇌 CT 촬영을 하게 된 사실 등을 인정하여 의료진의 처치과정에 어떠한 잘못이 있었다고 보기 어렵고 환자의 주장을 인정할 증거가 없다.

나. 수술 지연 과실 여부: 법원 인정(항소심)

(1) 의료진 측 주장

2, 3차 뇌 CT 촬영, 뇌실외배액술, 혈관조영술은 망인의 상태를 파악하고 그 상

태를 호전시키며 개두술 실시 여부를 결정하기 위해 필요한 진료 내지 시술행위였고, 혈관조영술 및 응급개두술을 시술하기 위해서는 물적, 인적 준비가 필요하기 때문에 불필요한 진료, 시술행위나 시간적 지체는 없었다.

(2) 법원 판단

망인이 피고병원 응급실에 내원했을 당시 피고병원 의료진은 망인이 과거에 거대동맥류로 결찰술을 받은 사실과 진료경력, 뇌동맥류출혈 시점을 비롯한 망인의 상태 등을 알고 있었던 점, 1차 뇌 CT 촬영 결과만으로도 출혈부위 및 정도를 파악하기 위한 혈관조영술과 응급개두술의 실시가 필요함을 인식하였고, 망인의 경우 재출혈의 위험성이 매우 높았던 것으로 보이며 2차 뇌 CT 촬영 후에는 재출혈이 발생하였을 가능성이 높다는 사정을 알고 응급개두술을 계획하였으므로 즉시 이를 시술할 수 있는 의료진으로 하여금 망인의 상태를 파악하고 가능한 한 빠른 시간 내에 응급개두술을 통하여 혈종제거와 뇌혈관우회술을 실시하였어야 함에도 이러한 조치를 취하지 않아 재출혈이 발생하였고 상태가 급격히 악화되어감에도 그 상태만을 확인하고 대중적인 처치 내지 시술만을 한 과실이 있다.

망인이 피고병원 응급실에 내원할 당시 GCS는 측정자마다 차이는 있으나 의사가 측정한 점수는 9점에서 10점이고 Hunt-Hess분류상 3~4등급에 해당되지만 중등도 이상의 반신마비는 보이지 않아 4등급에 포함된다고 단정할 수 없는 점, 망인에게 뇌출혈증세가 나타난 때부터 7시간 이상이 경과한 시점에서 뇌경천막이탈이 발생하고 GCS가 3점이었음에도 자발호흡이 있어 수술로 인해 생명을 건질 수 있을 가능성이 있다고 판단하여 개두술, 두개골절제술이 시행된 점, 망인에 대하여 응급개두술을 실시할 수 있는 의사가 망인의 상태를 직접 보고 즉각적인 시술 여부의 결정 및 시술을 하지 않은 상태가 계속되는 과정에서 망인의 상태가 악화되어 사망할 확률이 높아진 상태에서 개두술 등 외과적 수술이 시술된 점 등을 고려하여 의료진의 과실을 인정한다.

다. 설명의무 위반 여부: 법원 불인정(항소심)

(1) 원고 측 주장

환자들은 침습적 의료행위인 뇌실외배액술을 시행함에 있어 그 시행 전에 망인의 가족들에게 시술방법, 그 후유증 등을 설명하고 동의를 받지 않고 뇌실외배액술을 시행하였다고 주장한다.

(2) 법원 판단

피고병원 의료진이 뇌실외배액술을 실시하기 이전에 정상적인 의사전달이 불가능한 망인을 대신하여 보호자인 아버지에게 뇌실외배액술의 내용 및 필요성, 후유증 등을 설명한 사실을 인정할 수 있고, 설령 피고병원 의료진이 이를 설명하지 않았다고 하더라도 두개강 내압이 증가하여 뇌수두증이 있는 환자에게 감압을 위해 뇌실외배액술을 실시하였기 때문에 환자의 주장을 인정하지 않는다.

3. 손해배상범위 및 책임제한

가. 의료진의 손해배상책임 범위: 제1심 기각 → 항소심 15% 제한

나. 제한 이유

(1) 뇌출혈이 발생한지 6개월 이내에 23~58%의 환자가 사망하고, 뇌동맥류 파열환자에게서 재출혈이 발생한 경우 사망률이 70~90%에 이른다고 보고되고 있는 점

(2) 뇌동맥류에 의한 출혈은 24시간 이내에 재출혈 가능성이 가장 높은 점

(3) 거대동맥류 환자의 경우 수술 부위에서 출혈이 발생하면 수술이 매우 까다롭고 그 위험성이 매우 높은 점

(4) 피고병원 의료진의 진단행위 및 처치가 망인의 상태를 악화시켰다고는 보이지 않는 점

다. 손해배상책임의 범위

○ 제1심

(1) 청구금액: 695,833,316원

○ 항소심

(1) 청구금액: 668,071,294원

(2) 인용금액: 42,907,945원

　　(가) 총 2,907,945원: (16,386,300원＋3,000,000원)×15%

　　　　① 치료비: 16,386,300원

　　　　② 장례비: 3,000,000원

　　(나) 위자료: 40,000,000원

4. 사건원인분석

좌측 중대뇌동맥 거대동맥류결찰술을 시행받았던 과거력이 있는 환자가 사우나에서 정신을 잃었다가 깨어난 후 의식이 저하되고 우측 무력감증세를 보여 응급실에 내원하였다가 수술받은 뇌동맥류의 파열 추정소견으로 결찰술을 시행하였던 병원으로 이송되었다. 1차 뇌 CT 촬영 시행결과 결찰술을 시술받은 부위에 혈종, 뇌실내 출혈, 약간의 정중선 이동, 천막뇌이탈이 관찰되었고 응급뇌실외배액술, 뇌혈관조영술과 필요한 경우 응급개두술을 시행할 것을 계획하였다. 이후 약 1시간 간격으로 2차 뇌 CT 촬영, 뇌혈관조영술, 3차 뇌 CT 촬영을 하였고 3차 뇌 CT 촬영 결과 혈종의 크기가 현저하게 증가하여 개두술 및 혈종제거술을 시행하였으나 뇌간기능부전에 의한 심폐정지로 사망하였다. 이 사건과 관련된 문제점 및 원인을 분석해본 결과는 다음과 같다.

항소심에서는 1차 뇌 CT 촬영 결과만으로도 혈관조영술과 응급개두술이 필요하다고 하였으나 제1심에서는 망인과 같은 방추형 동맥류환자는 수술 전에 뇌혈종형상의 변화를 파악할 필요가 있다고 판단하였다. 자문위원은 1차 뇌 CT 촬영 후 의식수준이 급격히 저하되고 2차 뇌 CT 촬영 후에도 의식수준이 나빠져 2차, 3차 뇌 CT 촬영을 하여 출혈의 위치와 양을 파악하는 것이 옳았다고 보이며, 혈관조영술을 실시하지 않고서는 출혈의 위치와 양상을 파악하기 어려워 수술 시행이 어려웠을 것으로 보인다고 하였다. 다만, 직접 수술을 시행할 의사가 환자의 상태를 직접 보고 파악하여 빠른 결정을 했어야 하며 최종 결정을 담당할 의사가 경과관찰에 직접 참여하였다면 수술시간을 조금이라도 앞당겼거나 재출혈의 가능성을 감소시킬 수 있었을 것으로 보인다는 의견을 주었다.

또한 환자의 변화를 더 지켜본 후에 수술을 시행하였더라도 결과가 더 좋았으리라는 추정이 옳다는 근거가 없으며, 질병 자체가 난치여서 환자의 상태를 미리 다 알고 치료를 하더라도 호전할 방법이 없을 것으로 보인다는 의견도 있었다(〈표 17〉 참조).

〈표 17〉 뇌동맥류 파열 및 혈종크기의 증가로 개두술 및 혈종제거술을 시행했으나, 수술지연으로 결국 사망에 이른 사건 – 원인분석

분석의 수준	질문	조사결과
왜 일어났는가? (사건이 일어났을 때의 과정 또는 활동)	전체 과정에서 그 단계는 무엇인가?	– 응급 상황 대처 단계 – 수술 전 수술 계획 단계 – 수술 전 설명 단계
가장 근접한 요인은 무엇이었는가? (인적 요인, 시스템 요인)	어떤 인적 요인이 결과에 관련 있는가?	• 환자 측 – 기왕증(거대동맥류) • 의료인 측 – 응급 상황 대처 미흡 – 부적절한 수술 전 환자 상태 파악 및 수술 계획(수술 담당 팀의 직접적인 진료, 처치 지연)
	시스템은 어떻게 결과에 영향을 끼쳤는가?	• 의료기관 내 – 응급 상황 대비 관리팀 부재, 교육 미흡 • 법·제도 – 각 의료기관 별 응급 상황 대비 관리팀 부재

5. 재발방지대책

원인별 재발방지대책은 〈그림 17〉과 같으며, 각 주체별 재발방지대책은 아래와 같다.

〈그림 17〉 뇌동맥류 파열 및 혈종크기의 증가로 개두술 및 혈종제거술을 시행했으나, 수술지연으로 결국 사망에 이른 사건 – 원인별 재발방지대책

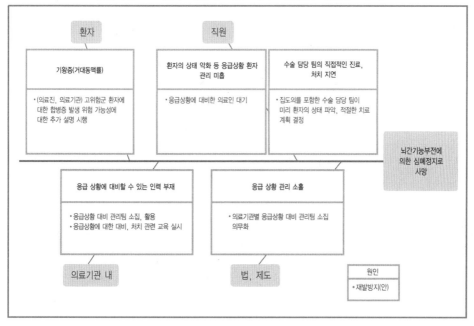

(1) 의료인의 행위에 대한 검토사항

고위험군환자에 대한 수술을 시행하기 전에 합병증이 발생할 수 있는 가능성에 대하여 추가설명을 해야 한다. 수술을 시행하기 전에는 집도의를 포함한 수술을 담당하는 팀이 미리 환자의 상태를 파악하고 그에 합당한 치료계획을 세워 환자에 대한 직접적인 진료와 처치가 지연되지 않도록 해야 한다.

(2) 의료기관의 운영체제에 관한 검토사항

응급상황관리팀을 소집하여 응급상황에 신속히 적절한 처치가 이루어질 수 있도록 대기하도록 하는 등 이를 활용하며, 응급상황에 대한 대비와 처치에 관련하여

의료인에게 교육을 실시한다. 또한 환자상태가 악화되는 등의 응급상황 발생에 신속하고 적절하게 대비할 수 있도록 당직제를 보완해야 한다.

(3) 국가·지방자치단체 차원의 검토사항

각 의료기관에 응급상황에 대비할 수 있는 관리팀을 소집하도록 하고 이를 적절히 활용하는지 감시, 점검을 한다.

┃참고자료┃ 사건과 관련된 의학적 소견4)

○ 뇌출혈과 뇌동맥류(cerebral aneurysm)

(1) 뇌실질출혈은 뇌실질 내에 외상없이 자발적으로 발생되는 출혈을 말하며, 뇌경색이나 지주막하출혈에 비해 사망이나 심각한 장애를 더 자주 일으킨다고 알려져 있다.

(2) 뇌출혈이 발생한지 6개월 이내에 23~58%의 환자가 사망하는 것으로 알려져 있다. GCS가 낮을수록, 혈종의 크기가 클수록, 그리고 처음 시행한 뇌 CT에서 뇌실내출혈이 동반될 때 예후가 나쁘다. 뇌동맥류가 파열되면 약 15% 정도는 출혈이 심해 회복하지 못하고 사망한다. 소량의 출혈(10cm³ 미만)이거나 신경학적 증상이 경미한 경우에는 수술로 얻을 수 있는 이득이 별로 없고 반대로 신경학적 증상이 너무 심하면(GCS≤4) 수술하더라도 사망할 가능성이 높거나 병세의 호전을 기대하기 어렵기 때문에 이 경우에는 내과적 치료를 한다. 직경 3cm이상의 소뇌출혈이 있으면서 신경학적 증상이 악화되거나 뇌간을 압박하고 수종이 유발된 경우 또는 젊은 사람에게 중등도 크기 이상의 엽상출혈이 있는 경우에는 즉시 수술하는 것이 원칙이다.

(3) 대부분(약 85%)의 뇌지주막하출혈은 꽈리형 뇌동맥류의 파열로 발생한다. 지주막하출혈 후 환자상태의 경중을 평가하기 위해 예로부터 다양한 평가방법이 이용되어왔으며 가장 대표적인 것으로 Hunt-Hess분류가 있다. 이 분류에 따르면 Ⅰ등급(무증상 혹은 경미한 경부강직이 동반된 두통), Ⅱ등급(중등도 이상의 두통 및 경부강직), Ⅲ등급(경도의 의식장애 또는 신경학적 결손), Ⅳ등급(의식혼미, 중등도 이상의 반신마비, 조기에 대뇌제거경축과 자율신경 장애 가능), Ⅴ등급(혼수상태, 대뇌제거경축)의 5단계 등급으로 등급이 판정된다. 의식장애를 각성(alert), 혼돈(confusion), 기면 혹은 졸음(drowsiness), 혼미(stupor), 혼수(coma) 등 5단계로 분류하기도 한다.

(4) 뇌동맥류라 함은 뇌혈관벽이 비정상적으로 석류나 꽈리모양으로 부풀어 올라있는 상태를 말하며 부풀어 오른 뇌혈관벽이 터져 뇌출혈을 일으키곤 한다. 뇌동맥류의 90% 정도는 지주막하출혈로, 7%는 주위 뇌신경이나 뇌조직을 압박하여 증상이나 징후를 유발시킨다. 뇌동맥류가 파열되면 갑자기 뇌압이 상승해 일시적으로 뇌혈류가 중지되기 때문에 5~10분정도 정신을 잃는다. 전대뇌동맥동맥류가 파열될 때는 간질이, 후교통동맥이나 상소뇌동맥동맥류가 파열될 때는 동안신경마비 등이 동반되는 경우가 있다. 뇌동맥류가 파열되면 약 15% 정도는 출혈

4) 해당 내용은 판결문에 수록된 내용임.

이 심해 회복하지 못하고 사망한다.

(5) 뇌동맥류파열 환자에게 가장 무서운 합병증은 재출혈로 그 사망률은 70~90%에 이른다. 뇌동맥류에 의한 출혈은 24시간 이내에 재출혈할 가능성이 가장 높으며, 재출혈에 의한 사망률은 매우 높으므로 신속한 치료가 요구되는 질환이다.

(6) 거대동맥류는 형태학적으로, 낭형과 방추형으로 나뉘는데, 방추형 동맥류는 흔히 척추기저동맥과 중대뇌동맥에서 발생한다. 임상적으로 25~80%의 거대동맥류에서, 뇌실질내출혈을 동반하거나 동반하지 않을 지라도 뇌지주막하출혈로 발현된다.

○ 뇌실외배액술(EVD)

뇌실외배액술이란 뇌실내출혈이나 혈압으로 인한 뇌출혈시 혈액이 뇌실까지 확산되어 뇌실에서 뇌척수액 흐름이 막힌 경우 뇌의 압력이 갑자기 상승하게 되는데 이를 해결하기 위하여 뇌척수액을 배액하는 것으로, 항진된 두개강내압을 낮추는데 대단히 효과적인 방법이며 이를 위해 가장 많이 사용되는 방법은 중증 두부손상환자에게 두개강내압을 측정하면서 뇌척수액을 배액하기 위하여 전두부를 통한 뇌실천자를 시행하는 것이다.

○ GCS

의식수준은 신경학적으로 눈을 뜨는 정도, 언어 및 운동반응을 종합하여 판단하는데, 임상에서 자주 사용하는 방법으로 글라스고우혼수척도가 있다. 이는 뇌졸중환자보다는 외상성 뇌손상환자의 평가에 유용하며, 간편하고 재현율이 높다. 개안반응(E, eye-opening, 1~4), 언어반응(V, verbal response, 1~5), 운동반응(M, motor-response, 1~6)을 평가하며 정상의 경우 E4V5M6로 15점이며, 깊은 혼수로 전혀 반응이 나오지 않는 경우 E1V1M1으로 3점이 된다. 7점 이하는 혼수에 속하고 9점 이상이면 혼수의 범주에서 제외된다. 점수가 8점인 군에서는 25%에서 식물상태로 있거나 사망하였으며 61%에서 양호한 회복, 또는 중등도의 장애가 나타났다는 의학적 보고가 있다.

○ 혈관조영술

일단 지주막하출혈이 확인되면 혈관조영술을 시행하여 동맥류의 위치를 확인한다. 혈관조영술은 침습적인 방법이므로 혈관경련이나 재출혈 등의 합병증이 발생할 위험이 있으며, 일반적으로 신경학적 합병증 발생률은 1~2%로 알려져 있다.

전원 및 기타 판례

전원 및 기타 판례

판례 18. 뇌출혈 발생 후 전원과정에서 주의의무 소홀로 사망한 사건_
서울고등법원 2009. 1. 13. 선고 2008나25789 판결

1. 사건의 개요

이 사건은 갑작스런 뇌출혈로 응급수술이 권유되었으나 연고지 문제로 전원하는 과정에서 주의의무 소홀로 상태가 악화되고 수술이 지연되면서 사망에 이른 사건이다[수원지방법원 성남지원 2008. 1. 9. 선고 2006가합3284 판결, 서울고등법원 2009. 1. 13. 선고 2008나25789 판결]. 이 사건의 자세한 경과는 다음과 같다.

날짜	시간	사건 개요
2005. 11. 4.	19 : 30	• 친구들과 대화를 나누던 중 갑자기 말이 어둔해지며 오른쪽 팔, 다리 마비증상이 발생(환자 1956. 2. 20.생, 사고 당시 49세 8개월, 남자)
	20 : 15	• 피고병원 응급실로 후송 • 의식수준 명료, 혈압 180/100mmHg, 맥박 80회/분, 호흡수 20회/분, 체온 36.6℃
	20 : 40	• CT 촬영 시행 = 왼쪽 뇌의 기저핵(basal ganglia) 및 인접한 뇌실주위 백질에서 크고 불규칙한 고밀도 음영의 병변이 관찰됨. 출혈량은 35~

날짜	시간	사건 개요
2005. 11. 4.		40cc 정도로 판단 = 신경외과 의사 A가 좌측 뇌에 자발성 뇌출혈 발생으로 진단
		• 뇌압상승과 뇌부종을 억제하기 위하여 약물(15% 만니톨) 250cc를 지속주입과 혈압강하제인 하이드라라진 10mg을 주사하게 한 후 환자 진찰 = 졸려 보이고, 언어장애 있음. 우측 상하지에 운동 및 감각이 저하되어 있는 상태지만, 신경학적 검사를 위한 명령수행은 잘 이루어지고 있음
		• CT 촬영 소견과 환자의 상태 판단 결과 = 중환자실에서의 치료가 필요하고 생체활력징후의 이상이나 의식 저하 등이 보일 경우 응급수술이 언제든지 필요할 수 있다고 판단함
		• 피고병원에 도착한 환자의 보호자가 연고지 관계로 입원 결정을 내리지 못하면서 전원을 해도 괜찮은지 물어봄 = '내일 옮길 것이면 지금 가는 것이 낫다'라고만 답변함
		• 수축기 혈압이 계속 증가
	22 : 35	• 혈압 200/120mmHg = 혈압강하제인 하이드라라진 10mg 정맥주사, 혈압강하제인 니카르디핀 50cc를 수액과 함께 정맥에 시간 당 5cc씩 투입되도록 조치함
		• 보호자는 의사의 답변에 따라 연고지와 가까운 병원에서의 치료를 위하여 전원 결정 = 응급환자 전원의뢰서를 작성한 후 구급차 신청을 의뢰하도록 함
	23 : 20	• 구급차로 피고병원에서 연고지 쪽으로 전원 • 이송 도중 상태가 갑자기 악화되면서 의식이 소실되고 무의식의 상태로 몸부림을 쳐 팔에 꽂혀 있던 정맥주사가 모두 빠짐
2005. 11. 5.	00 : 00	• B병원 응급실에 도착할 무렵부터 심한 구토를 하기 시작함
		• 구토에 의한 호흡곤란 방지를 위한 응급조치를 취한 뒤 진찰 • 함께 가지고 갔던 피고병원에서의 뇌 CT 촬영 필름 확인 = '상태가 위중하여 즉시 뇌수술을 실시해야 하나 현재 비어있는 중환자실이 없으므로 뇌수술이 곤란하다'라고 하여 뇌수술이 가능한 병원으로 전원할 것을 요구함
		• C병원으로 후송
	00 : 50	• C병원 응급실에 도착

날짜	시간	사건 개요
2005. 11. 5.		= 이미 반 혼수상태에 혈압 200/110mmHg, 동공 확대와 대광반사 소실 있음
		• CT 촬영 시행 = 재출혈 소견 보임. 응급 뇌출혈제거술 시행
2005. 11. 13.		• 뇌부종이 심하여 감압성 두개골 절제술 시행
		• 의식을 회복하지 못한 채로 식물인간 상태
2006. 5. 24.		• 사망

2. 사건에 대한 법원의 판단요지

가. 전원의무 위반 여부: 법원 인정(제1심)

(1) 의료진 측 주장

구급차에 의료진이 동승하였더라도 특별한 조치를 취할 방법이 없다.

(2) 법원 판단(제1심)

CT 촬영 결과 환자는 내원 당시 이미 30cc 이상의 뇌출혈이 있었고, 내원 당시 혈압이 상당히 높은 수준이어서 혈압강하제를 투여하고 있었으며, 같은 날 22 : 35경에는 망인의 수축기혈압이 오히려 더 상승하였으므로, 이러한 경우 신경외과 전문의인 A로서는 당장 수술이 필요하지는 않다 하더라도, 혈종이 증가할 가능성을 염두에 두고 망인을 안정시킨 후 예후를 잘 살피면서 경과에 따른 조치를 취하여야 할 의무가 있다.

또한 환자 측의 요구에 의해 전원시키는 경우에도 이동 중 혈종이 급격히 늘어날 가능성이 있으므로, 의료진을 구급차에 동행하게 하고, 전원시킬 병원 측에 미리 연락하여 환자의 정보를 알리고 응급수술이 가능하도록 조치를 취하여야 할 주의의무가 있다.

그러나 피고병원 의료진은 만연히 환자와 배우자만을 구급차에 태워 전원하였고, 그로 인하여 이동 중 의식이 급격히 저하되었음에도 의료진에 의한 혈압강하제 투여 등의 적절한 치료를 받지 못하였고, B병원을 거쳐 C병원에 도달할 때까지 응급수술을 받지 못하여 식물인간 상태에 빠지게 하였다가 사망에 이르게 한 과실이 있음을 인정한다.

나. 의료진 주장(수술을 시행하지 않은 점과 환자의 사망 사이의 인과관계 유무 여부): 법원 불인정(제1심)

(1) 의료진 측 주장

혈종의 증가를 근본적으로 막을 수 있는 효과적인 방법이 없고, 일단 뇌출혈 후 6시간 이내에 환자의 임상상태가 급격히 악화될 경우 수술여부에 관계없이 사망률이 60% 이상에 달하여 환자의 사망과 피고병원의 조치 사이에는 인과관계를 인정하기 어렵다.

(2) 법원 판단(제1심)

뇌출혈의 경우 수술을 하더라도 사망률이 높고, 혈종이 급격히 증가할 경우 사망률이 더욱 높아지는 사실은 앞서 본 바와 같으나, 혈종이 급격히 증가한 경우라도 적시의 응급수술로 급성 뇌출혈환자의 생명을 구할 수 있는 가능성이 전혀 없었던 것이 아니기 때문에 의료진의 주장은 인정하지 않는다.

다. 전원 결정시 설명의무 및 주의의무 위반 여부: 법원 인정(항소심)

(1) 법원 판단(항소심)

제1심의 판단에 추가하여 환자의 연고지에 있는 타병원으로의 전원 여부를 결정함에 있어 담당의사가 환자의 상태와 그에 필요한 의료상의 조치 및 전원시에 발생할 수 있는 위험성에 대하여 충분히 설명하였다거나 전원시 필요한 주의의무를 다하였다고 보기 어려워 의료진의 과실을 인정한다.

3. 손해배상범위 및 책임제한

가. 의료진의 손해배상책임 범위: 제1심 및 항소심 40% 제한

나. 제한이유

(1) 환자는 내원 당시 이미 뇌출혈이 있었고, 환자와 같이 혈종이 수 시간 내에

급격히 증가하는 경우가 흔한 것은 아니며, 혈종이 증가하는 경우 적시에 응급수술이 이루어지더라도 사망률이 매우 높은 것으로 보고되는 점.

(2) 의료진이 구급차에 동승하였더라도 혈종의 급격한 증가에 따라 취할 수 있는 조치에는 한계가 있는 점.

다. 손해배상책임의 범위

(1) 청구금액: 176,922,891원

(2) 인용금액: 60,406,058원

    (가) 총 42,406,058원: (82,730,815원 + 20,284,330원 + 3,000,000원) × 40%

       ① 일실수입: 82,730,815원

       ② 치료비: 20,284,330원

       ③ 장례비: 3,000,000원

    (나) 위자료: 18,000,000원

4. 사건원인분석

환자는 대화 중 갑자기 말이 어둔해지고 오른쪽 팔, 다리의 마비증상이 발생하여 응급실에 내원하였다. CT 촬영 결과 35~40cc정도의 뇌출혈이 발생하였고, 이에 대하여 의료진은 뇌압상승과 뇌부종을 억제하기 위한 약물과 혈압강하제를 주사하였고 언제든지 응급수술이 필요할 수 있다고 판단하였다. 그러나 연고지 문제로 전원을 결정하였고 전원 도중 갑자기 환자의 의식이 소실되어 정맥주사가 모두 빠지고 상태가 악화되었으나, 도착한 병원에서는 비어있는 중환자실이 없어 뇌수술이 가능한 병원으로 다시 전원하였다. 마지막으로 도착한 병원에서의 CT 촬영 결과, 재출혈소견이 보여 응급으로 뇌출혈제거술을 시행하고 뇌부종이 심하여 감압성 두개골절제술을 시행하였으나 결국 식물의식상태가 되었고 사망하였다. 이 사건과 관련된 문제점 및 원인을 분석해본 결과는 다음과 같다.

의료진은 환자의 CT 촬영 결과 35~40cc정도의 뇌출혈이 발생하였음을 확인하였음에도 응급수술을 하지 않고 약물치료를 시행하였으며, 환자의 상태를 미루어 보았을 때 상태의 악화에 대비하여 전원 시 환자의 경과를 관찰하여 즉시 조치를 취할 수 있도록 의료진을 구급차에 동행시키거나 전원시킬 병원 측의 가용병상 등의 상황을 파악하고 환자의 상태를 미리 알려 응급수술이 가능하도록 하는 등의 주의의무를 다하여야 함에도 이를 소홀히 하였다(〈표 18〉 참조).

〈표 18〉　뇌출혈 발생 후 전원과정에서 주의의무 소홀로 사망한 사건 – 원인분석

분석의 수준	질문	조사결과
왜 일어났는가? (사건이 일어났을 때의 과정 또는 활동)	전체 과정에서 그 단계는 무엇인가?	– 전원 단계
가장 근접한 요인은 무엇이었는가? (인적 요인, 시스템 요인)	어떤 인적 요인이 결과에 관련 있는가?	• 의료인 측 – 전원 시 환자 사정 미흡(환자의 전원 가능 여부 사정, 설명 미흡) – 적절치 못한 전원 조치(전원 받을 병원의 상황 파악하지 않음, 환자 상태 설명 미흡)
	시스템은 어떻게 결과에 영향을 끼쳤는가?	

5. 재발방지대책

원인별 재발방지대책은 〈그림 18〉과 같으며, 각 주체별 재발방지대책은 아래와 같다.

〈그림 18〉 뇌출혈 발생 후 전원과정에서 주의의무 소홀로 사망한 사건 – 원인별 재발방지대책

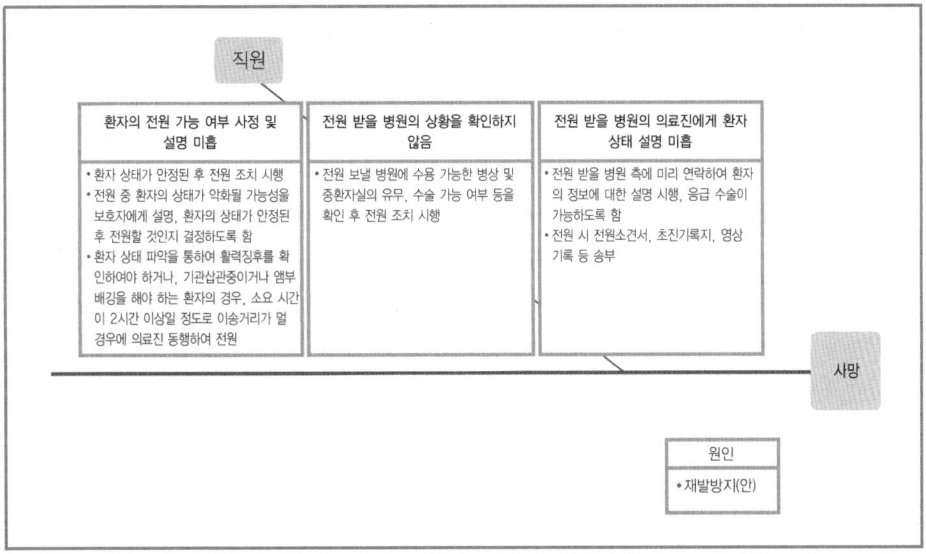

(1) 의료인의 행위에 대한 검토사항

환자가 희망하여 전원조치를 시행하는 경우에는 보호자에게 전원 도중 환자의 상태가 악화될 수 있음을 설명한 후 환자의 상태가 안정될 때까지 기다린 후 전원을 할 것인지, 아니면 그 전이라도 전원을 할 것인지를 결정하도록 한다. 또한 전원을 하기 전에, 전원보낼 병원에 수용가능한 병상과 중환자실이 있는지, 수술이 가능한지 등을 확인하여야 한다. 사전에 환자의 정보에 대하여 설명하고 전원소견서, 초진기록지, 영상기록 등을 모두 복사하여 송부하여 전원받는 병원에서 응급수술이 가능하도록 하고 환자관리가 철저히 이루어질 수 있도록 한다. 만일 전원을 하는 과정에서 계속하여 활력징후를 확인하여야 하는 환자인 경우, 기관삽관 중이거나 앰부배깅을 해야 하는 환자를 전원보낼 경우 등은 의료인이 동행하여야 한다.

┃ 참고자료 ┃ 사건과 관련된 의학적 소견[1]

(1) 고혈압성 뇌출혈은 외상의 수반 없이 발생하는 자발성 뇌출혈의 원인 중 하나로 약 50%를 차지하고, 고혈압 외 다른 원인을 찾을 수 없는 뇌출혈이다.

(2) 뇌실질내에 출혈이 발생한 경우의 치료원칙은 뇌압조절, 혈압조정, 안정이라고 할 수 있는데, 환자에게 안정을 요구하는 것은 '자극적인 활동'이 뇌압을 상승시킬 가능성이 우려되기 때문이다.

(3) 환자의 혈압이 지나치게 높을 경우 재출혈 내지는 혈종 증가를 우려하여 혈압을 낮추는 치료를 할 것이 권고된다.

(4) 뇌출혈 치료의 경우, 약물치료를 포함한 보존적 치료를 하는 방법과 수술적 치료를 하는 방법이 있는데, 출혈량이 20~30cc 정도인 경우는 보존적 치료를 하고 예후를 살피는 것이 일반적이며, 출혈량이 30cc 이상인 경우 수술적 치료를 고려하게 되는데(일본의 한 연구에 의하면 혈종량이 31cc 이상일 때는 수술 후 사망률이 약물치료만 하는 경우에 비하여 낮았다), 수술치료 여부의 결정은 환자의 연령, 혈종부위, 신경학적 상태, 혈종량, 수술시기 등 뇌출혈환자의 예후에 관여하는 많은 인자를 고려하여 이루어져야 한다.

(5) 뇌출혈환자의 신경학적 상태가 급격히 악화되는 경우는 혈종의 급격한 증가이거나 뇌부종 때문인데, 뇌부종은 출혈 후 7~8시간부터 시작해서 24~48시간 동안 빠르게 진행하고, 혈종이 지혈되지 않고 지속적인 출혈이 유지되는 시간은 보통 1시간 이내로 여겨지고 있다. 한 연구보고에 의하면, 뇌실질 내 출혈이 있는 경우, 증상발현 3시간 내에 시행된 CT와 비교하였을 때, 증상발현 후 20시간에 시행된 CT에서 33% 이상의 출혈량 증가를 보인 환자가 전체의 40%라고 하고, 대개 혈종의 증가는 수 시간 이내에 이루어지며, 24시간 이후에는 거의 없다고 할 수 있다.

(6) 고혈압성 뇌출혈환자의 사망률은 65.2%이고, 환자의 의식상태에 따른 사망률은 의식이 명료한 환자는 28%, 기면상태에서는 62%, 혼미상태에서는 75%, 혼수상태에서는 90% 정도이며, 혈종이 급격히 커지는 환자의 전체 사망률은 25~100% 정도로 보고되고 있다.

---

1) 해당 내용은 판결문에 수록된 내용임.

판례 19. 척추추간판탈출증 수술 후 척추 및 하지기능 지체장애 3급으로 판정된 사건_광주고등법원 2010. 5. 7. 선고 2008나2727 판결

1. 사건의 개요

척추추간판탈출증 수술 이후 좌측하지마비 및 배설장애가 발생한 사건이다[전주지방법원 2008. 8. 14. 선고 2008가합893 판결, 광주고등법원 2010. 5. 7. 선고 2008나2727 판결]. 이 사건의 자세한 경과는 다음과 같다.

날짜	사건 개요
1999.~2000. 부터	• 허리통증으로 개인병원에서 치료받아옴(환자 1955. 7. 14.생, 사고 당시 47세 6월 24일, 여자)
2003. 2. 6.	• 우측 방사통 심해져 의료진 학교법인 입원 = 요추 우측 제4-5번 척추추간판탈출증 등의 진단
2003. 2. 7.	• 우측 척추후궁부분절제술 및 디스크내전기열치료(IDET-Intradiscal Electrothermal Therapy) 시술(1차 수술)
2003. 2. 8.	• 왼쪽 발목 내지 발가락의 배굴장애 및 왼쪽 요추 5번 신경 지배영역의 피부에 감각 저하와 이상감각 발생
2003. 2. 17.	• 환자의 좌측 하지 마비증상에 대해 요추척수조영단층촬영 실시
2003. 2. 19.	• 좌측 척추후궁 부분 절제 및 감압술 시행(2차 수술)
2003. 3. 10.	• 2차 수술 이후 발 보조기와 지팡이 이용해 독립적인 보행 시작 = 퇴원 시까지 왼쪽 발목·발등 붓고 통증 있으며, 왼쪽 발목이나 발가락 감각 둔한 상태 지속
2003. 5. 7.	• 배설장애 발생
2003. 8. 23.	• 퇴원
2004. 2. 11.	• 척추 및 하지기능 지체로 장애 3급 진단

2. 사건에 대한 법원의 판단요지

가. 설명의무 위반 여부: 법원 불인정(제1심)

(1) 원고 측 주장

의료진들이 1차 수술 전 검사를 소홀히 한 과실로 종판파편 및 종판골절증상의 존재를 알지 못해 환자에게 그에 따른 정확한 병명이나 치료방법, 효과 및 부작용 등에 대해 사전에 충분히 설명하지 않았다.

(2) 법원 판단

법원은 피고병원이 1차 수술의 하루 전날인 2003. 2. 6. 병명과 1차 수술명, 수술로 인해 신경손상이 일어나 마비증세가 나타날 수 있고 재발하면 재수술을 할 수도 있음을 모두 설명하고 수술승낙서를 받은 사실을 인정하였다. 그러나 환자에게 종판파편이나 종판골절증상이 있었고 의료진들이 수술 전 검사를 충분히 하지 않은 과실로 알아내지 못한 것임을 인정할 증거가 없으므로 의료진들이 설명의무를 위반했다는 주장은 받아들이지 않는다.

나. 종판파편의 존재를 알지 못해 수술방법을 잘못 선택하였음: 법원 불인정 (제1심)

(1) 원고 측 주장

종판파편이 있는 환자에게는 1차 수술과 같은 미세수술방법이 아닌 완전절제술을 통해 종판파편의 이동을 방지하는 것이 더욱 적절한 치료방법임에도 종판파편의 존재를 알지 못해 수술방법을 잘못 선택하였다.

(2) 법원 판단

환자 측이 제출한 자료만으로는 1차 수술 이전부터 환자에게 종판파편 및 종판골절증상이 있었고 1차 수술 방법이 종판파편 및 종판골절증상에 적절하지 않아 수술 이후에도 종판파편 및 종판골절증상이 적절하게 치료되지 않아 그로 인해 환자의 좌측 하지마비 및 배설장애가 발생한 것임을 인정할 자료가 없으므로 원고 측의 주장은 이유 없다.

다. 1, 2차 수술 중 좌측 제4-5번 요추신경근을 손상시켰음: 법원 인정(제1심)

(1) 원고 측 주장

1, 2차 수술 도중(혹은 수술 결과) 환자의 좌측 제4-5번 요추신경근을 손상시켜 좌측 하지마비 및 배설장애를 발생시켰다.

(2) 법원 판단

환자는 1차 수술을 받기 이전부터 약 3~4년간 허리통증을 앓고 있었으나 피고 병원에 입원하게 된 주된 이유가 우측 방사통 때문이었다. 1차 수술 이전에는 허리 이하의 좌측 부분에 대해서는 아무런 통증이나 마비증세는 물론 배설장애도 전혀 없었던 점, 좌측 하지의 감각둔화 및 이상감각은 1차 수술 바로 다음날 발생하였고 이 사건 수술 이외에는 좌측 하지의 신경을 손상할 만한 자극이 없었던 점, 배설장애는 2차 수술 이후에 발생했고 이는 하지마비증후군으로 발생한 신경인성 방광 때문인 점, 1차 수술의 전기요법은 고주파 물질의 특수한 주사바늘을 요추 제4-5번 추간판에 삽입하여 약 3분간 열을 가하는 방식으로 이루어졌는데 이로 인해 척추 반대편에 있는 좌측 신경에도 어떠한 형태의 자극이 가해졌을 가능성이 있다.

종합하면, 1차 수술의 시술상의 과실로 좌측 신경이 손상되었다고 추정되므로 환자의 좌측 하지마비와 배설장애가 수술상의 과실로 인한 것이 아니라 전혀 다른 원인에 의한 것이라는 의료진들의 입증이 없으므로, 의료진들은 환자 측이 입은 손해를 배상하여야 한다.

라. 치료지연 주장: 법원 불인정(항소심)

(1) 원고 측 주장

환자에게 좌측 하지마비 증상이 나타나자마자 신속하고 적극적인 치료를 해야 함에도 2차 수술시까지 치료를 지연하여 좌측 하지마비 상태가 더욱 악화되었으므로, 의료진들은 좌측 하지마비 및 배설장애로 인한 손해를 배상해야 한다.

(2) 법원 판단

2차 수술은 좌측 하지마비 증세가 나타난 지 11일 만에 이루어졌는데, 좌측 하지마비가 수술 이후 일시적으로 나타나는 증상일 가능성도 배제할 수 없으므로 의료진로서는 1차 수술 징후와 환자의 상태 변화를 지켜볼 필요가 있었던 점, 좌측 하지마비는 그동안 나타났던 증상이 아니었으므로 원인을 분석하고 치료방법을 찾는 데는 시간이 필요했고 실제로 여러 검사를 실시했던 점, 당시 환자는 배굴장애나 감각둔화 및 이상감각을 호소하던 상태로서 긴급한 수술처치가 필요하지는 않았던 점, 당시 2차 수술을 1차 수술 후 바로 시행했더라면 현재의 좌측 하지마비 상태가 해소되거나 완화되었을 것이라고 단정하기 어려운 점 등이 있다.

종합하면, 의료진들이 좌측 하지마비에 대한 치료를 지연해 좌측 하지마비 증세가 더욱 악화되었음을 인정할 자료가 없어 환자 측의 이 주장은 이유 없다.

3. 손해배상범위 및 책임제한

가. 의료진의 손해배상책임 범위: 항소심 80% 제한

나. 제한이유

(1) 환자가 1차 수술을 받기 이전의 약 3년 내지 4년간 허리통증으로 개인병원에서 치료를 받은 바 있고, 1차 수술을 받게 된 이유 역시 허리통증(방사통)에 기인한것인 점

(2) 인체에 침습을 필요로 하는 모든 수술에 있어서 원하지 않는 부작용이 발생할 가능성이 있는 점

다. 손해배상책임의 범위

○ 제1심

(1) 청구금액: 188,018,718원(승계참가인: 9,896,040원 포함)

(2) 인용금액: 103,956,131원(승계참가인: 9,896,040원 포함)

  (가) 경제적 보상

    ① 일실수입: 57,175,797원

    ② 기왕치료비 및 기왕 보조기구 구입비: 6,662,590원

    ③ 향후치료비 및 향후 보조기구 구입비: 7,027,378원

　　(나) 위자료: 14,000,000원
　　(다) 기타
　　　　① 승계참가인 국민연금관리공단: 9,896,040원
　　　　② 지연손해금: 9,194,326원(＝80,865,765원×5%×830/365)

○ 항소심
　(1) 청구금액: 185,518,718원(승계참가인: 9,896,040원 포함)
　(2) 인용금액: 123,736,249원(승계참가인: 9,896,040원 포함)
　　(가) 재산상 손해: 94,840,209원(118,550,262×80%)
　　　　① 일실수입: 66,064,285원
　　　　② 적극적 손해액
　　　　　－ 기왕치료비: 6,662,590원
　　　　　－ 향후치료비: 45,462,341원
　　　　　－ 향후 보조구 구입비: 361,046원
　　(나) 위자료: 19,000,000원
　　(다) 승계참가인 국민연금관리공단: 9,896,040원

4. 사건원인분석

　이 사건에서 환자는 허리통증으로 내원하여 요추 우측 제4－5번 척추추간판탈출증 진단을 받고, 우측 척추후궁부분절제술 및 디스크내전기열치료 시술을 한 후 이상증상이 나타나 좌측 척추후궁부분절제 및 감압술을 시행한 후 척추 및 하지기능 지체로 장애 3급 진단을 받은 사건이다. 이 사건과 관련된 문제점 및 원인을 분석해 본 결과는 다음과 같다.
　첫째, 수술 중 환자의 좌측 제4－5번 요추신경근을 손상시킨 것이다. 법원은 판단부분에서 1차 수술의 전기요법은 주사바늘을 추간판에 삽입하여 열을 가하는 방식으로 이루어졌는데 이로 인해 신경에 자극이 가해졌을 가능성이 있다고 판단하였다. 이와 관련해 치료방법 선택에 문제가 있다는 자문의견이 있있다. 의료진은 환자 상태에 따라 정확한 판단을 하고 이에 따른 적절한 수술방법을 선택하는 것이 필요하다.

일반적으로 디스크내전기열치료(IDET)는 수술을 하지 않기 위해 시행하는 대체요법
인데 우측 척추후궁부분절제술과 함께 전기열치료를 시행하였고, 이 환자는 종판골
절이 있는 것으로 생각되는데 종판골절이 있는 환자에게는 전기열치료가 효과가 없
어 일반적으로 시행하지 않는다.

둘째, 법원에서는 의료진의 과실로 인정하지 않았지만 환자에게 좌측 하지마비
증상이 나타난 후 치료가 지연된 부분이다. 법원 판단 부분에서는 좌측 하지마비가
수술 이후 일시적으로 나타나는 증상일 가능성도 있어 환자의 상태 변화를 지켜볼
필요가 있었다고 하나, 좌측 하지 마비증상이 나타난 일시가 2003. 2. 8.이었고 검사
를 시행한 것이 2003. 2. 17.이었던 것과 관련하여 증상이 수술과 관련된 신경손상
등으로 인한 것인지 확인해 볼 필요가 있었다고 생각한다. 그리고 실제로 여러 검사
를 실시했다고 법원판단부분에 기재되어 있으나, 검사를 언제, 어떤 검사를 실시하였
는지에 대한 기록이 누락되어 있으므로 이에 대한 기록미비도 문제가 된다고 생각한
다(〈표 1〉 참조). 치료 지연과 관련해 자문위원은 이 사건의 의료진의사는 환자의 마
비증상을 전기열치료의 부작용으로 보고 긴급한 수술처치가 필요하지 않은 상태라고
판단한 것으로 생각되며, 이는 수술로 호전되기 어려워 약물요법을 먼저 시행한 후

〈표 19〉 척추 추간판탈출증 수술 후 척추 및 하지기능 지체장애 3급으로 판정되었으나
수술과실이 인정되지 않은 사건 – 원인분석

분석의 수준	질문	조사결과
왜 일어났는가? (사건이 일어났을 때의 과정 또는 활동)	전체 과정에서 그 단계는 무엇인가?	– 수술방법 선택
가장 근접한 요인은 무엇이었는가? (인적 요인, 시스템 요인)	어떤 인적 요인이 결과에 관련 있는가?	• 의료인 측 – 수술방법 선택 오류(종판골절이 있는 환자에게 전기열 치료가 효과 없음에도 시행함)
	시스템은 어떻게 결과에 영향을 끼쳤는가?	• 의료기관 내 – 처치 기록 관리, 교육 미흡 • 법·제도 – 새로운 치료법에 대한 수가 문제 – 기록 관련 교육 미흡

효과가 없어 척수조영단층촬영을 시행한 것으로 보이며 개인의원에서는 전기열치료
가 효과는 낮지만 수익성이 높아 사용할 가능성이 있다고 하였다(〈표 19〉 참조).

5. 재발방지대책

원인별 재발방지대책은 〈그림 19〉과 같으며, 각 주체별 재발방지대책은 아래와
같다.

〈그림 19〉 척추 추간판탈출증 수술 후 척추 및 하지기능 지체장애 3급으로 판정되었으나
수술과실이 인정되지 않은 사건 - 원인별 재발방지대책

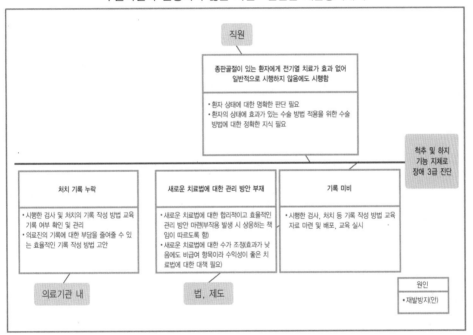

(1) 의료인의 행위에 대한 검토사항

환자의 상태를 정확히 판단한 후 가장 적절한 수술방법을 선택하여야 한다. 환
자의 상태에 효과가 있는 적합한 수술방법을 선택하기 위하여 수술방법에 대한 정확
한 지식을 갖추어야 한다.

(2) 의료기관의 운영체제에 관한 검토사항

의료진들을 대상으로 본인이 시행한 의료행위에 대한 기록 작성의 중요성과 방법을 교육하여야 한다. 환자의 상태에 대한 기록뿐만 아니라 언제, 어떤 검사와 처치를 시행하였는 지에 대해서도 자세히 기록하도록 하고, 의료기관은 의무기록을 주기적으로 검토하는 등 기관차원에서 철저한 기록관리를 시행하도록 한다.

(3) 학회·직능단체 차원의 검토사항

시행한 검사, 처치 등 기록작성방법에 대한 교육자료를 마련하여 의료기관에서 이를 활용할 수 있도록 한다. 또한 의료진의 의무기록에 대한 부담을 줄일 수 있도록 효율적인 기록작성방법도 개발한다.

(4) 국가·지방자치단체 차원의 검토사항

새로운 치료방법에 대하여 부작용 발생 시 이에 상응하는 책임이 따르도록 하는 등의 관리방안을 마련한다. 또한 효과가 낮음에도 비급여항목이기 때문에 수익성이 좋아 사용하는 치료방법에 대한 대책으로 수가를 조정하도록 한다.

판례 20. 버스내 급정차 사고로 뇌종양환자가 의식저하로 사망한 사건_ 서울고등법원 2005. 9. 1. 선고 2005나6169, 2005나6176 결정

1. 사건의 개요

버스 내 급정차로 뇌종양이 악화된 환자가 뇌종양수술을 하였지만 결국 의식저하로 사망한 사건이다[서울중앙지방법원 2004. 11. 24. 선고 2003가합31638 판결, 서울고등법원 2005. 9. 1. 선고 2005나6169, 2005나6176 결정]. 이 사건의 자세한 경과는 다음과 같다.

날짜	시간	사건 개요
2001. 12. 26.		• 버스를 타고 가던 중 버스가 급정차하면서 탑승구 계단으로 넘어져 A병원에 내원 • 뇌진탕, 경추부염좌, 요추부염좌, 양측 견관절부염좌 의증으로 진단. 입원(환자 여자, 나이 미상)
2001. 12. 28.		• 뇌 컴퓨터단층촬영(CT)검사 시행
2002. 1. 9.		• 뇌 자기공명영상(MRI)검사 시행 = 좌측 소뇌−뇌교각 부위에 3.7cm 크기의 종괴와 소뇌의 부종 소견
2002. 1. 10.		• 피고병원으로 전원 • 응급실 내원 당시 혈압 160/100mmHg
		• 피고병원 응급실에서 신경학적 검진 시행 = 의식 명료, 대광반사나 운동기능은 모두 정상이나, 양측으로 안구진탕이 있음. 좌측의 청각장애가 있고, 보행시 우측으로 기울어져 쓰러지는 증상을 보임 • 일반혈액검사 2회 시행 = 혈소판 수 24만 개/㎕ 및 13만 개/㎕
		• 신경학적 검진과 A병원에서 시행한 MRI 종합 결과 = 청신경초종 의증으로 진단. 혈압강하제로 혈압 조절. 뇌압강하제와 항경련제, 스테로이드 치료 • 수술동의서 외에 특별수술신청서를 통하여 별도로 의식상태의 저하, 편마비, 뇌실질내 출혈, 대량출혈에 따른 수혈의 가능성과 이로 인한 저혈압성 쇼크 및 사망, 혈종에 의한 재수술 등의 수술의 위험성

날짜	시간	사건 개요
2002. 1. 10.		• 에 대하여 알림 • 후두하 두개절제술 및 종양적출술을 시행하기로 함
2002. 1. 16.	09 : 15~ 17 : 35	• 피고병원 신경외과 전문의인 B의 집도 하에 유양돌기 후방에서 두 개골절제 후 종양의 거의 전부를 적출하고 피질과 종양 제거부의 출 혈을 조절한 후 경막을 봉합함(1차 수술) • 당시 추정실혈량은 2,500cc, 수술 도중 3파인트의 농축적혈구를 수 혈함
	수술 직후	• 일반혈액검사 시행 = 혈소판 수 115,000개/μl
	수술 후	• 의식 기면상태 • 제2중환자실로 전실
		• 기관내관을 유지하여 산소를 공급하며 심전도 및 산소포화도를 모 니터함 • 뇌압강하제와 항생제, 스테로이드 등으로 치료하며 1시간마다 활력 징후를 측정하는 등 집중관찰함
2002. 1. 17.		• 의식이 혼미상태로 저하됨
	07 : 50경	• 뇌 CT 검사 재시행 = 소뇌교각 주위의 고신호강도가 관찰됨. 수술부위의 혈종 소견
2002. 1. 17.	08 : 00경	• 보호자들에게 구두로 두개골절제술 및 혈종제거술의 위험성 설명
	08 : 15경	• 수술실로 옮김
	08 : 45경	• 전신마취 시작
	09 : 00경~ 14 : 25경	• 주치의인 B의 집도 하에 현미경 시야 하에서 혈종 제거. 써지셀과 양극성 응고기를 이용하여 출혈 조절, 수술 시야에서 출혈병소가 없 는 것을 확인한 후 경막 봉합함(2차 수술) = 수술 도중 농축적혈구 4파인트 수혈
	수술 직후	• 일반혈액검사 시행 = 혈소판 수 98,000개/μl
	14 : 45경	• 신경학적 검진 시행 = 깊은 반혼수상태
	15 : 20경	• 신경학적 검진 시행 = 깊은 반혼수상태
	16 : 00경	• 깊은 기면상태로 눈을 뜨라거나 감으라는 말에는 반응하였지만 손 가락셈은 불가능한 상태
	20 : 30경	• 의식은 기면상태로 손가락셈이 가능함

날짜	시간	사건 개요
2002. 1. 18.	06 : 40경	• 신경학적 검진 = 의식이 깊은 기면상태, 손가락셈이 불가능한 상태로 의식이 악화된 소견 • 뇌 CT 검사 재시행 = 좌측 소뇌 – 뇌교각부위의 출혈성 고신호강도와 우측 뇌실내에 극소량의 출혈 소견보임
2002. 1. 18.	09 : 00~ 12 : 35	• 두개골절제술, 혈종제거술 및 좌측 뇌실외 배액술 시행(3차 수술). = 현미경 시야 하에서 혈종을 제거하고, 출혈을 조절하여 출혈이 없음을 확인함 = 추정실혈량은 700cc, 수술 도중 2파인트의 농축적혈구, 3파인트의 신선동결혈장 수혈
	수술 후	• 신경학적 검진 시행 = 의식은 깊은 기면상태, 운동기능은 상지 Fair(중력에 저항하여 움직일 수 있는 정도), 하지 Good(중력과 어느 정도의 저항을 이기고 운동을 할 수 있는 정도)이었으나 별다른 진전 없음
	13 : 11경	• 일반혈액검사 시행 = 혈소판 수가 58,000개/$\mu\ell$로 낮음
2002. 1. 18.	19 : 00경	• 의식 혼미상태, 우측 상하지의 운동능력이 Poor(중력을 이기지 못하고 움직일 수 있는 정도)로 악화됨 • 뇌 CT 검사 재시행 = 좌측 뇌실 내 출혈이 있고 뇌실이 확장되어 있는 등 뇌수두증을 의심할 만한 소견 보임
	20 : 20경	• 일반혈액검사 시행 = 혈소판 수 65,000개/$\mu\ell$
	22 : 25	• 2년차인 C가 보호자에게 망인의 상태 등에 관하여 설명함
	22 : 40	• 전공의인 D가 수술 등에 관하여 각 설명한 후 동의서 받음
2002. 1. 18. ~ 1. 19.	23 : 20경~ 00 : 20경	• 우측 뇌실 외 배액술 시행(4차 수술) • 출혈 조절 후 수술 종료 • 혈소판 수치가 낮아 수술 전부터 혈소판 농축액의 수혈 시작하여 수술이 끝난 후까지 모두 10파인트의 혈소판을 수혈함
2002. 1. 19.	02 : 00경	• 일반혈액검사 시행 = 혈소판 수 99,000개/$\mu\ell$
	02 : 40경	• 신경학적 검진 시행 = 의식이 혼미상태, 우측 상지의 운동기능은 변화 없으며, 하지의 운동기능은 Fair로 회복된 것을 확인함

날짜	시간	사건 개요
2002. 1. 19.		• 보호자에게 현재 망인의 상태는 진정되어 있는 상태라 정확하게 평가할 수 없고, 진정상태에서 깨어나면 신경학적 검진을 통하여 망인의 상태를 평가할 수 있을 것이며 현재 혈소판 수가 낮아 혈소판 농축액을 수혈하고 있다고 설명함
	오전	• 의식이 혼미상태에서 회복되지 않고 운동능력의 변화도 없음 • 뇌 CT 검사 재시행 = 뇌실질내 출혈 소견 보임
	10 : 05~ 13 : 30	• 두개골절제술 및 혈종제거술 시행(5차 수술) = 당시 추정실혈량은 1,000cc, 수술 도중 적혈구 농축액 4파인트와 신선동결혈장 5파인트 수혈함
2002. 1. 19.	수술 후	• 신선동결혈장 6파인트와 혈소판 농축액 10파인트 수혈 • 신경학적 검진 시행 = 의식은 반혼수이고 우측 상하지의 운동기능은 Poor
2002. 1. 20.		• 신경학적 검진 시행 = 의식은 혼미상태, 우측 상지의 운동기능은 Trace(근육의 수축을 감지할 수만 있는 정도)로 감소
이후		• 뇌압강하제와 혈압강하제 등을 사용하여 지속적으로 치료하였으나, 상태는 조금씩 악화됨
2002. 1. 28.		• 장기간의 기관내관 유지에 따라 기관절개술 시행
2002. 2. 2.	03 : 00경	• 일반혈액검사 시행 = 혈소판 수 40,000개/$\mu\ell$
		• 혈소판 농축액 10파인트 수혈
	14 : 00경	• 일반혈액검사 시행 = 혈소판 수 56,000개/$\mu\ell$
2002. 2. 3.	04 : 00경	• 혈소판 수 70,000개/$\mu\ell$까지 상승
	14 : 00경	• 혈소판 수 47,000개/$\mu\ell$로 감소
		• 혈소판 농축액 10파인트 재수혈
2002. 2. 4.	04 : 00경	• 혈소판 수 59,000개/$\mu\ell$, 61,000개/$\mu\ell$로 증가
	14 : 10	• 사망

2. 사건에 대한 법원의 판단요지

가. 진료기록 변조 여부: 법원 불인정(제1심)

(1) 원고 측 주장

피고병원 의무기록 중 2차 수술, 3차 수술, 5차 수술에 관한 수술기록지 (Operative Record)는 날짜만 다를 뿐 실혈량과 수혈량까지도 모두 동일하게 기재되어 있을 뿐 아니라 3차 수술의 수술기록지에 뇌실 외 배액술에 대한 기재조차 없다는 점 등에 비추어 피고병원 의료진은 2차, 3차, 5차 각 수술기록지를 모두 허위로 작성하여 구체적인 사실을 은폐하고 있다. 또한 응급수술의 반복으로 추후 수술기록지를 한꺼번에 작성하면서 부주의하게 똑같은 내용을 복사하여 작성하였다 하더라도 이는 진료기록부의 작성의무를 규정한 의료법을 위반한 것이다.

(2) 법원 판단

2차, 3차, 5차 각 수술기록지가 날짜만 다를 뿐 모든 기재가 동일하다는 사실은 인정하나, 기재에 의하면 ① 피고병원의 경과기록지에는 2차 수술, 3차 수술, 5차 수술을 포함하여 각 수술이 행하여진 직후 각 수술에 관한 요약수술기록(Brief OR Note)이 기재되어 있는 점, ② 3차 수술에 관한 요약수술기록에는 수술기록지와 달리 뇌실 외 배액술에 대하여도 기재되어 있는 등 정확하게 기재되어 있는 것으로 보이는 점 등을 고려하여, 위와 같은 요약수술기록을 모두 그대로 둔 상태에서 수술과 관련된 사실을 은폐하기 위하여 각 수술기록지를 작성한 것으로 보기 어렵다.

오히려, ① 전공의 3년차인 E가 제1보조자로 참여한 1차, 2차, 3차, 5차 수술의 수술기록지만 작성되어 있고, 그 중에서도 혈종제거술을 시행한 2차, 3차, 5차 각 수술기록지만 혈종제거술에 대한 같은 내용이 기재되어 있고 1차 수술은 종양제거술의 기록이 기재되어 있는 점, ② 요약수술기록은 모두 수기로 기재되어 있는 것에 비하여 2차, 3차, 5차 각 수술기록지는 컴퓨터를 이용하여 작성한 후 프린터를 이용하여 출력한 문서로 보이는 점, ③ 요약수술기록(Brief OR Note)은 그 용어 자체로 추후 수술기록지를 예견하고 있는 것으로 보이는 점이 있다.

종합하면, 수술 직후 우선 요약수술기록만 작성된 상태에서 차후 수술기록지를 작성하여야 하는데, 환자에 대한 응급수술이 반복되면서 수술기록지를 작성하지 못하다가 나중에 이를 한꺼번에 작성하면서 수술명이 같은 수술기록지는 컴퓨터 작업 도중 일자만 바꾸어 작성하게된 것으로 보인다. 2차, 3차, 5차 각 수술기록지의 작성 과정이 위와 같다면 진료기록부의 내용이 사실과 다르다는 점에 대하여 의사의 고의를 인정하기도 어려워 원고의 주장을 인정하지 않는다.

나. 수술 전 검사를 소홀히 한 과실 여부: 법원 불인정(제1심)

(1) 원고 측 주장

피고병원 의료진은 청신경초종을 의심하여 수술을 시행하기로 하였으면서도 뇌 MRI 검사와 같은 기본적인 의료행위조차 시행하지 않았고, 뇌혈관조영술을 통하여 뇌혈관의 위치 등을 정확하게 파악하지 않아 출혈이 발생하게 하였다고 주장한다.

(2) 법원 판단

① A병원에서 뇌 MRI 검사를 받은 점, ② 피고병원 의료진은 A병원의 뇌 MRI 검사 결과를 확인하고 이를 환자에 대한 신경학적 검진결과와 종합하여 진단 및 치료를 한 점 등을 고려하여, 피고병원 의료진이 환자에게 새롭게 뇌 MRI 검사를 시행하지 않고 기존의 필름을 종합하여 진단과 치료방침을 정한 것은 재량의 범위 내에 속하므로 환자의 주장은 이유 없다.

뇌혈관조영술을 시행할 의무가 인정되지 않는 한, 피고병원 의료진에게 과실이 있다고 인정하기 어렵고, 오히려 뇌종양이 있는 경우 종양의 종류나 위치에 따라서 혈관조영술을 시행하는데, 청신경초종에서는 특별한 이유 없이는 수술 전 뇌혈관조영술을 시행하지 않는 것이 일반적이어서 환자의 주장을 인정하지 않는다.

다. 피고병원 의료진의 과실로 혈종이 발생한 과실 여부: 법원 불인정(제1심)

(1) 원고 측 주장

일반적으로 수술의 경우 혈소판 수를 100,000개/μl 이상으로 유지하여야 하는데, 피고병원 의료진은 환자의 혈소판 수 감소에 대하여 혈소판농축액 수혈 등 적절한 조치를 취하지 않고 방치하였고, 환자는 1차 수술 뿐 아니라 2차 수술, 4차 수술 후에도 혈종이 발생하였다. 이와 같이 반복적으로 혈종이 발생한 것은 수술과정상의 과실 또는 혈소판 감소에 대하여 적절한 조치를 취하지 못한 과실로 인한 것이다.

(2) 법원 판단

① 두개강 내 종양수술 후 23.8%에서 수술 후 출혈이 관찰되었으며, 두개강 내 수술 후 예후에 영향을 미치는 많은 양의 혈종이 발생하는 것은 3.9%이고, 청신경초종 수술을 받은 환자 중 예후에 영향을 미치는 많은 양의 혈종이 발생한 것은 8.7%라는 보고가 있어 이와 같이 출혈의 위험성이 있으므로 피고병원 의료진은 1차 수술전 뇌실질내 출혈, 대량출혈에 따른 수혈의 가능성과 이로 인한 저혈압성 쇼크 및 사망, 혈종에 의한 재수술 등의 출혈과 관련한 부작용 내지 합병증을 충분히 고지한 상태에서 수술에 대한 동의를 받은 점, ② 피고병원 의료진은 1차, 2차, 4차 수술 후에 출혈을 조절한 후 수술을 종료한 점, ③ 뇌종양수술 후 수술부위나 뇌종양부위에 출혈이 발생하는 원인은 매우 다양하여 종양출혈 외에도 수술 중 지혈 관련 조작 미숙, 환자의 출혈성향, 수술 후의 두부외상, 고혈압 등에 의하여 발생할 수 있는데, 종양출혈의 가능성도 높을 뿐 아니라 환자는 피고병원 응급실 내원 당시부터 혈압이 높아서 혈압강하제로 혈압을 조절받고 있었던 점, ④ 출혈이 지속되고 있음에도 수술을 종료하는 경우는 거의 없을 것으로 보이는 점 등을 종합하면, 수술부위의 혈종의 원인이 수술과정상의 과실이라는 환자의 주장은 이유 없다.

또한 1차, 2차 수술에서 환자의 혈소판 수는 입원 당시 240,000개/$\mu\ell$ 및 130,000개/$\mu\ell$, 1차 수술 직후 115,000개/$\mu\ell$였고, 2차 수술 이후에야 98,000개/$\mu\ell$로 감소하였으므로 1차, 2차 수술 후 발생한 혈종은 혈소판 수의 감소에 대한 조치와는 무관하다. 4차 수술에서는 수술 등의 경우 혈소판 수를 100,000개/$\mu\ell$ 이상으로 유지하여야 한다거나 피고병원 의료진이 환자의 혈소판 수 감소에 대하여 조치를 취하지 않았다고 볼 증거가 없고, 오히려 예방적 목적의 혈소판 수혈은 혈소판 수가 100,000개/$\mu\ell$를 초과하는 경우 혈소판 생성을 감소시키기 때문에 혈소판감소증이 있는 수술환자에서도 예방적 혈소판 수혈이 적응증이 되는 경우는 드물고, 50,000개/$\mu\ell$ 이하일 때 보통 예방적 혈소판수혈을 요하고, 50,000개/$\mu\ell$ 내지 100,000개/$\mu\ell$인 경우에는 출혈의 위험도에 기인하여 치료를 결정하여야 하는 점, 2002. 1. 18. 3차 수술 후 13 : 11경 시행한 일반혈액검사 결과 혈소판 수가 58,000개/$\mu\ell$로 낮았으나, 20 : 20경에는 65,000개/$\mu\ell$으로 호전되었고, 혈소판 농축액 10파인트를 수혈하여 수술 직후인 2002. 1. 19. 02 : 00경에는 혈소판 수가 99,000개/$\mu\ell$로 호전되었던 점 등을 종합하면 피고병원 의료진은 혈소판 생성을 감소시키는 등의 부작용을 최소화하면서 효율적으로 출혈을 방지하기 위한 조치를 취하였다고 보여진다.

라. 1차 수술 후 적절한 감시를 소홀히 한 과실 여부: 법원 불인정(제1심)

(1) 원고 측 주장

피고병원 의료진은, 환자가 개두술을 받은 상태이므로 환자의 의식변화 등을 주의 깊게 관찰하여야 함에도 불구하고 2002. 1. 17. 02:00경 의식이 명료하다는 것을 확인한 후 08:00경 의식이 혼미하다는 것을 확인하기 전까지는 환자의 의식상태를 전혀 관찰하지 않는 등 의식상태의 변화관찰을 소홀히 하였다.

(2) 법원 판단

피고병원 의료진은 1차 수술 후 환자를 제2중환자실로 전실하여 1시간마다 활력징후를 측정하는 등 집중관찰하였고 그 결과 특별한 이상을 발견할 수 없었던 점, 피고병원의 간호사는 2002. 1. 17. 02:30경 환자의 의식이 활력징후를 측정하면서 명료하다는 기재를 한 것 외에도 05:00경 기관내관에 대한 흡인을 시행하는 한편 알코올을 이용하여 등을 마사지하고 왼쪽으로 돌아눕게 하는 등의 조치를 취하였던 점, 알코올로 등을 마사지하고 옆으로 돌아눕게 하는 경우 의식저하가 있다면 쉽게 발견할 수 있는 점, 피고병원 의료진은 간호사가 08:00경 의식이 혼미하다고 기재하기 이전에 이미 의식저하를 발견하여 07:50경에는 뇌 CT 검사를 시행하였고 간호기록지의 기재와 별도로 의사가 환자의 의식상태를 관찰하고 있었던 점 등을 종합하면, 환자의 의식이 저하된 것은 05:00경 이후로 피고병원 의사가 이를 발견하고 즉시 조치를 취하였다고 보이므로 환자의 주장을 인정하지 않는다.

마. 설명의무 위반 여부: 법원 불인정(제1심)

(1) 원고 측 주장

피고병원 의료진은 3차 수술 이후부터는 주치의인 B가 아닌 F가 집도하였는데, 환자에게 미리 주치의가 아닌 다른 의사가 수술한다는 사실을 고지하였어야 함에도 불구하고 이러한 설명을 하지 않았다. 또한 청신경초종의 치료방법으로는 크게 특별한 치료 없이 추적관찰하는 방법, 수술, 방사선치료 등이 있는데, 피고병원 의료진은 위와 같은 치료방침 등에 대하여 설명하지 않아 단순히 경과관찰만 한다거나 방사선 치료를 시행할 선택권을 상실하게 하였다. 피고병원 의료진은 1차 수술 당시 수술부위의 출혈로 인한 재수술의 가능성 등의 위험성에 대하여 전혀 고지하지 않았고, 특히 수두증의 발생가능성에 대하여도 언급하지 않아 수술의 시행 여부에 대한 자기결정권을 침해하였고, 피고병원 의료진은 재수술을 시행하면서 혈종 등의 발생이나 그로 인한 재수술의 필요성 등에 대하여 설명하지 않고 수술을 시행하여 자기결정권을 침해하였다.

(2) 법원 판단

마취기록지는 수술과 관련된 부분에서는 수술기록에 비하여 정확도가 떨어져 마취기록지의 집도의에 대한 기재가 오류에 의한 것이고, 3차, 4차, 5차 수술의 집도의는 B라고 보인다. 4차 수술의 집도의가 B가 아니라 하더라도 일과시간이 아닌 시각에 응급수술이 시행되는 경우 주치의가 집도를 할 수 없고 당직의사가 집도를 하게 되는 경우가 있으리라는 것은 쉽게 예상할 수 있는 것이고, 4차 수술 자체가 정교한 수기를 요하는 것이 아니라 단순히 뇌실로부터 외부로 배액되는 통로를 하나 만드는 것이므로 피고병원 의료진이 환자에게 집도의가 B가 아니라는 점을 설명할 의무가 있다고 보기 어려우며, 3차, 4차, 5차 수술의 경우 긴급성이 인정되어 의사의 설명의무가 충실히 이행되기 어려운 사정이 있었으므로 환자 측의 주장은 이유 없다.

환자의 청신경초종은 직경이 약 3.7cm 정도로 크고 보행 시 우측으로 기울어져 쓰러지는 등 종양에 의한 뇌간, 소뇌의 압박증상을 보이고 있었으며 4cm 정도의 큰 청신경초종으로 이미 소뇌압박증상이 있는 환자에 대하여 추적, 관찰만 시행한 보고는 찾아보기 어렵고, 감마나이프는 크기가 작은 종양의 절제나 단순히 크기만을 줄여주기 위한 치료방법일 뿐 크기가 큰 종양의 완치를 위한 치료방법은 되기 어렵다는 점을 인정하여, 환자의 상태에 비추어 볼 때 고식적인 수술 이외에 다른 치료방법은 생각하기 어려운 상태였고, 의료진이 경과관찰이나 감마나이프 등의 설명을 하지 않은 것이 설명의무를 위반한 것이라고는 보기 어렵다. 또한 의료진은 환자에게 시행할 수술의 위험성 등에 대하여 설명하고 수술을 시행할 것인지 여부에 대하여 선택할 기회를 주었다고 보여 환자 측에게는 청신경초종에 대하여 수술을 받지 않고 단순히 경과관찰을 하는 방법을 선택할 기회를 제공받았으므로 환자 측의 주장은 이유 없다.

피고병원 의료진이 수술동의서 외에도 특별수술신청서를 통하여 별도로 수술의 위험성에 대하여 알렸고 수두증은 혈종에 의한 뇌간압박과 뇌간부종에 의하여 2차적으로 발생한 합병증이며 피고병원 의료진의 설명에 의하면 신경세포의 손상가능성을 쉽게 예견할 수 있어, 비록 피고병원 의료진이 수두증에 관하여 명시하지 않았다 하더라도 환자에게 신경세포의 손상가능성을 인식할 수 있도록 설명하는 것으로 족하고, 신경세포의 손상으로 인한 결과를 반드시 수두증이라는 의학용어로 인식시킬 의무까지는 인정되지 않는다.

각 수술동의서의 기재에 수술의 합병증 등 위험성에 관하여 구체적인 기재가 없다 하더라도, 피고병원 의료진은 환자의 의식상태가 악화되고 뇌 CT 검사 결과 재출혈이나 수두증의 소견이 확인되자 응급으로 수술을 결정하고 이러한 점에 대하여 구두로 설명을 하고, 수술동의서에 서명을 받았음을 인정한다. 피고병원 의료진이 2차 수술 이후 각 수술을 시행하면서 수술의 위험성 등에 대한 설명이 미흡하였더라도, 2차 수술 이후의 각 수술은 환자의 의식이 혼미상태로 저하되어 이를 교정하기 위해 긴급히 시행하는 응급수술로 의사의 설명의무가 충실히 이행되기 어려우므로 환자 측의 주장을 인정하지 않는다.

바. 피고 조합(전국버스운송사업조합연합회)에 대한 청구: 법원 불인정(제1심)

(1) 원고 측 주장

환자는 뇌종양이 있기는 하였으나 아무런 증상이 없이 일상생활을 영위하고 있었는데, 버스에서 사고가 발생한 후 상태가 악화되어 수술이 필요하게 되었고, 결국 뇌종양에 대한 수술의 후유증으로 사망에 이르게 되었으므로 환자의 사망과 상당인과관계가 있다고 한다(제1심). 피고 조합의 피보험버스의 운행 중 교통사고로 뇌에 큰 충격을 입게 되었다(항소심).

(2) 법원 판단

사고로 인하여 환자가 받은 두부충격이 비교적 경미하고, 1차 수술까지는 약 3주 간의 시간이 흘렀으므로, 사고로 인하여 환자의 상태가 악화되어 1차 수술을 필요로 하였다거나 사망에 이르게 되었다고 보기 어렵다.

피고조합이 환자의 사망으로 인한 손해를 배상하여야 한다는 주장 속에는 피고

조합이 사고로 인하여 환자가 입은 손해를 배상할 의무가 있다는 주장도 포함되어 있지만, 피고 조합이 환자가 입은 치료비 손해액으로 1,573,960원을 지급하였으므로, 피고 조합은 환자에 대한 손해배상채무를 모두 이행하였다고 판단하여 환자 측의 주장은 인정하지 않는다.

3. 손해배상범위 및 책임제한

가. 손해배상책임의 범위: 제1심 기각, 항소심 결정

나. 손해배상책임의 범위

① 청구금액: 145,914,014원
② 인용금액: 4,000,000원

4. 사건원인분석

환자는 버스를 타고 가던 중 급정차하여 탑승구계단으로 넘어져 병원에 내원하여 뇌진탕, 경추부염좌, 요추부염좌, 양측 견관절부염좌 의증으로 진단받았다. 뇌 MRI 검사 결과 좌측 소뇌-뇌교각 부위에 3.7cm 크기의 종괴와 소뇌의 부종을 발견하여 전원하여 유양돌기 후방에서 두개골을 절제한 후 종양의 거의 전부를 적출하고 피질과 종양 제거부의 출혈을 조절한 후 경막을 봉합하는 수술을 하였으나 의식이 저하되었다. 현미경 시야 하에서 혈종을 제거하고 써지셀과 양극성 응고기를 이용하여 출혈을 조절하여 출혈병소가 없는 것을 확인한 후 경막을 봉합하는 2차 수술을 시행하였음에도 호전되지 않았고, 뇌실외배액술과 혈종제거술을 비롯하여 3차, 4차, 5차 수술을 시행하였으나 결국 사망하였다. 이 사건과 관련된 문제점 및 원인을 분석해본 결과는 다음과 같다.

자문위원은 사고 발생 전에도 환자에게 뇌종양이 있었고, 버스사고로 인한 충격으로 뇌종양으로 인한 상태악화가 촉진된 것으로 보인다고 하였다. 환자의 출혈 조절이 되지 않고 불과 2~3주 만에 환자의 상태가 급격히 나빠진 것에 대하여 수술 후의 많은 출혈량과 수 차례의 수술로 인하여 DIC에 빠진 것으로 생각되어 이로 인해 혈소판 수치가 회복되지 않은 것으로 보이며, 첫 수술에서 완벽한 지혈이 이루어지지 못한 것이 이후 합병증을 유발한 주된 원인으로 생각된다고 하였다.

의료진은 계속하여 환자를 관찰하고 빠른 재수술을 시행하였다고 생각된다. 그러나 환자에게 뇌 MRI 검사 상 3.7cm의 종괴가 있었음에도 다시 뇌 MRI 검사를 시행하지 않았고 수술 중의 과실로 인하여 의식이 저하되었다고 항소심에서는 판단하였다. 또한 제1심에서는 청신경초종의 경우, 특별한 이유 없이는 뇌혈관조영술을 시행하지 않는다고 하였으나 항소심에서는 뇌혈관조영술을 시행하지 않은 과실이 있다고 판단하였다.

2002. 1. 17. 환자의 의식이 혼미상태로 저하된 시각에 대한 정확한 기재가 없었으며 법원에서는 수 차례의 응급수술로 수술기록지를 작성하지 못하다가 한꺼번에 이를 작성한 것으로 보인다고 판단하였다(〈표 20〉 참조).

〈표 20〉 버스내 급정차 사고로 뇌종양 환자가 의식저하로 사망한 사건 – 원인분석

분석의 수준	질문	조사결과
왜 일어났는가? (사건이 일어났을 때의 과정 또는 활동)	전체 과정에서 그 단계는 무엇인가?	– 수술 시행 단계 – 수술 기록 단계
가장 근접한 요인은 무엇이었는가? (인적 요인, 시스템 요인)	어떤 인적 요인이 결과에 관련 있는가?	• 의료인 측 – 수술 중 과오(제대로 지혈을 하지 않고 수술을 종료함) – 수술 기록 소홀(수 차례의 응급수술로 수술 기록 작성 미흡)
	시스템은 어떻게 결과에 영향을 끼쳤는가?	• 의료기관 내 – 수술기록 작성을 위한 의료인 교육 미흡 • 법·제도 – 수술기록 작성을 위한 홍보 및 교육 미흡

5. 재발방지대책

원인별 재발방지대책은 〈그림 20〉과 같으며, 각 주체별 재발방지대책은 아래와 같다.

〈그림 20〉 버스내 급정차 사고로 뇌종양 환자가 의식저하로 사망한 사건 – 원인별 재발방지대책

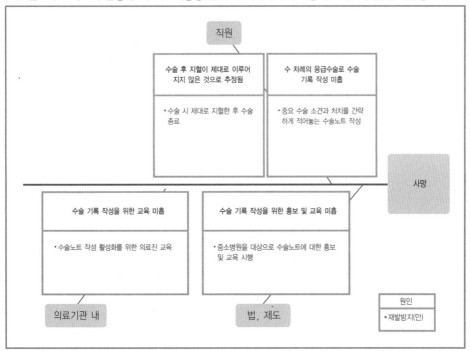

(1) 의료인의 행위에 대한 검토사항

수술을 종료할 시에는 반드시 지혈을 제대로 마친 후 종료해야 하며, 수 차례의 응급수술로 수술기록의 작성이 어려울 경우에는 중요 수술소견과 처치를 간략하게 적어놓는 수술노트를 작성하고 이를 활용하여 수술기록을 완성할 수 있도록 한다.

(2) 의료기관의 운영체제에 관한 검토사항

수술기록지의 완성도를 높이기 위해 수술노트를 활용하도록 하며, 수술노트의 작성을 활성화하기 위해 의료인을 교육하여야 한다.

(3) 학회·직능단체 차원의 검토사항

중소병원에서 수술노트를 활용할 수 있도록 홍보하고 수술노트의 작성방법을 교육하도록 한다.

┃ 참고자료 ┃ 사건과 관련된 의학적 소견[2]

○ 청신경초종

(1) 청신경초종은 비교적 천천히 자라는 종양으로 알려져 있으나 평균적으로 1－2㎜/년 정도의 직경 증가가 있다고 하지만, 정확한 성장속도는 알 수 없으며 개인차가 크다.

(2) 청신경초종이 의심되는 뇌종양에서 일반적으로 선택할 수 있는 치료는 종양을 그대로 두고 추적관찰하며 크기의 변화가 있는지 살펴보는 방법, 고식적인 수술을 시행하는 방법, 감마나이프를 이용한 방사선수술을 시행하는 방법 등이 있다.

(3) 4㎝ 정도의 큰 청신경초종으로 이미 소뇌압박증상이 있는 환자에 대하여 치료하지 않고 추적, 관찰한 보고는 찾아보기 어렵다.

(4) 1,074회의 두개강 내 수술 중 116회(10.8%)에서 수술 후 출혈이 관찰되었고, 그 중 종양수술 후에 발생한 것은 349회의 수술 중 83회(23.8%)로 상당히 높은 빈도를 보이고 있으나, 1,074회의 수술 중 예후에 영향을 미치는 많은 양의 혈종은 42명(3.9%)이었으며, 청신경초종의 경우 23명에 대한 수술 중 2명(8.7%)에서 발생하였고, 두개강 내 수술 후 출혈로 인한 사망은 7명으로서 두개강 내 수술 중 0.65%, 많은 양의 혈종이 발생한 경우 중 16.7%, 뇌종양수술 중 2.0%라는 연구보고가 있다.

(5) 일반적으로 청신경초종의 전체적인 수술사망률은 약 0.5% 내지 1%이고, 그 원인은 특히 크기가 큰 종양에서 수술 후 출혈, 소뇌 및 뇌간 경색과 하위뇌신경마비에 의한 흡인성 폐렴이며, 청신경초종과 같이 후두와에 위치한 큰 크기의 종양 수술에서는 수술 후 출혈로 인한 혈종이 발생할 경우 뇌간 및 소뇌의 압박과 뇌척수액의 흐름의 장애로 인한 급성 뇌수두증의 발생으로 인하여 사망에 이를 가능성이 기타 뇌 부위의 수술에 비해서는 높은 편이다.

(6) 뇌종양이 있는 경우 종양의 종류나 위치에 따라서 혈관조영술을 시행하는데, 청신경초종에서는 특별한 이유 없이는 수술 전 뇌혈관조영술을 시행하지 않는 것이 일반적이다.

(7) 뇌종양 수술 후 수술부위나 뇌종양부위에 출혈이 발생하는 원인은 종양 자체에서의 출혈위험이 높은 종양이나, 종양의 위치상 주요 뇌동맥이나 정맥에 매우 인접하여 있는 경우, 종양주변부에 있는 비정상적 혈관에서의 출혈, 수술 중 지혈 관련 조작 미숙, 환자의 출혈성향, 수술 후의 두부외상이나 고혈압 등 매우 다양하다.

---

2) 해당 내용은 판결문에 수록된 내용임.

○ 예방적 혈소판 수혈

(1) 혈소판감소증은 출혈의 위험인자이며, 혈소판수혈은 출혈의 발생빈도를 낮추는 것으로 보이는데, 출혈을 예방하기 위하여 혈소판수혈이 필요한 혈소판 수에 대하여는 10,000개/$\mu\ell$ 내지 20,000개/$\mu\ell$ 미만인 경우 혈소판수혈을 하는 방법이 널리 사용되지만, 최근에는 5,000개/$\mu\ell$ 만 유지하여도 자발적 출혈을 막을 수 있다는 주장이 나오고 있다. 그러나 침습적인 수기를 시행하는 경우에는 50,000개/$\mu\ell$를 유지하여야 한다.

(2) 예방적 목적의 혈소판수혈은 혈소판 수가 100,000개/$\mu\ell$를 초과하는 경우 혈소판 생성을 감소시키기 때문에 혈소판감소증이 있는 수술환자에서도 예방적 혈소판 수혈이 적응증이 되는 경우는 드물고, 50,000개/$\mu\ell$ 이하일 때 보통 예방적 혈소판 수혈을 요하고, 50,000개/$\mu\ell$ 내지 100,000개/$\mu\ell$인 경우에는 출혈의 위험도에 기인하여 치료를 결정하여야 한다.

결 론

제8장 결론

2011년 「의료사고 피해구제 및 의료분쟁 조정 등에 관한 법률」이 국회에서 통과되고 한국의료분쟁조정중재원이 설립된 이후 이제 의료분쟁은 소송이 아닌 조정 및 중재로 해결할 수 있게 되었다. 의료분쟁을 조정 및 중재로 원만하게 해결하기 위해서는 의료분쟁 및 소송 판례에 대한 체계적인 분석이 선행되어야 한다.

일반적으로 의료소송의 경우 조정 및 중재보다 다툼도 더 치열하고 해결 기간도 더 오래 걸리는 경향이 있다. 특히 신경외과의 경우 미국에서는 의료과오소송 건수가 가장 많은 진료과목이며, 우리나라에서도 산부인과, 성형외과, 정형외과, 내과 등과 함께 의료분쟁 발생 빈도가 높은 진료과목에 속한다. 따라서 향후 우리나라에서 신경외과 관련 의료분쟁 및 의료과오 소송 건수가 더 증가할 가능성은 충분히 있다고 예측되며, 신경외과 의료분쟁 및 의료소송의 발생원인과 예방적 차원에서의 재발방지대책 관련 연구는 필수적이라고 할 수 있다. 여기서는 신경외과분야의 대표적인 20개 판례에 관한 분석결과에 기초하여 재발방지대책을 중심으로 종합적으로 분석하였다.

신경외과분야의 의료사고 재발방지를 위한 대책은 크게 의료기관 운영 차원, 학회 및 직능단체 차원, 국가 지방자치체 차원으로 나누어 볼 수 있다. 먼저 의료기관의 운영 차원에서는 고위험군 지정 및 관리와 예방조치가 마련되어야 하고, 충분한 정보에 근거한 동의와 설명이 이루어질 수 있는 지원이 요구되며, 의료진의 역량을 강화시키기 위한 노력과 함께 수술 전 검사 및 철저한 진료기록 시행, 새로운 치료방법에 대한 관리, 진료공백 최소화, 환자 관찰 및 관리를 위한 교육 시행, 효과적인 응급상황 대처, 의료기관 조직(인력·시설·장비) 관리 등이 요구된다.

다음으로 학회 및 직능단체 차원의 대책으로 수술 중 약물사용, 추락환자 관련 손상 발생빈도가 높은 특정부위에 대한 검사항목이 지정되어야 하고, 통상적인 환자관리, 설명과정, 주요 고위험군환자에게 시행해야 하는 검사 및 처치에 대한 표준진료지침 및 가이드라인 개발이 요구되며, 신뢰성 있는 약효소멸 여부 확인방법 및 검사에 대한 연구·개발이 이루어져야 한다. 또한 수술동의절차, 수술노트 활용에 관한 충분한 교육을 의료인 대상으로 실시하며, 주요 시술방법에서의 주의사항에 대한 교육자료 제작 및 배포 등이 요구된다.

마지막으로 국가와 지방자치단체 차원에서 환자들을 대상으로 각종 수술방법을 포함한 치료법과 뇌 CT나 뇌 MRI 같은 진단방법에 관한 자세한 설명을 담은 자료를 개발하여 활용할 수 있도록 하고, 의료인의 역량을 향상시키기 위한 보수교육을 시행하며, 환자의 자기결정권이 존중받을 수 있도록 환자 및 보호자에 대한 교육이 선행되어야 한다. 또한 환자상태에 대한 정확한 검사를 원활하게 시행할 수 있도록 의료수가를 개선하고, 검사나 진료에 대한 의료접근도를 향상시켜야 하며, 감염관리활동을 활성화시키고, 의무기록의 완성도를 높이기 위한 인증평가기준의 보완 및 정책적 지원이 필요하다. 그리고 응급상황관리팀을 설치하여 칠요한 경우에 언제든지 활용할 수 있어야 하며, 의료기관의 감염관리업무에 대한 재정적 지원 등이 요구된다.

결론적으로 신경외과분야 의료사고의 발생을 사전에 예방하고, 동일한 의료사고가 재발되지 않도록 하려면 의료진이나 의료기관의 노력만으로 해결되지 않는다. 즉 의료진과 의료기관의 범주를 벗어나 관련 학회 및 직능단체들은 물론 국가와 지방자치단체들 및 환자와 소비자단체도 함께 참여하여 포괄적인 시스템을 구축하여야 유사한 사건의 재발방지 및 환자안전을 향상시킬 수 있다. 학회 및 직능단체들은 의료사고의 원인을 파악하는 학술적인 연구를 활발히 수행하여 그 결과를 반영한 효과적인 예방대책을 수립하여 의료진들에게 충실한 연수교육을 실시하여야 하고, 국가와 지방자치단체들은 의료현장의 상황을 제대로 반영한 충실한 법과 제도를 제정하고 정책을 수립하여 시행함으로써 의료사고의 발생을 줄이는데 기여하여야 한다. 무엇보다 환자들과 보호자들을 대상으로 의료사고를 예방하는데 필요한 교육을 실시하여 환자진료과정에 의료진과 협력하는 문화를 정착시키는 것이 중요하다.

공저자 약력

김소윤
연세대학교 의과대학 의료법윤리학과, 연세대학교 의료법윤리학연구원
예방의학전문의이자 보건학박사이다. 현재 연세대학교 의과대학 의료법윤리학과장을 맡고 있다. 보건복지부 사무관, 기술서기관 등을 거쳐 연세대학교 의과대학에 재직 중이며, 보건대학원 국제보건학 전공지도교수, 의료법윤리학연구원 부원장, 대한환자안전학회 총무이사 등도 맡고 있다.

이미진
아주대학교 의과대학 인문사회의학교실
보건학박사이다. 현재 아주대학교 의과대학 인문사회의학교실에 재직 중이며, 대한환자안전학회 법제이사를 맡고 있다.

김긍년
연세대학교 의과대학 신경외과학교실
신경외과 전문의이자 척추 전문의이다. 현재 연세대학교 의과대학 세브란스병원 신경외과장을 맡고 있다. 대한척추신경외과학회 학술위원장을 역임했으며 현재 윤리위원회 위원장을 맡고있다. 현재 의료분쟁조정중재원 자문위원 등도 맡고 있다.

이경석
순천향대학교 의과대학 신경외과
신경외과 전문의, 의학박사이다. 현재 순천향대학교 천안병원 신경외과 교수로 재직 중이다. 대한신경외과학회 편집위원장, 대한신경손상학회 회장, 대한의료감정학회 회장 등을 역임하였고, 대한의학회 정책이사, 장애평가위원회 위원장, 등 장애평가와 의료감정분야에서도 활동을 하고 있다.

이 원
연세대학교 의과대학 의료법윤리학과, 연세대학교 의료법윤리학연구원
보건학박사이다. 중앙대학교 간호대학을 졸업한 후 삼성서울병원에서 근무하였다. 연세대학교에서 보건학석사와 박사 학위를 취득하였으며, 현재 연세대학교 의과대학 의료법윤리학과에서 박사후 과정 및 의료법윤리학연구원에서 연구원으로 재직 중이다.

정지연
한국과학기술기획평가원
보건학석사이다. 가천대학교 보건행정학과를 졸업한 후 연세대학교 대학원 의료법윤리학협동과정에서 보건학석사를 취득하였다. 연세대학교 의료법윤리학연구원에서 근무하였으며, 현재 한국과학기술기획평가원(KISTEP) 생명기초사업실에서 연구원으로 재직 중이다.

김상현
연세대학교 보건대학원
사회학 박사로서 의료법윤리학을 공부하고 있다. 보건의료사회학, 질적 연구방법론, 보건커뮤니케이션 등을 강의하고 있다. 부산대학교 여성연구소 전임연구원, 연세대학교 의과대학 BK교수를 거쳐 현재 연세대학교 보건대학원 연구교수 및 의료법윤리학연구원 연구원으로 근무하고 있다.

이세경

인제대학교 의과대학 인문사회의학교실

가정의학전문의이자 의학박사, 법학박사이다. 현재 한국의료법학회 이사, 고신대학교 생리학교실
외래교수를 맡고 있으며, 연세의료원에서 가정의학과 전공의 과정을 수료하였다. 연세대학교 의료
법윤리학과 연구강사, 연세의료원 생명윤리심의소위원회위원을 거쳐 인제대학교 의과대학 인문
사회의학교실에 재직 중이다. 서강대 및 대학원에서 종교학 및 독어독문학을 공부하기도 하였다.

박병주

서울대학교 의과대학 예방의학교실

예방의학전문의이자 의학박사이다. 서울대학교 의과대학을 졸업하고 서울대보건대학원에서 보건
학석사, 동대학원에서 의학박사학위를 취득하였다. 현재 서울대학교 의과대학에 교수로 재직 중
이며, 대한보건협회 회장, 대한환자안전학회 회장, 대한민국의학한림원 정책개발위원장, 서울의대/
서울대학교병원 IRB위원장 및 IRB정책조정위원장을 맡고 있다.

손명세

연세대학교 의과대학 예방의학교실

예방의학 전문의이자 보건학박사이며, 연세대학교 의과대학에 재직 중이다. 건강보험심사평가원
(HIRA) 원장, 연세대학교 보건대학원장, 대한의학회 부회장, 한국보건행정학회장, 유네스코 국제
생명윤리심의위원회 위원, 세계보건기구(WHO) 집행이사, 한국의료윤리학회 회장 등을 역임
하였다. 현재 아시아태평양공중보건학회(APACPH) 회장으로 활동하며 우리나라 보건의료 시스템
의 질적 향상 및 발전을 위해 노력하고 있다.

환자안전을 위한 의료판례 분석
05 신경외과

초판발행	2017년 6월 20일
공저자	김소윤·이미진·김긍년·이경석·이 원·
	정지연·김상현·이세경·박병주·손명세
펴낸이	안종만
편 집	한두희
기획/마케팅	조성호
표지디자인	조아라
제 작	우인도·고철민
펴낸곳	(주) **박영사**
	서울특별시 종로구 새문안로3길 36, 1601
	등록 1959. 3. 11. 제300-1959-1호(倫)
전 화	02)733-6771
f a x	02)736-4818
e-mail	pys@pybook.co.kr
homepage	www.pybook.co.kr
ISBN	979-11-303-3043-3 94360
	979-11-303-2933-8 (세트)

copyright©김소윤 외, 2017, Printed in Korea

* 잘못된 책은 바꿔드립니다. 본서의 무단복제행위를 금합니다.
* 저자와 협의하여 인지첩부를 생략합니다.

* 책값은 뒤표지에 있습니다.